集人文社科之思 刊 专业学术之声

集 刊 名：公益
主办单位：中国社会学会公益慈善研究专委会
　　　　　广州悦尔公益基金会
主　　编：朱健刚
副 主 编：吕宗恕

Philanthropic Studies（Vol.1）

第1辑

集刊序列号：PIJ-2024-505
集刊全文数据库：www.jikan.com.cn
投稿平台：www.iedol.cn

中国社会学会公益慈善研究专委会
广州悦尔公益基金会 —— 主 办

朱健刚 /主 编/

吕宗恕 /副主编/

赵杰翔 /本辑执行主编/

公益

PHILANTHROPIC STUDIES

V olume
第一辑
01

社会科学文献出版社
SOCIAL SCIENCES ACADEMIC PRESS (CHINA)

创刊词

在这纷扰更迭、充满变数的世界里，我们怀抱着为构建一个成熟而理性的社会的使命感，在此宣告《公益》的再度起航！本集刊由中国社会学会公益慈善研究专委会和悦尔公益基金会联合主办，期待通过融合学者的思维智慧与行动派的务实思考，把行动研究的精髓嵌入《公益》之中，让这一集刊成为汇聚思想的"圆桌"、激发行动的策源地和通往公益世界的桥梁。

Robert L.Payton 以"voluntary action for the public good"阐述了"公益慈善"的深邃含义——"志愿之举以造福人群"，一句话道尽了公益慈善的精神追求。在对其进行钻研时，我们不仅传译其字面含义，同时也尊重并借鉴中华文化中"仁者爱人"的精粹，以期表达现代社会中国人的精神全貌。其理念可概括为三重境界：首是公益的初心，强调广泛普惠；次是志愿的本然，倡导个人自由的选择而非强制之举；末是行动的彰显，坚持公益慈善作为人类文明历史进程的一部分，由行动与事件、过程与成果的交织共生表现。

行动研究以"参与"作为根基，以反思作为方法，因知以进行，以行而求知。它深嵌在公益的理念之中，跨越了传统研究所依赖的观察与访谈，走向了以"参与"为核心的广阔天地，让沉浸式的体验引领观察、行动、探询与反思，实现"四轮驱动"。具体而言，行动研究更执注于直面社会的真问题，生产出"善知识"。

今天的中国社会置身在 21 世纪的发展洪流之中，正在经历一场深刻的蜕变。在此历史巨变的铺陈下，公益慈善的崛起无疑成了一把标尺，衡量我们共同进步的里程。行动研究在今日的中国大地上，涌现双脉奔腾之势。一脉是学界的思索者，他们不仅耕耘学问，更以"知随行转"的姿态，将社会科学的训练转化为影响力和改变的催化剂；另一脉源自实务界，行动者在自我反思中构筑了一座"行而后知"的桥梁，从实践中提炼经验，形塑理论，拓展公益的新领域和视野。虽然二者道途不同，但同样显现了对公益慈善事业的炽热追求。《公益》正是试图将这两股蓬勃的流脉汇合在一起，如同原子冲击所触发的链反应，释放出公益行动的生生不息之力，使社会组织焕发新活力。

行动研究在今天的中国还很稚嫩，也面临重重挑战，实践导向的研究者必须警惕沉溺于片面的事实叙述，而理论导向的研究者亦不宜用预设观念蒙蔽事实真相。学者和实践者之间需要更深切地理解与跨界合作，共同探求知识与实践的融合之道。因此，行动研究是一个不断成长的领域，这也预示着我们对新知识生产方式的探索。这一探索，需要社会学、人类学、管理学、伦理学、历史学、心理学与社会工作等不同学科的支持与启迪，需要每一位参与者的社会想象力、人文洞察力、伦理胜任力和行动推动力。

《公益》以此为航标，引领知识的海洋和行动的实地相交融。虽然行动研究在学术世界的边缘踽踽独行，但本刊无意于争锋，而致力于展现其独到的研究价值和魅力。同时，我们也期待见证越来越多的实践工作者通过掌握行动研究的方法论和策略，发挥出改变世界的力量。《公益》更期望见到，学者和实践者通过行动研究建立联系，促成合作，构筑起连接不同世界的桥梁，共创一个团结协作的社会蓝图。归根结底，只有知识与行动的密切配合，才能有效地应对世界的结构性问题，对抗社会的不公正现象。当我们从实践中萃取出新的洞见与概念时，公益慈善的未来将越发明亮、广阔。

愿《公益》能够成为新时代语境中公益行动研究的全新平台，引领社会转型的方向。让我们携手努力，共赴这一历史新篇章。

《公益》编辑部
2024 年 6 月

目 录

集刊

公益

2024（第一辑）

J 集刊

公益

2024
（第一辑）

集刊

公益

2024
（第一辑）

中国式现代化背景下共同富裕的内涵探讨与评价指标构建*

陈友华

孙永健

摘　要： 深刻理解中国式现代化背景下共同富裕的内涵、构建共同富裕评价指标，对于共同富裕建设具有极大的引导作用。本文从物质与精神、国家与人民、收入和财富等关系辨析的维度对共同富裕的概念与内涵进行了梳理与探讨，进而构建出共同富裕的评价指标，即中国"85% 及以上家庭的人均年可支配收入达到或超过按 2020 年购买力平价衡量的 1 万国际现价美元"。共同富裕的指标设计应当遵循同一性原则，以家庭为基本统计单位，采用可支配收入指标，考察富裕群体的覆盖面而非社会平均经济发展水平，并需识别其他关联指标的误用。基于评价指标，本文考察了高收入国家与中国推进共同富裕的现状与差距，发现中国在脱贫与富民方面虽取得显著成就，但与高收入国家及共同富裕目标之间仍存在一定差距。

关键词： 共同富裕　概念内涵　评价指标　现实进展

* 本文系国家社会科学基金重大项目"人口高质量发展视角下积极应对老龄化问题研究"（23&ZD186）的阶段性研究成果。

陈友华，江苏如东人，南京大学社会学院教授，主要研究方向为经济社会学。孙永健，江苏盐城人，南京大学社会学院博士研究生，主要研究方向为人口社会学。

引 言

共同富裕始终是马克思主义中国化的核心理论与实践命题。习近平总书记在多个重要场合阐述了扎实推动共同富裕的重大意义、本质要求、目标安排、实现路径和重大举措。2022年，在中国共产党第二十次全国代表大会上，习近平总书记进一步阐释了共同富裕的理论内涵与重要部署，"共同富裕是中国特色社会主义的本质要求，也是一个长期的历史过程。我们坚持把实现人民对美好生活的向往作为现代化建设的出发点和落脚点，着力维护和促进社会公平正义，着力促进全体人民共同富裕，坚决防止两极分化"（习近平，2022）。党的二十大报告中更是阐述了中国式现代化的五大特征，其中包括"中国式现代化是全体人民共同富裕的现代化"。

共同富裕是目前学界关注的重点，相关研究成果更是汗牛充栋，主要围绕共同富裕的基本内涵、理论基础、现实挑战和实现路径等方面展开（彭玮、梁静，2022）。但令人遗憾的是，目前理论界和实务界对"共同富裕"仍缺乏明确且具体的概念界定与指标设定，其中存在诸多含混不清与认识分歧。随着2020年党的十九届五中全会审议通过了"十四五"规划纲要，共同富裕正式由理念目标迈入现实要求，其行动纲要与具体指标的制定也显得越发迫切。2021年，习近平总书记在中央财经委员会第十次会议上明确指出，"要抓紧制定促进共同富裕行动纲要，提出科学可行、符合国情的指标体系和考核评估办法"（习近平，2021）。事实上，概念和指标不清晰的问题，极易造成人们认识上的混乱和解释上的随意性，这不仅制约共同富裕的理论发展，更阻碍共同富裕的实践开展与目标实现（刘先春、宋立文，2010）。故而，在新时代发展背景下，政府和学界重新正视"何谓共同富裕""如何衡量共同富裕"等"老"问题并给出新见解与新思路，就显得尤为基础且重要。

鉴于此，本文在辨析与探讨共同富裕概念与内涵的基础上，对共同富裕评价指标构建过程中应当遵循的原则、判定的依据以及需注意的事项予以充分讨论，进而尝试给出共同富裕评价指标的初步构想，并依据该指标对世界高收入经济体与中国推进共同富裕的进展情况进行评估，考察其中取得的成绩与不足，最终为我国制定促进共同富裕的政策路径、实现促进共同富裕的战略目标提供理论与实践层面的参考。

一 共同富裕的概念辨析与内涵探讨

共同富裕实际上是一个组合词，可将其拆解为"共同"和"富裕"两个层面，"富裕"指财富拥有数量多或生活水准高，而"共同"指覆盖面，意指绝大多数人甚至所有人都能拥有较多的财富或者过上富裕的生活。从广义或抽象层面来看，共同富裕作为社会主义的本质要求和发展目标，其内涵与本质在中国特色社会主义理论体系与脉络中已经得到充分的阐释与界定。2021 年习近平总书记在《扎实推动共同富裕》一文中指出，"我们说的共同富裕是全体人民共同富裕，是人民群众物质生活和精神生活都富裕，不是少数人的富裕，也不是整齐划一的平均主义"（习近平，2021）。然而，在狭义或具体操作层面，实务工作者和研究者对共同富裕的定义则呈现出多元性和精细化等特征，经济学、社会学、政治学、管理学、哲学等不同学科对此做出了各不相同甚至相互排斥的理解（范从来、谢超峰，2018；刘培林等，2021；郁建兴、任杰，2021），这实际上又导致了后续测度标准或评价指标的异质性。本文无意于给出令所有人都认可和满意的共同富裕的概念界定，但仍希望从物质与精神、国家与人民、收入和财富等关系辨析的维度对共同富裕的内涵进行再探讨。

（一）物质富裕与精神富裕的关系阐释

"富裕"严格意义上讲不仅包含物质层面，也包含精神层面。中国希望实现的共同富裕绝不仅仅是一个经济概念，也涉及精神层面的内容，即，既要"富口袋"，也要"富脑袋"（李安义、李英田，1996；孙武安，2004）。我国共同富裕的内涵本就具有丰富性与动态性，它会随着生产力发展与财富积累而不断拓展和深化。在中国社会经济高质量发展时期，共同富裕也不应当仅局限于物质层面，也需要与美好生活、精神富足联系在一起。

然而，"富口袋"不易，"富脑袋"更难。相对于物质生活共同富裕的显性指标，精神生活的内隐性和弥散性特征，使人们对如何评价精神生活共同富裕较难形成共识（傅才武、高为，2022）。不同于财富（以货币为代表）的同质性、流通性和可计算性，精神文化恰恰具有多样性、不可兑换性和难以量化性。因此，实现精神层面的共同富裕必然面临着"究竟该用什么来丰富人民的脑袋"、"如何开展精神富裕工程"，以及"怎样验收精神共同富裕的成果"等一系列考问。若不能深入反思与解决这些问题，那么精神共同富裕议题将不得不束之高阁而很难真正落地生效。可见，尽管反对将"富裕"聚焦在物质维度或呼吁拓展"精神富裕"的声音众多，但真正能够将"精神富裕""文化富裕"等概念阐释清楚并提出行之有效的实践标准与实现路径的实务工作者或学者却寥寥无几。

　　富裕涉及的领域比较广泛，但归根结底是一个经济概念。《辞海》中将"富裕"定义为"丰富宽裕、财物充足"，这说明富裕的内核或初始所指主要限于物质层面，代表着拥有较多的财富与某种物质水准的生活。与此同时，马斯洛需求层次理论（Maslow's Hierarchy of Needs）也指出，人们对不同层次需要的满足是有先后次序之分的，精神富裕往往建立在物质富足基础之上，没有物质层面的共同富裕作为前提支撑，精神文化层面的共同富裕也很难实现。每个人达到高度物质富裕水平后就会有更大的获得感、满足感和幸福感，这是一种物资富裕决定精神富裕的过程（李实，2021）。因而，本文在认同精神共同富裕重要性的前提下，认为无论从中国现实国情还是学术研究来看，目前共同富裕依旧比较适合限定在物质领域。这实则与我国脱贫攻坚中以收入为关键脱贫标准的做法和逻辑是一致的，尽管脱贫攻坚战强调"扶贫先扶志之后再扶智"，但真正验收扶贫成果并衡量是否脱贫的标志依旧是一个综合性的经济标准，即"一收入、两不愁、三保障"，其中最关键的仍然是农民群体的人均年收入指标。鉴于以往的经验教训，我们尤为需要注意：一是在物质层面共同富裕目标还未实现之际，精神层面共同富裕的迫切性和重要性可能要退居其次。否则，容易导致一部分人还未实现物资富裕，更谈不上精神富裕；另一部分人却已经在物质富足的基础上向国家和社会谋求更多精神及其他层面的福利。二是在制定共同富裕的标准时，那种建立一套庞杂的指标体系并认为共同富裕应该无所不包的思路是不可取的，共同富裕与民生密切相关，因而最重要的是收入、财产等经济维度的变量（李实，2022a）。

（二）国家富裕与人民富裕的关系厘清

在"国家－个体"视角下，"究竟是国家还是人民实现了富裕"同样也是值得辨析的重要议题。经济学者们认为，国家或政府富裕一般体现为以下几个方面：一是 GDP 规模巨大；二是政府在财富分配中占比较高；三是政府税收或财政收入较多且增速较快；四是政府负债率较低且负债规模合理；五是国有企业在市场中的控制力较强且政府为其最大的资产所有者（贾康，2011；邓子基，2011）。而个人或家庭富裕则主要表现为以下几个方面：一是各项家庭人均收入与产出指标较高，特别是家庭人均可支配收入水平较高；二是劳动者报酬占财富分配中的比重较高；三是家庭恩格尔系数较低；四是国民社会保障与公共产品待遇水平较高；五是贫富差距保持合理区间，基尼系数较低（信卫平，2010；李尚竹，2011）。

从韦伯（2013）"理想类型"意义上而言，我们将富裕与否划分为四种基本类型（见表1）。第一类是国富民富，即无论是宏观上的国家还是微观上的个体或家庭都实现了富裕的目标，这可能是最为理想的目标；第二类是国富民不富，即人均 GDP 高且政府财政能力强，但国民收入水平不高、财富积累不足与生活水平仍有待提高；第三类是国不富民富，即人均 GDP 不高，国民税赋水平较低，政府财政收入有限，但国民手中却积藏了大量财富；第四类是国不富民不富，甚至国困民穷，此时政府、家庭和个人均面临经济不宽裕，甚至收不抵支、负债累累等难题，这是任何一个国家都极力避免的困境。现实世界中部分中东石油输出国和北欧福利国家可能最接近国富民富状态，相反，大部分非洲贫困国家似乎更接近"国穷民穷"状态，而其余绝大多数国家则介于第一类和第四类状态之间，奉行经济自由主义的国家更趋近于第三种类型，而主张国家福利与政府干预的国家更偏向于第二种类型。

表 1 国家与个体视角下的富裕类型

个人或家庭层面的富裕程度	国家层面的富裕程度	
	富裕	不富裕
富裕	Ⅰ 国富民富	Ⅲ 国不富民富
不富裕	Ⅱ 国富民不富	Ⅳ 国不富民不富

中国自改革开放以来始终坚持以经济建设为中心的基本路线和统筹协调的科学发展观，多数制度与政策均践行"强国"和"富民"的理念。特别是随着"以人民为中心""以人为本""执政为民"等执政理念的确立与施行，一系列民生导向的富民政策得以出台。共同富裕的再次提及与强调，意味着未来党和政府的工作重心与资源分配将更多地向民生领域倾斜。正如 2022 年党的二十大报告所言，要将"实现全体人民共同富裕"纳入中国式现代化的本质要求，强调"中国式现代化是全体人民共同富裕的现代化"。"人民至上"立场和社会主义道路决定了中国共同富裕的目标将惠及全体国民。反观国家通常是一个单一且抽象的宏观主体与符号象征，在逻辑上并不符合"共同"一词的指涉意涵。因此，共同富裕中的"富裕主体"应当是人民而非国家，"民富"的重要性和优先级要远大于"国富"。不过，需要注意的是，国富与民富也并非简单的二元对立，实则本为一体。换言之，尽管共同富裕的目标取向应当是"民富"，但在党和政府的领导下，"国富"是"民富"的必然趋势，全体人民的共同富裕一定会带来国家的繁荣富强。

（三）收入维度与财富维度的权衡与选择

既然共同富裕中"富裕"的关键维度与首要主体是物质层面与全体人民，那么我们就面临究竟是从收入角度还是从财富角度予以考量的问题。收入是指个人在一定时段内所获得的全部货币和实物收入的总和，是一个流量概念。收入通常被看作是决定人们社会经济地位高低的一个非常重要的因素，也是操作化过程中最主要的指标。但对收入的测度与调查存在一定的困难：一是收入测量的敏感性；二是收入来源的复杂性；三是随着现代金融的发展，工资性收入所占比重不断下降，最常用于衡量收入水平的工资性收入指标越来越难以真实地反映个体的收入状况。

财富是个体占有、具有排他性，且可以与主体分离的物品，又称资产、财产，是人们在某一时点所拥有的各项资产的货币净值，是一个存量概念。在财富测度中，一般把主体所拥有的、可以自由支配的所有现金、实物和非实物资产作为财富的范畴，包括土地、房产、生产性固定资产、金融资产（包括存款、股票、债券等）和耐用消费品。相较于收入，对财富测度的挑战性更大：一是财富调查的敏感性更强，被调查者刻意隐瞒或捏造的概率更高；二是财富的存在形式更为复杂与隐秘；三是金融资产的不确定性较高。因而，很多时候被调查者自身也很难准确地计算出其全部财富的总和。

本文综合收入和财富两个维度，对人们的经济状况同样进行理想类型的划分，并形成四种类型（见表2）。第一种富裕类型即个体或家庭无论是从收入还是从财富角度考量都很充裕，毫无疑问地越过甚至大大跨入富裕的门槛。第二种是财富多但收入少的富裕类型，即在财富维度上比较富足，但收入水平却不高。比如，能够从亲代继承较多财产但自身劳动收入较少的子代群体即是一种典型代表。第三种是收入多但财富少的不富裕类型。比如，出身寒门但在高薪行业工作的大学毕业生即是这种类型的代表。第四种不富裕类型即在收入和财富两个维度上都较少，距离富裕标准也就更加遥远。虽然我国在2020年底消除了绝对贫困，但仍有相当数量的人口还处在相对贫困状态，部分脱贫人口的返贫风险依然存在。

表2 收入与财富视角下的富裕类型

收入视角	财富视角	
	财富多	财富少
收入多	Ⅰ富裕	Ⅲ不富裕
收入少	Ⅱ富裕	Ⅳ不富裕

收入和财富均是对人们经济状况或地位进行测度的主要指标，但两者之间有时也存在很大差异，其差异程度、形成机制、影响后果都不能一概而

论，二者都只是富裕的一种表现形式，并不能全面反映物质文明与经济发展水平。当前中国利益关系失衡并不仅仅是收入分配所致，财富变动也是一个重要因素（孙立平，2011）。因而，理论上的共同富裕中"物质富裕"标准的制定应当限于财富层面。然而，考虑到现实中财富测度的困难性与调查的不准确性以及现有数据的局限性，无论是联合国或世界银行对全球不同经济体贫富状况的衡量，还是中国在脱贫攻坚战中对人民脱贫标准的鉴定，均没有选择财富指标，而是选择了收入指标。故而，尽管财富维度对共同富裕的指标建构而言更重要也更准确，但短期内中国在共同富裕推进过程中同样只能限定在国民的收入维度，如此更切合实际。

二 共同富裕的标准阐释与指标构建

如果共同富裕只是作为一种理念，一种未来发展的方向，有了定性的目标也就可以了，但如果它作为一种未来的发展目标，只有定性的目标是不够的，还需要有定量的目标或指标（李实，2022b）。目前，学术界关于共同富裕的阐释与讨论大多集中在形而上或定性描绘层面，故需引进更多的量化实证维度，否则将导致共同富裕的概念可操作性不强、评价标准模糊、实践指导意义差等系列问题。近年来，共同富裕正逐渐由一个整体性概念转变为实践性工作要求，此时，制定出科学可行又符合国情的评价指标与考核标准十分必要。例如，《中共中央 国务院关于支持浙江高质量发展建设共同富裕示范区的意见》就涉及相应的指标评价内容。基于对共同富裕的概念辨析与内涵探讨，并结合已有研究中有关共同富裕指标设计的经验与缺陷，本文试图对共同富裕的现实标准与评价指标做出合适的界定。鉴于发达国家的实践与所达到的水平，中国目前正处在追求共同富裕的初级阶段，因此，共同富裕可以定义为：按购买力平价（Purchasing Power Parity，PPP）衡量的家庭人均年可支配收入达到或超过1万美元（以2020年国际现价美元为基本锚定单位），即判定该家庭及其成员达到或超过富裕的标准。当中国85%及以上的家庭及其成员跨入富裕门槛时，我们便可认为实现了共同富裕的初级目标。对此评价指标下文做出了更多的阐释与说明。

（一）同一性：指标设计的重要原则

本文认为"同一性"是共同富裕评价指标构建时应遵循的重要原则之一，具体表现为两个方面。

第一，指标设计应当满足聚焦性与简洁性，充分体现共同富裕的核心内涵，即绝大多数人跨入富裕门槛。关于共同富裕测度指标，目前不少研究已然提出各种各样的多维度、多层级的评价指标体系，除了物质层面外，还涉及文化、法治、财政、生态环境等，甚至多者高达81个三级指标（陈丽君、郁建兴等，2021；杨宜勇、王明姬，2021）。其实，我们常常容易陷入指标体系"越复杂越好""越全面越科学"的设计误区，实则不然。首先，共同富裕指标体系庞杂多元，看似面面俱到，但在指标取舍上忽视了指标之间的重复性、互斥性以及关联性的机理，会造成次要或衍生指标的作用因素被夸大，而本该反映概念意涵的内核指标的作用因素被严重挤压的结果，最终使共同富裕的概念意涵稀释与评估结果失真。其次，过于庞杂繁复的共同富裕指标体系根本不利于后续富民工程的实践开展与成果验收，不仅会使实务工作者在共同富裕推进过程中迷失了工作重心，偏移到经济层面之外的次要领域，而且又为本就任务艰巨的共同富裕工作增添了更多不切实际的考核维度，大大增加了考核的成本，大大降低了目标实现的可行性。最后，共同富裕评价指标的庞杂多元实则也是共同富裕概念被不断泛化和理想化的表现，把本该聚焦在经济领域的富民工程无限拓展至人类社会的方方面面，也使得民众对共同富裕产生有偏的认知与预期。

第二，指标设计应当满足不同区域间的统一性和可比较性，共同富裕是在一个主权国家范围内的目标，其内涵具有整体性、全覆盖性和关联性，即举国上下采用统一的共同富裕标准。考虑到城乡或地区发展之间的不平衡性，在构建共同富裕测度指标时，许多人总是习惯于对不同区域，甚至不同群体使用不同的标准，进而导致共同富裕指标的碎片化问题。首先，中国城乡、地区与群体之间本就存在较大的社会经济差距，在共同富裕推进过程中，如果对经济发达地区与欠发达地区采用不同的测度指标与衡量标准，很可能会继续助长重城市发展、轻农村发展的倾向，进而使部分经济发达地区

"率先实现共同富裕"，而"率先"与"共同"之间本就存在逻辑上的张力。其次，不同于封闭性与静止性的传统社会，现代社会是开放性与流动性社会，若是不同区域之间采用差别化的富裕评价标准，就会出现个体或家庭在迁移中反复迈入与跌出富裕门槛的怪象。最后，如果不同地区共同富裕的评价指标存在不一致性，这不仅使得区域间的可比性大打折扣，而且也很难满足基本的学术研究规范，给政策执行与人们的思想造成混乱。因此，共同富裕在实践领域中需要警惕其概念的挪用与范围的延展，防止出现大到国家、小至县或村都各持不同标准的现象。

（二）家庭：基本的衡量与统计单位

国家统计局对我国中等收入群体的界定就是以家庭年可支配收入为统计标准的（张文宏，2022）。与此同理，共同富裕评价指标原则上也应该以家庭而不是个人为考察与分析的基本单位，理由如下。

第一，家庭是基本的生活单元，微观个体多嵌入在家庭中，即使与其他家庭成员不发生物理空间意义上的共同居住，也同样存在日常交往、经济支持、生活照料与精神慰藉等多方面的密切联系，而对于具有宗族传统、家庭观念的中国人而言更是如此。

第二，家庭内部并不是每个人都有收入，如未成年的儿童、正在读书的学生、失业的中青年、没有退休金的老年人等。家庭本就是一个互助互惠的共同体，因而，家庭生活水准主要由家庭整体或高收入者的收入水平所决定。例如，由于先赋与后致因素上的差异，全体国民中的老弱病残等群体很难通过自身努力而过上富裕生活，除了接受政府转移支付与福利救济，他们最主要的还是依靠家人的帮助才有可能过上富裕的生活。再如，由于父辈与祖父辈的财富积累，很多富庶家庭的子辈与孙辈自出生起便已过上了优越的生活，尽管他们还未成年或工作后收入不高，但这部分群体显然不适合纳入共同富裕中需要帮扶的对象。

第三，随着我国越来越多的大型家庭调查数据库的建立与完善，以及统计分析技术的进步与成熟，考察家庭而非个人维度的富裕状况变得越来越有可能。

（三）可支配收入：对人均GDP或人均GNI的否弃

人均GDP和人均GNI是政府和学界最常使用的经济指标，能够粗略地反映一国或地区经济实力与收入水平的强弱。人均GDP和人均GNI分别用GDP和GNI除以年均人口计算得到的人均指标，消除了人口数量的影响。然而，这两项指标在实际工作与理论研究中还存在某些缺陷与误区，均不能如实地反映国民的收入状况。

第一，严格来说，人均GDP是反映不同国家或地区生产水平的指标，由于忽视了财富分配格局、物价水平、福利模式等多种因素，该项指标并不能直接反映国民的收入水平、财富状况与生活水准。

第二，GNI是反映不同国家或地区总体收入水平的指标，GNI等于GDP加上从国外获得的初次分配收入净值。相较之下，人均GNI比人均GDP稍微适用于测度共同富裕的经济标准，但也同样存在测度国民收入状况失真的风险。原因在于无论是人均GDP还是人均GNI都忽视了财富分配问题。换言之，如果人均GDP或人均GNI很高，但在初次分配过程中劳动者报酬所占比例过低，那么最终个人或家庭真正可以动用的经济资源也是不充裕的，这可视为国家或集体富裕，但显然没有做到藏富于民，自然也称不上实现了共同富裕的目标。

第三，在一个国家或地区中，虽然人均GDP或人均GNI指标很高，同时初次分配中居民收入比重也不低，但如果国民之间的收入差距过大的话，就表明该国大部分财富被少数群体所持有，社会中下阶层的民众可能并不会因为人均GDP或人均GNI的提高而增加其收入，甚至有可能相对减少。可见，人均GDP或人均GNI极易掩盖财富分配中出现的问题与收入差距，忽略了国与民、民与民之间的收入的异质性。

故而，人均GDP与人均GNI指标均不适合作为共同富裕的统计口径。相比之下，家庭人均可支配收入指标可能更加适恰，该项指标既剔除了初次分配中政府和企业收入权重的影响，又在微观层面反映国民的生活水平和购买力。并且，目前我国在计算城乡居民收入差距、基尼系数等指标时多需要在居民人均可支配收入的基础上进行衍生计算。

（四）"1 万美元"：富裕程度的判定理由

共同富裕最重要的构成要素即是反映富裕程度和共享程度的两类标准。在实际操作过程中，其实只需制定出最低富裕标准，进而考察有多少群体已然满足和还未达到这一门槛即可。这一共同富裕指标的构建思路与李实（2022a）等学者的观点不谋而合。富裕门槛的具体设定需要兼顾本国国情与国际进展，本文尝试将该标准界定为按购买力平价（PPP）衡量、以 2020 年为计算基准的"1 万美元"。

第一，在人民币与美元的换算过程中采用购买力平价汇率而非货币汇率来进行。购买力平价（PPP），是根据各国的价格水平计算出来的货币之间的等值系数，可一定程度上消除国家间价格水平差异的影响。世界银行通常会公布"一篮子商品"来用作测算不同国家法定货币之间的购买力平价汇率。例如，《世界银行公开数据2022》[①] 显示，2021 年按购买力计算 4.2 元人民币约等于 1 美元，即在美国使用 1 美元购买同样数量的货物和服务需要中国的人民币数量为 4.2 元。购买力平价汇率能够更加准确地比较不同国家或地区之间的生活水准，更加契合共同富裕所指涉的"让全体人民切实富裕起来"的指导思想，而通行的货币汇率在此方面却容易产生误导。

第二，考虑到通货膨胀、物价水平等因素，以 2020 年国际元（国际现价美元）作为计算基准是比较合适的。美元作为世界基础货币依然在全球市场占有权威地位，在世界银行的统计中美元也直接被视为锚定各国法定货币的国际币。采用国际元为计算基准，既可以做横向国际比较，由此对各国民众的生活水准进行排序和讨论，又可以做纵向国内不同年份之间的比较，在消除通货膨胀影响后对一国人民的生活水平进行趋势描绘和研判。最后还可以将横向与纵向比较相结合做更多更深入的分析。

第三，"1 万美元"的具体数值主要参照了世界银行"四分位法"对中高收入国家的定义。世界银行把全世界经济体划分为四个收入组别：高收入、中高等收入、中低等收入和低收入。这些组别用于显示不同国家或地区

---

① 详见世界银行数据库，《世界银行公开数据2022》，最后访问时间：2024 年 5 月 31 日，https://data.worldbank.org.cn/indicator/PA.NUS.PPP?locations=CN。

在减少贫困、增加收入等方面的表现，其中人均GNI是衡量一个国家富裕程度及其在四个组别中所处位置的主要指标。根据世界银行的定义，使用购买力平价法计算的2022年人均GNI达到27410国际美元的国家或地区可纳入高收入组别，介于27410~13860国际美元的国家或地区归为中高等收入组别。[①] 同时，以往经验表明，人均可支配收入与人均GDP或人均GNI存在一个浮动的转化率区间，发达国家的人均可支配收入通常占到人均GDP或人均GNI的60%及以上，而这一比重在大量发展中国家中常常不足60%（余芳东，2012）。通过对人均GNI的折算可以大致得到中高等收入国家的人均可支配收入。[②] 基于此，本文认为现阶段中国共同富裕推进过程中适宜将按PPP法计算的2020年"1万美元"视作富裕的经济门槛值。

当然，关于这一标准还需作如下说明：一是富裕的标准具有动态性、时空性与相对性，因而富裕的门槛值也会随着世界银行对中高等收入国家的界定而相应地调整。其实，富裕本就是一个相对概念，不同社会对富裕的理解与认识是不相同的。改革开放初期中国人所憧憬的富裕社会是"楼上楼下、电灯电话"，现在对多数国人而言早已实现，即便是放在今天的乡土社会也多不被认为是富裕的标志。二是考虑到表述习惯与统计方便，"1万美元"的数值标准自然不是严格精准而不容许变更的，它存在不少有待商榷与改进的空间。然而，任何研究只要提出富裕的标准都难免招致他人的质疑，因此，令所有人都认可与满意的指标是不存在的，本文是这方面的一次有益尝试。

（五）85%覆盖率：共享程度的判定依据

全面建成小康社会就是绝大多数家庭或个人的生活跨入小康门槛，因

---

① 详见世界银行数据库，《世界银行公开数据2022》，最后访问时间：2024年5月31日，https://data.worldbank.org/indicator/NY.GNP.PCAP.PP.CD?view=chart。

② 按照高收入国家的人均GNI门槛值27410国际元为标准，分别假设人均可支配收入是人均GNI的60%与70%计算，得到高收入国家的人均可支配收入的门槛值在16446国际元至19187国际元之间。如果按照中高等收入国家的人均GNI门槛值13860国际元为标准，分别假设人均可支配收入是人均GNI的60%与70%计算，得到中高等收入国家的人均可支配收入的门槛值在8316国际元至9702国际元之间。因此，笔者认为，将家庭人均可支配收入设定为1万国际元是比较合适的。

此，测度全面小康进程只需要一个能够反映小康人口覆盖面的指标就足矣（陈友华，2017）。与之同理，共同富裕同样是指绝大部分家庭或个人的收入或者生活达到富裕的标准，家庭人均收入未达到富裕社会的门槛或未能过上富裕生活的家庭或个人占比很低。故而，共同富裕指标构建的关键除了在于富裕标准的制定，还有就是共享程度的确定，即考察富裕达标人口的覆盖面。

第一，共同富裕不是社会平均收入或生活达到富裕社会的门槛，因此，平均数值类指标不适用于测度共同富裕的进程。具体而言，我们不能将所有家庭的人均可支配收入进行加总取平均数或排序取中位数，以此来和"1万美元"的富裕门槛进行比对，从而判断共同富裕的进展情况。这是因为社会平均生活水平的最大局限在于会掩盖其中个体间的差异，尤其当个体间差别较大、贫富悬殊时更是如此（凌昌玉，2003）。当家庭间生活水平差异较大时，存在平均数掩盖下的贫困现象，因而使用平均数类或中位数类指标来定义共同富裕是不恰当的。这类指标不能回答究竟有多少比例的家庭或个人的收入跨入富裕社会的门槛或者过上了富裕的生活，因而不能体现共同富裕指标对富裕人群覆盖面的要求。实际上，世界银行在对各个国家或地区的人口贫困与经济发展状况进行评估与研究时，较少采用平均数类指标，反而更多借助五分位数或十分位数等指标来考察社会中最末端群体的经济收入与生活水准。

第二，共同富裕是指绝大多数人的收入或生活达到富裕标准的社会，因此，应当启用分位数值类指标来测度共同富裕的进程。本文认为共同富裕的实现可以分为初级和高级两个目标，高级目标是指所有家庭或全体人民的收入或生活均跨入富裕社会的门槛，而初级目标则要求绝大多数人实现富裕。根据党的十九大报告中的重要表述，中国当前推进共同富裕分为两个阶段：第一阶段是到2035年共同富裕取得更为明显的实质性进展；第二阶段是到2050年基本实现共同富裕。不过，即便是基本实现共同富裕也不等于全面实现共同富裕，也就是说至少在2050年之前，中国都将以实现共同富裕初级目标为重任，即追求绝大多数人的共同富裕。当发展至按需分配的共产主义社会之际，便能实现人人都能过上富裕生活的理想，届时也必定完成了共同富裕的高级目标。本文认为 85% 的分位数是表达共同富裕初级阶段"共同"程度的临界线，换言之，共同富裕目标的实现最少需要保证富裕群体的覆盖率达到 85% 及以上。85% 的分位数的判定主要参考了相对贫困发生率的规律及相关研究。《世界银行公开数据 2022》表明，发达国家的相对贫困发生率维持在 10% ~ 15%，且随着经济形势与经济周期有所波动。2021 年，中国脱贫攻坚战取得了全面胜利，这标志着我国告别了绝对贫困社会，但也意味着相对贫困治理社会的来临（陈友华、孙永健，2022）。事实上，任何社会的相对贫困率只能有限缩减，难以彻底消除，原因在于人与人之间存在较大差异，财富创造能力更是千差万别，老弱病残等群体大多很难通过自身努力获得较高的收入并过上富裕的生活。因此，初级阶段的共同富裕并不能要求所有的社会成员都能过上富裕生活，而只能保证较低比重的群体还处在相对贫困状态。在共同富裕的初级阶段，相对贫困与共同富裕实则是共生并存的，两者并不矛盾，共同富裕社会应当允许少数相对贫困现象的发生。诚如全面小康与绝对贫困发生率互为逆向指标，共同富裕某种程度上也是相对贫困发生率的逆向指标。故而，结合国内外相对贫困治理的现状与规律，我们认为共同富裕中"共同"的标准比较适宜界定为富裕覆盖面达到 85% 及以上。当然，需要说明的是，85% 的覆盖率同样也存在动态变化的特征与优化调整的空间，也无法令所有人信服。

（六）共同富裕其他关联指标的辨析与讨论

除了人均 GDP、人均 GNI 指标，还有很多其他社会经济指标也时常被人们用来测度与表征共同富裕社会，如中等收入群体比例、恩格尔系数、基尼系数等。尽管这些关联指标的确与共同富裕概念本身密切相关，但也存在根本的差异，因而均不适宜作为共同富裕的直接评价标准。

第一，中等收入群体比例的扩大与"橄榄型"社会结构①的形成并不意

---

① "橄榄型"社会结构是指一种现代社会的理想型阶层结构，其特点是中等收入群体占绝大多数，而极高收入者和低收入者都相对较少。顾名思义如同橄榄——"两头小，中间大"的似椭球状体。

味着实现了共同富裕。构建"两头小，中间大"的"橄榄型"社会结构即在于扩大中等收入群体规模，而政府和学界习惯于将"橄榄型"社会视为理想社会的代名词，并过分夸大中等收入群体比例提高的积极意义。因而，在我国推进共同富裕进程中，自然便有许多研究提出扩大中等收入群体规模在总人口中的比例是最为重要的途径之一（张文宏，2022；许永兵，2022）。尽管扩大中等收入群体比例有助于缩小不同收入群体之间和内部过大的贫富差距，但这并不必然保证相对贫困发生率的降低。共同富裕的关键举措在于扩大富裕群体的覆盖面，使其尽早达到并超越85%的分位数，同时减少相对贫困人口的比重，使其降低至15%及以下。故而，对开展共同富裕工程来说，"限高""扩中""提低"这三条可能途径中，"提低"的重要性和优先级最高。推进共同富裕中最重要的是提高底层人群的收入、财产积累、社会保障和享有的公共服务水平（李实，2022a）。一方面，"扩中"并不必然直接减少相对贫困人口的比例，甚至有可能是借助对上层社会的压缩与转化来实现的。况且，中等收入线也并不能完全等同于富裕的标准线，当前者低于后者之际，中等收入群体的规模再大、比例再高也无法说明全体人民的共同富裕。另一方面，"限高"则不利于上层社会的财富创造与税费上缴，进而会减少国家可用于治理相对贫困问题的财政收入。如此看来，是否为"橄榄型"社会结构、中等收入群体比例都不适合作为评判共同富裕的直接指标。

第二，基尼系数不适用于测度共同富裕的进展与目标。基尼系数（Gini index）是国际上通用的、用以衡量一个国家或地区居民收入差距的常用指标之一，基尼系数越接近于0表明收入分配越是趋于平均，反之收入差距越大。基尼系数本身存在一定的缺陷，特别是更多反映了人们的收入差距，却无法反映社会的整体进步情况，也无法反映相对贫困人口的规模与比重。例如，美国在一战与二战期间基尼系数最低，而如今基尼系数却很高。但不可否认的是，今天美国人的生活水平远超过当年，如今穷人的生活可能也好过当年富人的生活。因此，当许多主流观念过分强调降低基尼系数与实现共同富裕的密切性之际，极易使共同富裕的工作重心偏移至贫富差距的缩小，而非富裕群体的扩大。共同富裕与贫富差距是两个既相互联系又截然不同的概念，应当明确共同富裕是有差别的富裕，绝不是平均主义的富裕。实际上，较大的贫富差距并不意味着分配不合理，无差别的财富状况也不意味着分配合理，贫富差距很小的社会也可能陷入普遍的贫穷之中。

第三，使用恩格尔系数来衡量共同富裕也不合理。恩格尔系数是平均数指标，联合国粮农组织以恩格尔系数作为社会富裕程度的划分标准是不全面的，甚至是有问题的（陈友华，2017）。即使恩格尔系数低于40%，也绝不意味着大多数人就能过上富裕的生活，况且恩格尔系数也不可能无限缩减，存在降低的极限与降速的边际递减规律。特别是当中国脱贫攻坚与全面建成了小康社会建设之后，我国大部分家庭的恩格尔系数已降至较低水平，但许多家庭或个体在"吃饱穿暖"达到小康水平之后仍与富裕标准存在不小的差距。

三　推进共同富裕的国际经验与中国现状

推进共同富裕的进程中，我们迫切需要知道中国当前的富裕和共享程度以及在国际比较中的地位。本文对共同富裕经济评价指标的构建有利于共同富裕目标的明晰、现状的评估以及差距不足的度量，同时也为国际对标找差与经验借鉴提供了可能。借助《世界银行公开数据2022》以及《中国统计年鉴2021》，本文基于"85%及以上家庭的人均年可支配收入达到或超过按2020年购买力平价衡量的1万国际现价美元"的评价标准，分别考察了高收入国家与中国推进共同富裕的现状以及与目标的差距。

（一）高收入国家推进共同富裕的现状与经验

在新发展阶段，党中央明确提出，到2035年共同富裕要取得更为明显的实质性进展，并制定了共同富裕行动方案，这在全球范围内还是首次（万海远、陈基平，2021）。不过，虽然共同富裕是社会主义的本质特征，但在全球范围内推出共同富裕类似战略或悄然实现共同富裕类似目标的国家也并不鲜见。因而，本文考察了高收入国家在推进共同富裕方面的现状与成效（见表3）。

表3 高收入国家的贫困发生率与不同收入组别的人均可支配收入

国家	最近年份	人均GNI（美元）	绝对贫困率（%）	相对贫困率（%）	10%最低收入组		20%最低收入组	
					人均GNI（美元）	人均年可支配收入（美元）	人均GNI（美元）	人均年可支配收入（美元）
阿联酋	2018	68800.0	0.0	0.4	27519.6	19263.7	31647.5	22153.3
挪威	2019	68860.0	0.2	0.5	23411.4	16388.0	30297.1	21208.0
丹麦	2019	60400.0	0.3	0.4	22950.6	16065.4	28688.3	20081.8
卢森堡	2019	77680.0	0.1	0.3	21749.6	15224.7	27963.8	19574.7
芬兰	2019	50580.0	0.0	0.2	19218.8	13453.2	23264.9	16285.4
德国	2018	57010.0	0.0	0.2	17686.3	12380.4	22535.8	15775.1
瑞典	2019	56200.0	0.3	0.9	16298.2	11408.7	22761.3	15932.9
法国	2018	47660.0	0.0	0.1	15260.4	10682.3	19075.5	13352.9
澳大利亚	2018	48600.0	0.5	1.0	13077.1	9154.0	17678.2	12374.7
加拿大	2017	47700.0	0.2	0.7	12855.3	8998.7	16902.3	11831.6
美国	2019	66120.0	1.0	1.7	11902.1	8331.5	16861.1	11802.8
英国	2017	45770.0	0.3	1.0	11886.4	8320.5	15543.7	10880.6
日本	2013	40760.0	0.7	1.4	11809.8	8266.9	15678.5	10975.0
韩国	2016	39720.0	0.2	1.2	11097.7	7768.4	14863.0	10404.1
葡萄牙	2019	35230.0	0.1	1.5	9865.1	6905.6	13388.3	9371.8
波兰	2018	30630.0	0.2	1.4	9774.9	6842.4	12524.1	8766.9
俄罗斯	2020	29210.0	0.0	4.1	9209.2	6446.4	11140.2	7798.1
西班牙	2019	41790.0	0.8	2.8	8359.0	5851.3	12956.4	9069.5
意大利	2018	43510.0	1.5	3.2	8270.2	5789.1	13275.8	9293.1
希腊	2019	30080.0	0.7	3.9	7520.1	5264.1	10528.2	7369.7
智利	2020	23510.0	0.7	8.0	4937.3	3456.1	6465.5	4525.9

注：①表中人均GNI和可支配收入均是按2021年购买力平价（PPP）衡量并以现价美元为计算基准所得。②绝对贫困发生率指按2017年购买力调整后的价格计算，每天生活费低于2.15美元的人口百分比，是世界银行在衡量极端贫困时采用的一个共同标准。相对贫困发生率指按2017年国际价格计算，每天生活费低于6.85美元的人口百分比，是世界银行衡量中高等收入国家贫困线采用的标准。③人均可支配收入是依据其与人均GNI一般转化率而粗略估算所得，也参考了余芳东（2012）和谢攀等（2014）的研究成果。④俄罗斯等国曾一度位列高收入经济体之中，之后又反复退出和进入，本文也将其纳入国际比较中。

资料来源：《世界银行公开数据2022》，详见 https://data.worldbank.org.cn/。

分析表3可知，高收入国家中仅有少部分实现了共同富裕的目标，绝大多数国家仍与共同富裕目标存在差距，甚至差距还较大。首先，阿联酋、挪威、丹麦、卢森堡、芬兰、德国、瑞典、法国等高收入国家已经符合共同富裕社会的经济特征，即这些国家中收入最低的 10% 的群体的人均年可支配收入已然大于本文所设定的"1 万美元"的经济标准，超过 90% 的国民过上了富裕的生活。其次，澳大利亚、加拿大、美国、英国、日本等高收入国家则十分接近共同富裕社会的目标，尽管这些国家中收入最低的 10% 的群体的人均年可支配收入还不足"1 万美元"，但收入最低的 20% 的群体却已超过了"1 万美元"。换言之，在这些国家中至少有 80% 的国民达到了富裕的标准，其富裕群体的覆盖率逼近 85% 的临界线，甚而围绕该临界线上下波动。最后，俄罗斯、西班牙、意大利、希腊以及其他更多未纳入考察的高收入经济体，虽然目前或曾经位属高收入组别，但其国内收入最低的 10% 和 20% 的群体的人均年可支配收入都不足"1 万美元"，甚至像智利这两项都还不足 5000 美元。

解析已经实现或非常接近共同富裕目标的高收入国家，可依据其经济发展与社会福利模式将其分为两大类，为中国推进共同富裕战略提供差异化的经验与启发。首先，以阿联酋、挪威等为代表的第一类国家不适宜作为中国学习借鉴的对象。这类中东与北欧国家虽然国民经济状况与生活水准位居世界前列，但普遍具有经济体量小与人口规模小的特征，主要凭借出口大量的矿产资源（如石油、天然气、铁矿石等）或依靠丰富的森林资源发展林业加工或得益于得天独厚的地理优势，积累了不少资本与财富，加之国内人口总量小，政府只要向国民施以合理的财富再分配政策与丰厚的社会福利制度，便可以"轻松"地帮助国民过上富裕的生活。因此，这些国家的公民被戏称为"含着金钥匙出生"并"躺在石油上致富"。然而，这些"小国"与我国在政治制度、经济体制、意识形态、历史文化传统、人口规模、自然禀赋等几乎所有发展维度上都存在明显的差距，因此其在经济增长、财富分配以及社会福利方面取得的成绩均不存在太多的学习与模仿价值。其次，以德国、美国、日本等为代表的第二类国家的成功经验与做法可能对中国推进共同富裕具有真正的借鉴价值。这类欧美与东亚高收入国家人均产出较高的同时，经济与人口总量也相对较大，且自 20 世纪中叶起采取了一系列富民政策，为其实现共同富裕提供了助力。德国在"二战"之后不久就提出了收入倍增调节计划，致力于调节收入分配，缩小社会贫富差距。日本为了摆脱经济与社会困境，于 1960 年也宣布实施国民收入倍增计划，通过完善财税政策和社保机制、保证收入分配的公平性、重视国民教育、促进产业结构升级等措施来刺激经济增长与改善民生。美国也借助降低税负、完善社会保障等制度工具来缩小贫富差距、提高国民经济待遇。相比第一类国家，这些国家无论是经济体量还是人口规模都相对较大，对中国国情更有借鉴意义，尽管未明确提出共同富裕的口号与战略，但其中许多政策思路与手段却是值得中国参考与反思的。

（二）中国推进共同富裕的现状与差距

依据《世界银行公开数据 2022》和《中国统计年鉴 2021》对中国民生发展数据的统计，本文考察了中国推进共同富裕的进程以及距离目标间的差距，如表 4 与表 5 所示。

表 4　中国贫困发生率与不同收入组别的人均可支配收入

年份	人均GNI（美元）	绝对贫困率（%）	相对贫困率（%）	10% 最低收入组		20% 最低收入组		20% 第四收入组（五分位法）	
				人均GNI（美元）	人均年可支配收入（美元）	人均GNI（美元）	人均年可支配收入（美元）	人均GNI（美元）	人均年可支配收入（美元）
2019	16610.0	0.1	24.7	4650.3	2325.1	5563.7	2781.9	18268.9	9134.5
2018	15430.0	0.4	28.1	4166.1	2083.1	5014.8	2507.4	17127.3	8563.7
2017	14220.0	0.7	32.0	3697.2	1848.6	4550.4	2275.2	15713.1	7856.6
2016	13420.0	0.8	34.2	3623.4	1811.7	4361.5	2180.8	14896.2	7448.1
2015	12840.0	1.2	37.9	3338.4	1669.2	4108.8	2054.4	14316.6	7158.3

注：①表中人均 GNI 和可支配收入均是按 2021 年购买力平价（PPP）衡量并以现价美元为计算基准所得。②绝对贫困发生率指按 2017 年购买力调整后的价格计算，每天生活费低于 2.15 美元的人口百分比，是世界银行在衡量极端贫困时应用的一个共同标准。相对贫困发生率指按 2017 年国际价格计算，每天生活费低于 6.85 美元的人口百分比，是世界银行衡量中高收入国家贫困线采用的标准。③人均可支配收入是依据其与人均 GNI 一般转化率而粗略估算所得，参考了李子联（2015）的研究成果。

资料来源：《世界银行公开数据 2022》，详见 https://data.worldbank.org.cn/。

结合表 3 与表 4 分析可知：①历史纵向比较而言，在消除了通货膨胀影响后，中国不同收入组别国民的经济状况均得到了明显的改善，人均年可支配收入显著上升。并且，我国绝对贫困率和相对贫困率在 2015 ~ 2019 年间明显降低。②国际横向比较而言，按购买力平价汇率换算之后，中国国民的收入状况仍与高收入国家存在很大差距，如阿联酋收入最低的 10% 民众的人均可支配收入约是中国的 8 倍，而美国、日本则是中国的 3.5 倍左右。③与共同富裕的经济评价标准比较，我国仍有较大的距离，主要是富裕群体的覆盖面不广。2019 年，中国收入最低的 10% 和 20% 群体的人均年可支配收入都不足 3000 美元，较"1 万美元"存在显著差距。而中国第四层 20% 群体（五分位，即收入介于 60% 至 80% 的群体）的人均年可支配收入相对接近"1万美元"的标准，考虑到第四层群体内部的收入差距，我国跨入家庭人均年可支配收入"1 万美元"门槛的人口只有 50% 左右，与 85% 的覆盖率还有一定的距离。

表 5　2020 年中国居民的家庭人均可支配收入

单位：元

组别	全国	城镇	农村
20% 低收入组家庭人均可支配收入	7868.8	15597.7	4681.5
20% 中间偏下收入组家庭人均可支配收入	16442.7	27501.1	10391.6
20% 中间收入组家庭人均可支配收入	26248.9	39278.2	14711.7
20% 中间偏上收入组家庭人均可支配收入	41171.7	54910.1	20884.5
20% 高收入组家庭人均可支配收入	80293.8	96061.6	38520.3

注：绝对贫困线指按 2017 年购买力调整后的价格计算，每天消费或收入低于 2.15 美元的标准，相对贫困线指按 2017 年国际价格计算，每天消费或收入低于 6.85 美元的标准。

资料来源：《中国统计年鉴 2021》。

表 5 表明：①按绝对贫困线（按 PPP 换算为人民币约为 9.03 元 / 人·天）来看，2020 年即使是农村人口中收入最低 20% 的居民的家庭人均可支配收入业已跨入了这一门槛，再次论证了中国脱贫攻坚战所取得的成果；②按相对贫困线（按 PPP 换算为人民币约为 28.77 元 / 人·天）来看，2020 年城镇人口中超过 80% 的群体和农村人口中超过 60% 的群体迈过了这一标准，意味着中国仍与高收入国家存在很大差距；③以共同富裕的经济评价标准来衡

量，中国与共同富裕目标实现之间的差距较大。2020 年，按家庭人均可支配收入来计算，我国满足家庭人均可支配收入"1 万美元"（按 PPP 折合成人民币 4.2 万元）富裕门槛的家庭比重也只有 25% 左右。

表 4 与表 5 中富裕家庭的覆盖率之间存在一定的差异，原因在于：一是计算方式不同。《中国统计年鉴》是以家庭为基本统计单位，而《世界银行公开数据》则是借助均值法进而以个人为基本统计单位，前者更契合本文对共同富裕评价指标的构建要求。由于以家庭为计算单位会熨平家庭成员之间的收入差距，这使得本来服从右偏分布并具有右边长尾效应的财富曲线更加向中心收敛，曲线两端极高收入者和极低收入者因为家庭成员的"分摊"效应而趋于缩小，故而，人均可支配收入会放大中国富裕家庭的覆盖面。二是数据来源不同。《中国统计年鉴》是基于国家统计局开展的城镇与农村住户调查数据汇总所得，而《世界银行公开数据》则是源自世界银行专门搭建的国际比较项目数据库。

此外，其他来源的统计数据、政府工作报告与学术研究同样为我们考察中国共同富裕进程提供了重要的参考价值。例如，2020 年在十三届全国人大三次会议记者会上，时任总理李克强同志强调中国"有 6 亿人每个月的收入也就 1000 元"。换算后可知，我国近 50% 的群体人均年收入不足 3000 美元。再如，李实（2022a）根据国家统计局划分的中等收入标准，利用中国收入分配课题组的数据（CHIPS），估计出 2019 年全国家庭人均年收入不足 8000 美元的低收入人群约占全国人口的 64%，同样说明我国距离共同富裕目标仍有一定的提升空间。

四 结语

从马克思在《经济学手稿（1857—1858）》中提出共同富裕的初步设想，"生产将以所有的人富裕为目的"，到如今中国特色社会主义对共同富裕的科学化以及方向道路的明晰，人类社会似乎从未放弃过对共同富裕理想目标的孜孜追求。不过令人遗憾的是，共同富裕及其理论发展至今仍未提出一套行之有效的评价指标与测度标准，很多时候使得共同富裕局限在思想层面，却很难推向实处。

首先，共同富裕的衡量与实现本就存在诸多困难。仅从经济维度考察，也只有寥寥几个国家达到了共同富裕的标准。其次，一旦给共同富裕设定具体的评价指标，就类似于企业管理中制定了关键绩效指标（KPI），这种考核政府及其相关人员工作成绩的量化指标，使得推动共同富裕成功与否一目了然。鉴于中国在改革开放初乃至21世纪初推进共同富裕的条件和时机并不成熟，发展相应的量化测度标准也显得并不迫切与必要。随着新时代中国社会主要矛盾已经转化为人民日益增长的美好生活需要和不平衡不充分的发展之间的矛盾，在此背景下，"十四五"规划纲要进一步明确提出要制定共同富裕的行动纲要，共同富裕正式由理念目标迈入现实要求。习近平总书记强调，"要抓紧制定促进共同富裕行动纲要，提出科学可行、符合国情的指标体系和考核评估办法"（习近平，2021）。最后，任何组织、学科或学者提出共同富裕的测度标准都或多或少难逃来自他者的质疑与批评，因而这是一项社会各界不断讨论与完善的过程。

本文是在这方面的有益尝试，也属于一家之言，但仍希望引起学界和政府更多的重视与思考，并一同将共同富裕研究引向深处。

参考文献

陈丽君、郁建兴、徐铱娜，2021，《共同富裕指数模型的构建》，《治理研究》第4期。

陈友华，2017，《全面小康的内涵及评价指标体系构建》，《人民论坛·学术前沿》第9期。

陈友华、孙永健，2022，《共同富裕：现实问题与路径选择》，《东南大学学报》（哲学社会科学版）第1期。

邓子基，2011，《财政收入与GDP的协调关系研究——兼评所谓"国富民穷"之说》，《经济学动态》第5期。

范从来、谢超峰，2018，《益贫式经济增长与中国特色社会主义共同富裕的实现》，《中国经济问题》第2期。

傅才武、高为，2022，《精神生活共同富裕的基本内涵与指标体系》，《山东大学学报》（哲学社会科学版）第3期。

贾康，2011，《谈"国富民穷"说的偏颇》，《财会研究》第1期。

李安义、李英田，1996，《"共同富裕"不仅仅是一个经济概念——再谈"共同富裕"内涵及实现方式》，《理论探讨》第6期。

李尚竹，2011，《如何实现从"国富民穷"到"国富民富"的转变》，《经济导刊》第5期。

李实，2021，《共同富裕的目标和实现路径选择》，《经济研究》第11期。

李实，2022a，《实现共同富裕，"提低"是关键》，《浙江大学学报》（人文社会科学版）第1期。

李实，2022b，《充分认识实现共同富裕的长期性》，《治理研究》第3期。

李子联，2015，《中国收入分配格局：从结构失衡到合理有序》，《中南财经政法大学学报》第3期。

凌昌玉，2003，《全面小康社会评价指标体系的构建》，《统计与决策》第10期。

刘培林、钱滔、黄先海等，2021，《共同富裕的内涵、实现路径与测度方法》，《管理世界》第8期。

刘先春、宋立文，2010，《邓小平共同富裕思想的概念界定及其引申》，《重庆社会科学》第6期。

马克斯·韦伯，2013，《韦伯方法论文集》，张旺山译，台北：联经出版事业公司。

彭玮、梁静，2022，《共同富裕问题研究综述》，《社会科学动态》第7期。

孙立平，2011，《贫富格局里的纠结》，《决策与信息》第4期。

孙武安，2004，《"共同富裕"只包含物质的内容吗？——与徐久刚先生商榷》，《理论探索》第6期。

万海远、陈基平，2021，《共同富裕的理论内涵与量化方法》，《财贸经济》第12期。

习近平，2021，《扎实推动共同富裕》，《中国民政》第20期。

习近平，2022，《高举中国特色社会主义伟大旗帜 为全面建设社会主义现代化国家而团结奋斗——在中国共产党第二十次全国代表大会上的报告》，《人民日报》，10月

16 日。

谢攀、李文溥、龚敏，2014，《经济发展与国民收入分配格局变化：国际比较》，《财贸研究》第 3 期。

信卫平，2010，《促进民富国强的思考——基于提高劳动报酬的视角》，《江汉论坛》第9 期。

许永兵，2022，《扩大中等收入群体：实现共同富裕的重要路径》，《河北经贸大学学报》第 3 期。

杨宜勇、王明姬，2021，《更高水平的共同富裕的标准及实现路径》，《人民论坛》第23 期。

余芳东，2012，《世界主要国家居民收入分配状况》，《中国统计》第 10 期。

郁建兴、任杰，2021，《共同富裕的理论内涵与政策议程》，《政治学研究》第 3 期。

张文宏，2022，《扩大中等收入群体促进共同富裕的政策思考》，《社会科学辑刊》第6 期。

朱健刚

尹　茹

慈善第三波、第三次分配
与第三部门理论的中国化*

*基金项目：南开大学文科发展基金重点项目"第三次分配视域下的公益慈善事业研究"（ZB22BZ0108）。

朱健刚，南开大学社会学院教授，博士研究生导师。主要研究方向为公益慈善、社区发展、残疾人社会保障等。尹茹，南开大学社会学院社会工作与社会政策博士研究生。主要研究方向为社工人类学，残障社会工作。

摘　要： 本文着重讨论慈善第三波的整体特征，进而对影响第三波的第三次分配政策进行分析，并在此基础上反思第三部门理论在中国语境下产生的新的想象。公益慈善的市场化、数字化和政治化带动了第三波浪潮，而第三次分配作为一种新的慈善政治经济学，体现出国家治理体系对慈善作为财富资源的新的汲取策略，在提升中国特色慈善事业地位的同时也面临挑战。第三部门理论虽然对中国的民间社会发展解释力不足，但仍然可以给我们提供社会学的想象力，本文认为，社会组织在第三次分配的政策空间下仍然有可能形成一个"第三领域"。

关键词： 慈善第三波　第三次分配　第三部门理论中国化

自 20 世纪 90 年代，公益慈善逐渐在政府体制中被"正名"，在以市场经济为基础的社会转型中又逐渐涌现出现代公益慈善组织与现代公益生态体系。21 世纪以来，中国的公益慈善事业相继经历了三个高潮，如果说 2008 年，由汶川地震救灾和北京奥运会兴起的第一波慈善浪潮使得志愿者主流化，2016 年由《慈善法》颁布引发的第二波慈善浪潮让公益慈善组织主流化，那么到 2021 年，随着党提出共同富裕和乡村振兴的现代化奋斗目标，中国公益慈善迎来了第三次浪潮（杨团、朱健刚，2022），本文把这一次浪潮称为"慈善第三波"，并力求阐述这一波的主要特征与发生动力。并进一步分析第三次分配政策带来的社会影响，最后对第三部门理论加以反思和再阐释，探索其理论中国化的可能性。

一 慈善第三波：动力特征

进入 21 世纪以来，从救灾的联合行动、慈善法治建设再到第三次分配政策的提出，我国慈善事业先后经历了三个重要战略机遇期，在政策、资源、组织以及人才等方面都呈现集聚化发展特点。在 2008 年的汶川地震救灾及其灾后重建过程中，政府、企业和社会的协同机制初步显现，为民间慈善组织的大规模联合行动创造了制度空间，和之后北京奥运会的大规模志愿者招募一起助推中国的志愿者主流化，2008 年也因此被称为志愿者元年（高丙中、袁瑞军，2008），这形成了我国慈善事业在 21 世纪的第一次发展浪潮。2016 年《慈善法》出台以及贯彻始终的开门立法原则，既标志着我国慈善事业迈上法治化发展轨道，也展示了新型治理格局在慈善法治建设方面的有益探索（李希金、张昱兴，2023）。《慈善法》为培育发展多元慈善主体和规范各类慈善行为提供了法律依据，助推广义范围的公益慈善组织主流化，这引领了我国慈善事业在 21 世纪的第二次发展浪潮。而 2021 年共同富裕战略出台，尤其是明确将第三次分配政策纳入基础制度建设，使得商业向善、科技向善以及财富向善形成合力，助推以人人慈善为内核的慈善事业加速实现主流化，这一进程迎来了我国慈善事业在 21 世纪的第三波发展浪潮。

（一）公益慈善三波浪潮的形成

形成这一波浪潮的首要动力来自国家共同富裕战略下的一系列社会政策所引发。国家"十四五"规划的重点之一就在共同富裕，为此国家强调乡村振兴和第三次分配。虽然强调富裕，但共同富裕的重要内容之一仍然是针对各类脆弱群体的减贫解困，赋能低收入群体的发展（杨团、朱健刚，2022）。第三次分配政策的提出实际上是让公益慈善事业不再局限于社会福利领域，而成为第三次分配资源配置下的主体部分。虽然第三次分配和乡村振兴相关政策在学术界仍然有较大的争议，但在实务界，第三次分配和乡村振兴相关政策的出台都给社会力量提供了机会窗口，社会组织基于人道主义，仍然将救助和赋能脆弱群体作为工作重点。可以说，被视为第三次分配重要方式的慈善事业在维护国家稳定和安全、促进国家重大战略方面所发挥的作用得到政府部门的极大重视。慈善作为国家政治发展领域的重要内容，开始逐渐浮出水面。

当然仅仅从第三次分配的政策方向来看，这一浪潮的形成还是不够的，如果从更广阔一点的时空来看，人类社会生态的转变更值得关注。在近五年间，整个人类社会生态发生较大转变，1960年代以来"和平与发展"的全球趋势正在逆转，全球性的气候灾难、新冠疫情、世界性的战争对抗等自然与人为灾害似乎正接连而至，原本的人类社会生态遭遇挑战，"灾害与苦难"成为人类世界新的时代命题。这些灾难与挑战同样影响着中国尚未成熟的现代公益慈善事业体系，迫使它直面人类社会正在发生的危机，也刺激着中国公益慈善事业的快速发展。例如新冠疫情这一全球性危机对中国的影响远远超过人们预期，而以国内基金会为枢纽的抗疫网络则形成了继汶川地震之后新的社会组织联盟，在武汉、上海等城市出现了大规模的城市志愿者动员。2021年豫晋两省突发性洪涝灾害既表现出极端气候带来的更频繁的自然灾害，也产生了2008年汶川地震救灾后的大型社会组织救援行动。

引发第三波慈善浪潮的动力还来自商业、技术和慈善相结合形成的经济新业态。传统慈善捐赠已经不再是企业履行社会责任的唯一选择，志愿服务、社会企业、影响力投资等新的思路与方法涌现而出（邓胜国、朱绍明，

2021）。国内一些追求卓越发展的企业开始在社会价值创新理念方面升级迭代，通过在关注人的价值和社会发展的企业社会责任（CSR），环境、社会和治理（ESG），多样性、公平和包容（DEI）以及可持续发展目标（SDGs）等理念中寻求提升市场竞争力的新方法。例如2021年腾讯公司正式宣布公司战略升级，以"推动可持续社会价值创新"作为公司的重要战略，腾讯先后投入1000亿元启动"可持续社会价值创新"和"共同富裕"专项计划，由此引发了互联网企业的公益慈善捐赠风潮。这些捐赠大量投向了乡村振兴、低收入人群增收、公众应急、教育和医疗等领域。[①] 同时，新技术的大量应用，AI技术、云计算、网络直播成为中国特色互联网公益的重要发展路径。互联网募款平台也成为国内越来越主要的慈善募款平台。数字技术与公益慈善的融合持续影响着中国公益慈善生态建设，北京大学国家发展研究院的《中国公众捐赠调研（2023）》报告显示，因为互联网的影响，有82%的中国捐款人在最近五年间有捐助行为。[②]

社会企业成了公益慈善业界新生态的弄潮儿。一般而言，社会企业是秉持社会使命但通过商业手段获得可持续性收入以实现自负盈亏的新型组织，以及有意向这类模式发展的传统营利或非营利组织（朱健刚、严国威，2020）。作为融合经济效益、社会效益和政策效益为一体的混合型组织，社会企业成为我国推动第三次分配和实现共同富裕的重要创新型组织载体（徐家良、何立军，2022）。2021年民建中央向全国政协，十三届四次会议提交《关于弘扬社会企业家精神，加快社会企业发展的提案》，首次在国家层面提出开展区域或行业社会企业试点建设、鼓励相关机构兴办或转型为社会企业、构建支持社会企业发展的政策和金融支持体系、宣传倡导社会企业家精神等政策建议。中央统战部2021年印发的《关于深入推进新时代光彩事业创新发展的意见》也首次在中央层面的政策文件中提出支持探索发展社会企

[①] 资料来源于腾讯官方发布的《腾讯可持续社会价值报告（2021）》。其中，2021年4月首期500亿元用于开展对包括基础科学、教育创新、乡村振兴、碳中和、FEW（食物、能源与水）、公众应急、养老科技和公益数字化等领域的探索。同年8月投入的500亿元为"共同富裕专项计划"资金。

[②] 北京大学国家发展研究院：《中国公众捐赠调研成果》，最后访问时间：2024年5月31日，http://finance.sina.com.cn/cj/2023-12-24/doc-imzzckxw1834732.shtml。

业。同时，各地支持发展社会企业的政策体系也在不断完善。例如成都市政府印发《成都市社会企业培育发展管理办法》，对成都市社会企业的评审认定、政策支持、管理服务以及生态系统构建等方面都做出了详细规定。

（二）中国现代公益慈善的基本样态

上述三大因素都刺激着慈善第三波的发生，在这些因素的冲击下，中国现代公益慈善事业似乎形成了一个相对稳定的发展过程，如果我们以河流来做比喻，那么市场经济构成了中国现代公益慈善最基本的"河床"。市场经济不仅促进了高收入人群和职业阶层的形成与发展，孕育出许多慈善家和公益行业从业者，但也带来了包括贫困、环境和健康在内的社会问题。同时，这一体系还催生了不少致力于解决这些社会问题而非仅提供简单施舍的公益组织。市场经济的制度安排有利于市民社会的自助与互助形成，也有利于公益慈善的科学化、专业化和组织化建设。尤其是在第三次分配政策的诱导下，市场制度中金融力量介入的影响显著增强，基金会、影响力投资和慈善信托越发成为公益慈善行业的支配性因素。

慈善事业的"河堤"则是来自国家治理体系和治理能力现代化格局的安排。政府在面对扶贫、环境、健康、乡村振兴、共同富裕等社会问题时需要社会力量的参与，同时也要展示出自己有能力领导这些社会力量。因此从政府购买服务政策开始，逐步到社会工作的扶植、脱贫攻坚和乡村振兴，再到第三次分配的提出，这些社会政策的形成既是政府吸纳性权力的体现，也是以市场为基础的公益慈善力量兴起而"倒逼"的结果。一旦社会组织获得有限放开，这些政策就极大地刺激了公益慈善的业界生态。其中，社会工作专业的正当化、允许社会组织开展公开募捐以及鼓励企业和商业履行社会责任可以称为具有较大影响力的三个举措。在面对公益慈善领域的公信力丑闻和种种乱象之时，政府也加强了对社会组织的监管、规范和"扫黑除恶"，形成一种作为"河堤"的控制力量。

这一河流的"水动力"则越来越依赖于数字化和人工智能技术革命。人工智能以移动互联网、大数据、区块链、云计算、传感网、脑科学等科技为引擎，在最近20年间呈现爆发式增长，带来了生产力的极大释放，也激活了整个公益慈善行业的发展。许多公益慈善的行动者在较短时间实现志愿者的组织化，再逐步成为职业化的机构，乃至众多公益集群，这些结果的实现都得益于数字化技术的支持，99 公益日、淘宝村和蚂蚁森林都是这种数字化智能公益的集中体现。这种数字化动力既改变了公益慈善组织的治理形态，又能反过来对互联网企业本身的发展方向产生重要影响。它是一把"双刃剑"，在极大地提高效率的同时也进一步让有效性成为公益慈善的支配性话语，让技术治理逐步渗透到公益慈善的各个方面。但科技向善的结果也可能孕育出"科技替代慈善"，导致公益慈善实践的道德性和人文性面临消退的危机。

可以说，这三个因素形塑出中国公益慈善这条大河的基本样态，这条大河虽然在形式上呈现各地各异，但是共同的特点就是延续着这四十年间，公益慈善组织和政府之间的"互嵌"格局。一方面，公益慈善逐步从政府体系中脱嵌、扩张、创新，甚至形成反向嵌入；另一方面，政府也逐步从对社会组织的默许管控转向鼓励扶持，并通过治理体系的建设来吸纳这些公益力量，使其为国家战略服务，进而让社会再嵌入到国家治理体系之中。因此，在这四十年间，政府体系和社会组织之间存在着明显的既有合作又有张力的博弈格局。而在今天，新时代治理吸纳慈善的趋势（朱健刚、邓红丽，2022）和公益慈善本身持续的民间化、科学化和市场化趋势既平行发展又交互作用。这使得公益慈善组织相对于政府来说，既可能是依附的，也有可能是协同的，一切都在变动之中。而志愿者的"无组织的组织化"、企业和商业公益的新业态化、宗教慈善的世俗化以及社区公益价值链形成和地方公益的生态化，这四方面的趋势构成了第三波慈善浪潮潜在的发展走向。

二 第三次分配：走向共同富裕的"中国模式"

在慈善第三波中，公益慈善领域最重要的政策概念应该就是"第三次分配"。党的十九届五中全会作出了"发挥第三次分配作用，发展慈善事业，改善收入和财富分配格局"的决策部署。《中华人民共和国国民经济和社会发展第十四个五年规划和 2035 年远景目标纲要》提出加大税收、社会保障、转移支付等调节力度和精准性，发挥慈善等第三次分配作用，改善收入和财富分配格局。随后中央财经委员会第十次会议更明确提出，坚持以人民为中心的发展思想，在高质量发展中促进共同富裕，正确处理效率和公平的关系，构建初次分配、再分配、三次分配协调配套的基础性制度安排。很快，中共中央、国务院又出台《关于支持浙江高质量发展建设共同富裕示范区的意见》，支持浙江省在探索共同富裕的道路上先行先试、作出示范。意见明确提出"建立健全回报社会的激励机制。鼓励引导高收入群体和企业家向上向善、关爱社会，增强社会责任意识，积极参与和兴办社会公益事业。充分发挥第三次分配作用，发展慈善事业，完善有利于慈善组织持续健康发展的体制机制，畅通社会各方面参与慈善和社会救助的渠道。探索各类新型捐赠方式，鼓励设立慈善信托"。同时要求"加强对慈善组织和活动的监督管理，提高公信力和透明度。落实公益性捐赠税收优惠政策，完善慈善褒奖制度"。为此，浙江省委、省政府出台《浙江高质量发展建设共同富裕示范区实施方案（2021—2025年）》，提出全面打造"善行浙江"，包括建立"蜂巢式"浙商公益慈善机制，畅通社会各方面参与慈善公益和社会救助的渠道；发扬"人人慈善"的现代慈善理念，打造以"慈善公益一日捐"为代表的全民性慈善活动；推动互联网慈善，打造智慧慈善，规范网络募捐活动；完善慈善组织监管制度，借助区块链技术对慈善捐赠开展全流程智慧监管，打造为民慈善、阳光慈善。正是在这一背景下，浙江正逐渐成为现代公益慈善事业的新高地。

三次分配制度设计的主要目的是要减少收入差距，避免出现贫富极端分化。因此，三次分配在制度设计上确定了三次分配的不同功能面向。初次分配主要表现在市场制度中的收入分配。在新时代的经济体系中，市场仍然要发挥基础性的资源配置作用。市场最核心的原则是效率，初分配的前提是要保证市场的效率。从这个意义上看，市场的初次分配属于私人性质的生产、交换和流通所带来的分配。人民共享的分配制度在这方面期待的是提高劳动收入在初次分配中的比重。但是这种分配并不是要走平均主义的道路，而是要有符合市场经济效益的目标，因此初分配很重要的进路是"促进机会公平"。机会公平有助于市场的自由竞争和效率提升，同时通过机会公平的制度安排也有助于给低收入者提高收入，扩大中等收入水平提供机会。可以说，机会公平是初分配的分配正义。

再分配则主要表现在政府对基于市场效率的收入分配之后的再次分配。政府的核心原则是增进民生福祉，保障社会秩序。这是以国家为后盾，针对不特定的全体国民的一种收入分配，因此具有公共性。人民共享的分配制度在这里体现的新进路是"规范收入分配秩序"和"规范财富积累机制"，通过规范财富积累机制，避免出现极端的财富分化导致社会不稳定，体现了再分配中的分配正义。国家通过加大税收、社会保障和转移支付的调节力度来规范收入分配秩序。在这一分配领域中，如何在保护合法收入，调节过高收入，取缔非法收入的同时，继续保持市场经济过程中企业家的积极性，保持企业活力，成为这一分配机制的重要课题。

第三次分配则是整个分配制度的新形式。这是指在市场分配和政府分配之外的由社会各方来进行财富分配的机制，它发生在"介于私人和国家之间的广泛的社会参与领域"。其主要手段是公益慈善性质的捐赠和志愿服务，企业、社会组织和个人都可以参与。由于第三次分配既超越了单纯满足私益的私人性，也超越了国家的强制性的公共性，它和前两种分配在性质上有着重要区分。它的文化基础在于社会主义的践行和中华慈善文化的传承，不过第三次分配的政策本身在我国发展还是处于初步阶段，尚未形成完整科学的制度体系。

这三类分配环环相扣，彼此关联。如果单独地讨论某一类分配都容易陷入片面，甚至有可能出现收入分配中"杀鸡取卵"的现象。因此需要从整体性治理的角度来全面理解分配制度的三个层面，才能更加全面地探索分配制度的中国式现代化的进路。所谓整体性治理的视角是21世纪初叶由希克斯等学者提出的继传统官僚体制、新公共管理之后公共行政学的第三波典范，传统官僚制和新公共管理基于的是个体主义的方法论，容易导致公共服务领域出现严重碎片化和部门自我中心主义，而整体性治理不同于前两种公共行政学典范，它是将政府运作的核心聚焦于解决人民的生活问题而非解决政府的行政问题，即以人民生活事件为中心。而解决人民的生活问题不仅需要单一政府职能部门的努力，更需要政府各职能部门的协作，以及公私部门的合作（胡象明、唐波勇，2010）。党的二十大提出坚持以人民为中心的发展思想，这就需要我们以整体性治理的视角来看待第三次分配的新进路。

从整体性治理的视角来看，第三次分配无疑是中国政治经济环境下的特殊概念，这个概念最早由厉以宁（1994）提出，他认为"市场经济条件下的收入分配包括三次分配。第一次是由市场按照效率进行分配；第二次是由政府按照兼顾效率与公平的原则，通过税收、扶贫及社会保障统筹等方式来进行第二次分配；第三次是在道德力量的作用下，通过个人收入转移和个人自愿缴纳和捐献等非强制方式再一次进行分配"。第三次分配源于市场系统和行政系统无法充分作用于收入调节和社会公平，以及人类在经济社会发展到一定阶段后所出现的更高层次的需求。在西方国家，公益慈善很少被纳入国家的资源分配体系之中。但是在"治理吸纳慈善"的大趋势下（朱健刚、邓红丽，2022），中国主张在市场分配和政府分配之外，还应由社会各方来进行财富分配的机制，其目的是减少贫富分化，实现共同富裕，而其主要手段就是慈善捐赠、志愿服务以及迅速兴起的社会企业、公益创新等多种新形式。正如王名、蓝煜昕等人（2020）指出，要用超越经济学的社会理性、人文理性和价值理性来面对第三次分配，要站在比资源配置和财富分配更高的维度上来探寻第三次分配。

总体而言，这些社会活动的共同特征是脱离了以市场机制为中心的经济领域，也不同于以党和政府为中心的正式权力体系，而是发生在介于私人和国家之间的广泛的社会参与领域，具有社会性、价值性、公共性、志愿性等。第三次分配具有的社会性主要表现为第三次分配发生在人类交往行为及基于交往理性和价值理性所构建的生活世界，其发挥作用的主要领域是更加广阔的社会及其主体人（王名、蓝煜昕等，2020）。同时，第三次分配具有价值理性，不同于第一次分配和第二次分配所秉持的工具理性，这种价值理性作为厉以宁所说的"道德力量"，受到信仰、风俗和地方文化等各种因素影响。追求的是人民对美好生活的向往及其公益慈善行动者生命价值的不断提升。此外，第三次分配还具有公共性，各方参与第三次分配并不是要从这种资源转移中获得自己私人的物质利益，而是实现某种社会公共价值。最后是志愿属性。第三次分配实质上是行动主体在通过第一次分配和第二次分配完成财富积累之后，按照个人意志自由处分其财富，而这种志愿属性正是其区分于第一次分配和第二次分配的核心特征。正如金锦萍（2021）所强调的，第三次分配实现其独有的功能和价值的关键是营造便于民众志愿从善的路径和机制，充分贯彻捐赠自愿原则，塑造真正具有志愿服务精神的民众。

然而毋庸讳言，第三次分配政策也同样遇到诸多挑战。首先是观念上的挑战。在许多人的观念里，第三次分配通常被看作"富人的事"，离自己的生活世界很远。由外在力量强迫而产生的捐赠行为，因其破坏了第三次分配的道德含义和志愿含义而难以持续。其次是组织上的挑战。慈善组织是公益慈善事业发挥第三次分配作用的组织载体，但是当前我国慈善组织的发展短板依旧明显。我国已认定的慈善组织数量有限，2021年才首次超过社会组织总量的1%。不少慈善组织普遍面临专业人才缺乏、作用发挥有限、公信力建设滞后、问责机制缺乏等问题，从而限制其充分发挥第三次分配作用，并且在提供专业服务和分配慈善资源等方面也遭到社会公众的质疑。还有就是政策上的不足。即使是2023年修订后的《慈善法》也还存在不少未解决的问题，在互联网慈善和社区慈善方面缺乏足够和明确的规范措施，社会捐赠活力无法被充分激发；税费减免政策尚未完全落实，尤其是慈善信托这一极富鼓励性的政策设计在落实税费减免方面还存在不少限制，导致社会组织申请认定为慈善组织的动力不足。[1] 这突出表现为，围绕着第三次分配如何落实的争论或许在未来几年都将会是一个焦点话题。

三　第三领域：对第三部门理论的反思及中国化的探索

就以上分析，我们可以看到，原本在西方属于民间的相对独立的公益慈善事业在慈善第三波中转化为在党的领导下的第三次分配的治理方案。这使得我们需要反思在过去的20年间曾经一度成为公益慈善事业主流思潮的第三部门理论。在最近几年，也有人评论，随着政策的不断调整，"第三部门

---

[1]　张春贤：《全国人民代表大会常务委员会执法检查组关于检查〈中华人民共和国慈善法〉实施情况的报告》，最后访问日期：2024年1月28日，http://www.npc.gov.cn/npc/c2/c30834/202010/t20201015_308156.html。

理论已经衰落"。但是，随着第三次分配的政策落地，这种西方的"舶来理论"或许存在转化为一种新的中国化理论的可能性。

西方的第三部门理论是基于新自由主义的一种治理思路，它主张由于政府和市场这两个部门都可能出现失灵，需要在政府部门和私营企业之外的其他组织作为第三部门，承担政府和市场的未尽职责，维护公共利益（熊跃根，2001）。西方的第三部门理论将政府、企业和社会组织分别看作三个互相区隔甚至对立的部门。但是，不同于西方的市民社会，中国民间慈善事业的独立性常常是非制度化和非正式的。因而第三部门理论被认为在解释中国经验时存在现实适用性问题。正如王晓毅（2020）所言，在基层的扶贫实践中，政府、市场与社会在公益领域存在广泛结盟，超越了既有的国家、市场与社会的三分框架。

最近的 20 年间，随着现代公益慈善事业在中国社会中逐渐兴起，越来越多的公众参与到公益慈善实践中来，社会组织逐渐成为公益慈善领域的重要主体。与此同时，作为社会资源的公益慈善事业也越来越被治理体系所重视，呈现"依附性自主"状态（王诗宗、宋程成，2013）。社会组织成为政府与社会之间的一种中介，通过这一中介的运转，政府与社会相互影响，互融共生，从而达到政府对于社会系统的有效管理及慈善事业自身的良性运转（文军，2012）。因而，强调多元合作的治理理论以及强调关系网络的嵌入理论，成为解释中国公益慈善领域一系列复杂现象的重要框架（汪大海、何立军，2010；朱健刚、景燕春，2013）。

在笔者看来，公益慈善组织因其非营利性、公益性等特征，具有比公共部门、商业组织更强大的慈善资源筹集能力和人力动员能力。因此，国家通过治理的方式有选择性地吸纳慈善组织在第三次分配中发挥作用，这也被称为政府对第三部门的"团结性吸纳"模式（何得桂、徐榕，2021），这种吸纳现象显然难以用西方意义的第三部门理论加以解释。因此，虽然广泛的社会组织难以形成西方意义上的第三部门，但是第三次分配与初次分配和二次分配在资源分配形式上的区隔却有可能形成具有社会性、价值性、公益性和志愿性的"第三领域"。在这一领域中，就可能培育出公益慈善组织、志愿组织、社会企业等新业态组织，各种类型的捐赠主体，包括个人、企业社会责任部门、慈善管理组织以及社会服务机构和社区自组织可以组成一种价值链，这一价值链可以推动区域性公益生态的良性发展，这些组织及其在第三次分配中的参与，能够形成以公益慈善为方向的中国"第三领域"。

这一"第三领域"不但能够推动第三次分配政策的落地，也能够推动以人人慈善为内核的慈善事业走向全民化。这里提到的第三领域显然不是以组织形态为划分依据，而是以资源分配的不同形式作为划分依据，在其中，企业、政府、社会组织都可以通过各种公益慈善的方式参与进来，其运作逻辑是公益慈善的逻辑。它以人民，尤其以脆弱群体为基本关照对象，通过政府、市场与社会之间的相互嵌入、协同共治、共生发展，探索各种组织化策略来实现共同富裕的目标。

本文初次尝试提出"第三领域"来重新诠释第三部门理论在中国的"社会"情境，所谓中国的第三领域是指，以脆弱群体的福利增长和权益主张为主要对象，以人道主义为伦理，以大公益大慈善为实践方式，发展方向是建立多样化的公益慈善事业共同体，成为整体性治理中的重要一环。在这个第三领域中，政府、市场与社会相互嵌入、协同共治、共生发展。而当下，这个第三领域的涌现才刚开始。

四　结论与建议

本文认为，中国现代公益慈善事业当下正处于第三波，它受到第三次分配政策的重要影响，但如何落实第三次分配这一政策则是一项重要挑战。而主动积极地建设以资源分配区隔为基础的第三领域，建立公益慈善共同体是可能的方向。

如何引导、支持有意愿有能力的企业、社会组织和个人在第三次分配政策下积极参与第三领域的建设，是一个需要认真思考的课题。公益慈善事业强调自愿性，因此调动第三次分配如果处理不当，我们很可能变回以前的任务摊派或者变相摊派，而摊派带来的"被志愿"很可能使得第三次分配事业难以持续。但是如果放任社会"自然"形成第三次分配，那就需要不可预期的漫长时间。所以引导公益慈善事业的关键是要形成一套社会的自我动员机制，通过这套机制使各方能够产生自愿性，从而愿意参与到第三次分配过程中。因此，笔者认为引导的核心在于建立完善的以社会自我动员为核心的动员机制。

第一，建设文化动员机制。国家应该大力倡导慈善文化，提升人们的慈善观念，让第三次分配观念深入人心，让行善者得到社会的尊重和肯定，完善"慈善人人皆可参与"的动力机制，培育和加强慈善的社会基础。

第二，建设组织动员机制。尤其是培养专业劝募人才，提升公益慈善组织的资源筹募能力。目前我们国家急缺劝募人才，人社部刚刚将劝募员列为新的工种，从初级的劝募员到高级劝募师形成阶梯升等秩序。相信通过这样的职业设计，可以鼓励更多的年轻人成为劝募人才。这方面的培训教育不应局限于劝募技巧的培养，还应包括劝募伦理的教育，才能保证劝募行业的公信力。

第三，建设社区动员机制。创新社区与社会组织、社会工作者、社区志愿者、社会慈善资源的联动机制，培育以社区居民、志愿者、社会工作者为主体的社区公益骨干，依据社区文化传统塑造社区公共空间。

第四，建设制度动员机制。依据《慈善法》，加强公益慈善组织问责机制建设，让问责制成为规范和促进第三次分配的催化剂。如果公益慈善主体缺乏问责，那么公益慈善领域就很可能成为权钱交易的新领域或腐败的新温床。只有让公益慈善组织更加透明、高效和实现治理民主，才能吸引更多的参与主体以公益慈善组织为枢纽，加入第三次分配的事业中。面对公益慈善领域的公信力丑闻和种种乱象，政府也应该加强对社会组织的监管、规范和"扫黑除恶"。

第五，建设新技术动员机制。推动互联网和数字化公益，以技术力量赋能公益慈善，借助科技红利更好地调动各方积极参与公益慈善。通过这些动员机制的设计，让各参与主体产生自我动员的意愿，让公益慈善事业得到持续发展。

总之，建立公益慈善的社会自我动员机制并形成慈善共同体，是慈善第三波的重要方向。第三次分配具有社会性、价值理性及公共性。因此，中国的第三领域需要有自我动员能力的各方积极参与。这种动员式慈善，正是我们展望中国现代公益慈善事业发展的新方向。

参考文献

邓国胜、朱绍明，2021，《第三次分配视角下企业慈善责任的新路径》，《中国非营利评论（第 28 卷）》，北京：社会科学文献出版社，第 2 期。

高丙中、袁瑞军，2008，《中国公民社会发展蓝皮书》，北京：北京大学出版社。

何得桂、徐榕，2021，《团结性吸纳：中国国家与社会关系的一种新解释》，《中国农村观察》第 3 期。

胡象明、唐波勇，2010，《整体性治理：公共管理的新范式》，《华中师范大学学报》（人文社会科学版）第 1 期。

金锦萍，2021，《第三次分配塑造具有志愿服务精神的民众》，《中国慈善家》第 5 期。

李希金、张昱兴，2023，《让慈善事业运行在法制轨道上——慈善法修正引发学界热议》，《慈善公益报》，10 月 25 日。

厉以宁，1994，《股份制与现代市场经济》，南京：江苏人民出版社。

汪大海、何立军，2010，《中国慈善事业的合作治理模式及其路径选择》，《江西社会科学》第 5 期。

王名、蓝煜昕、王玉宝、陶泽，2020，《第三次分配：理论、实践与政策建议》，《中国行政管理》第 3 期。

王诗宗、宋程成，2013，《独立抑或自主：中国社会组织特征问题重思》，《中国社会科学》第 5 期。

王晓毅，2020，《反思"第三部门"理论：扶贫中的政府与公益组织》，《文化纵横》第 6 期。

文军，2021，《中国社会组织发展的角色困境及其出路》，《江苏行政学院学报》第 1 期。

熊跃根，2001，《转型经济国家中的"第三部门"发展：对中国现实的解释》，《社会学研究》第 1 期。

徐家良等，2022，《社会企业蓝皮书：中国社会企业发展研究报告（No.1）》，北京：社会科学文献出版社。

杨团、朱健刚，2022，《慈善蓝皮书：中国慈善发展报告》，北京：社会科学文献出版社。

朱健刚、邓红丽，2022，《治理吸纳慈善——新时代中国公益慈善事业的总体特征》，《南开学报》（哲学社会科学版）第 2 期。

朱健刚、景燕春，2013，《国际慈善组织的嵌入：以狮子会为例》，《中山大学学报》（社会科学版）第 4 期。

朱健刚、严国威，2020，《社会企业的内部治理与社会目标达成——基于 C 公司的个案研究》，《理论探讨》第 2 期。

回归行动研究：改善实践、生产知识和增强权能

向　羽

贺志峰

摘　要：行动研究受到越来越多研究者和实践者的关注，但因其本身的复杂性和多样性容易引起困惑。本文从定义、目的、特征、范式及模型等维度勾勒出行动研究的基本样态，重点阐述内容包括：行动研究具有改善实践、生产知识和增强权能的目的，强调改变、合作和参与的核心特征，具有多元范式和多种模型。最后，本文尝试将行动研究与行动社会学进行联结，呼吁行动研究归来，研究者作为实践者而存在，实践者亦作为研究者而存在，两者的共同使命是以行动研究促进社会改变。

关键词：行动研究　知识生产　增强权能

向羽，北京师范大学人文和社会科学高等研究院健康与社会政策研究中心副教授，硕士研究生导师，主要研究方向为社区发展、社会工作管理、社会工作教育、行动研究等。贺志峰，北京师范大学人文和社会科学高等研究院健康与社会政策研究中心副教授，硕士生导师，主要研究方向为社会政策、政府购买服务、志愿服务等。

引 言

自 20 世纪 30 年代至 40 年代行动研究（Action Research）诞生以来，在教育、心理、护理、社会工作等不同领域得以发展和应用。与国外多层次、多领域的探索相比，国内对行动研究的关注早期集中在教育领域，近年来方有所突破。在乡村发展领域，行动研究已经摸索和积累了丰富的本土经验，它已成为该领域所共识的不可或缺的基本要素（李小云等，2008）。在社会工作领域，以古学斌（2013，2015，2017）为代表的学者一直致力于倡导和应用行动研究，并建立行动研究学习和实践网络。在反思社会工作教育时，他召唤行动者归来，呼吁重回专业根本，以行动研究促进教育者和实践者意识觉醒（古学斌，2013）。行动研究被视为"双百计划"①重要的实践策略，"双百"社工都要学习和应用该策略（张和清等，2018）。此外，若放大观察的视野，将发现行动研究在中国还有更多实践案例，例如社会科学实验、社会学干预行动等，它们并未冠名行动研究，但其核心内涵别无二致。据笔者观察，一方面行动研究因其迥异于常规研究的特点容易让人产生强烈的兴趣，另一方面又因其本身的复杂性和多样性容易让人产生强烈的困惑。我们能轻易地辨识行动研究与常规研究不同，但何种研究和行动才算行动研究？它的研究范式是什么？它属于质化研究方法吗？量化与质化研究工具能并存吗？基于这些困惑，本文从定义、目的、特征、范式、模型等维度勾勒行动研究的基本样态，尝试将其与行动社会学进行联结，号召行动研究归来，研究者作为实践者而存在，实践者亦作为研究者而存在，两者的共同使命是以行动研究促进社会改变。

---

① "双百计划"由广东省民政厅主办，从 2017 年起分两批建设 407 个镇（街）社工服务站，每个社工站配备 3~8 名社工，由镇（街）直接聘用、省统一督导。社工立足镇街、深入村居，为有需要群众、家庭、社区打通民政服务最后一米。"双百计划"是广东省推动的一项社会工作改革计划。

一　演进中的行动研究定义

行动研究的起源为何？如何定义？现在已很难对它做出恰当的定义，原因有二：一是它有自然的发展过程，最终形成不同的形式；二是它在多个领域得以发展和应用，各领域均有自己的侧重点，现有文献无法明确是谁发明了行动研究（Tripp，2005）。但有资料显示，这个过程应归功于勒温（Lewin），因为他创造了行动研究这个术语，使用它发表作品（Mills，2017）。勒温（Lewin，1946）有一句广为流传的名言：了解世界的一个最好方法，就是尝试改变它。这句话精确地体现了行动研究的核心理念，即认识／知识潜藏在行动过程之中，也呼应了另一位行动研究思想先驱——杜威（Dewey）的思想精髓。

行动研究定义的内涵一直处于演变之中，不同时期定义的侧重点有所差异。早期的定义倾向于将其描述为理性、科学、系统地寻求问题解决之道的过程。勒温（Lewin，1946）奠定了行动研究的框架和方法，他将其描述为一个螺旋状的进行过程，步骤包括计划、行动和对结果的事实调查评估等。20世纪50年代，美国教育家科瑞（Corey）将行动研究引入教育领域，他将其界定为：教育相关的实践者以科学方法研究自己的问题，促进实际问题的解决；强调运用创造思考，试验改变的措施，系统地搜集证据以决定新措施的价值等（戴长和等，1995；陈向明，2021）。到20世纪60年代，强调研究与行动分离的实证主义在社会科学领域兴盛，行动研究发展一度式微；到70年代，经Elliott等人的努力，行动研究再度崛起（Carr & Kemmis，1986；陈向明，2021）。复苏后的行动研究定义开始显现出反实证的特点，特别强调参与者反思。Carr和Kemmis（1986）将其界定为：一种由处在社会情境中的参与者进行的自我反思的研究形式。与之类似，McKernan（1996）将其定义为：它是由实践者推行、针对给定的问题进行反思的研究过程，期望提升对实践的理解。Husen（1985）的定义是：由社会情境的参与者为提高对所从事的实践的理性认识，为加深对实践活动及其脉络的理解所进行的反思研究。到晚近时期，行动研究的定义更加突显参与性、知识生产的民主性以及追求变革社会的目标。Reason 和 Bradbury（2007）在反思行动研究发展的基础上做出新定义：它是参与性的过程，关注在追求有价值的人类目的的过程中发展实践性知识；它寻求将行动和反思、理论和实践结合起来，与他人一起参与，为人们迫切关注的问题寻求切实可行的解决方案，更广泛地说，为个人和社区的繁荣发展寻求解决之道。Bradbury（2015）进一步指出：它是民主的和参与性的知识创造，在致力于寻求实际解决紧迫性问题的方法过程中，将行动和反思、理论与实践结合起来；它是一种与民众一起务实共创知识/寻找答案的研究方法，而不是分析民众的研究方法。还有更具批判性的行动研究定义，即肯定普通人的研究资格和知识的个人性。我国台湾地区倡导和应用行动研究的先行者夏林清，将实践取向、批判解放取向和女权主义的理论结合，丰富和发展了行动研究（杨静，2013），她的定义十分简洁：它是"行动者社会探究之道""每个人都是行动者……他们的言行与行事路径均蕴含着知识"（夏林清，2013）。

总之，行动研究的概念在演进显示出"变"与"不变"两方面特点。就"变"而言，早期的定义强调科学、理性、系统和研究者主导，晚近的定义则更突出自我反思、合作生产、实践者参与。这暗含着主导权和拥有权（ownership）的变化，即早期由学者/研究者主导和独享，晚近强调共享或实践者所有。就"不变"而言，所有定义都强调通过研究寻求实际问题的解决之道，创造实践性知识，促进改变。

二　兼具多重功能的行动研究目的

行动研究的目的是什么？为了凸显独特性，人们用常规研究与之比较。前者的目的在发展和检验理论，使知识有更广泛的解释力；后者的目的在于获得能直接用于具体情境的知识，既改进实践也提高研究者能力（刘良华，2001）。行动研究兼具多重功能。

（一）改善实践：具体情境与宏观社会

行动研究在于帮助实践者改善实践，这是它能获得众多拥趸之处。行动研究试图使有问题的社会世界能被理解，改善社会环境的品质，其目的与传统研究不同，而是为了解决实践者面临的即时性和紧迫性问题（McKernan，1996）。Carr 和 Kemmis（1986）指出了两个基本目标：改善（improve）和参与（involve）。改善包括改善实践（practice）、改善实践者对实践的理解（understanding）和改善实践的处境（situation）。改善这一基本目标表明行动研究的焦点在于解决实践问题。需要注意，行动研究改善的实践情境大小、类型和层次不尽相同。以教育为例，Ferrance（2000）依据问题范围和参与者状况划分了四种类型：个体性教师研究（individual teacher research）、合作性行动研究（collaborative action research）、全校性行动研究（school wide action research）和全区性行动研究（district wide action research）。这说明要改善的实践情境可能有个体困扰、群体问题、组织问题和政策问题等。除了具体问题，行动研究还要改变社会。勒温（Lewin，1946）认为它是一种对各种形式社会行动的条件和效果进行比较的研究，是一种导向社会行动的研究，而非只是生产书本知识的研究。改变社会是勒温一贯的主张，他追求能服务于社会改变的知识。孙庆忠和夏林清（2022）倡导社会变革取向的行动研究，明确其目的是推动社会改变，她过往的研究和实践都呼应勒温的主张，而勒温的一些传承者反而偏离他原初的起点，所以夏林清（2013）认为行动研究具有双面刃作用，即专业实践与社会改变。

（二）生产知识：实践知识与理论检验

不少研究者认为行动研究旨在解决实际问题，创造理论和知识并非必要工作。这类观点是一种误解。Cornwall 和 Jewkes（1995）从不同维度对比行动研究与常规研究，指出前者是为了"行动"，已包含"理解"，后者是为了理解，可能后来也有行动。前者的目的包含了后者的目的，说明行动研究也要发展理论。Reason 和 Bradbury（2007）阐述了行动研究的双重目的，其一是基础性目的，要生产对人们在日常生活中有用的实践性知识；其二是更广泛的目的，通过实践性知识，促进人们和社区在经济、政治、心理、精神等方面的福祉增加，并与地球生态建立更公正、可持续的关系。此外，Rapoport（1970）认为行动研究的目的是通过在相互可接受的伦理框架内的共同行动，既为面临即时性问题的人们做出切实的贡献，也为社会科学的研究目标作出贡献。还有行动科学的创立者，阿吉里斯等（2021）存在类似看法，他们赞同行动研究应当排除传统行动研究排斥理论建构和检验的做法，主张把实践问题的研习与推进理论建构和检验结合起来。简言之，行动研究生产知识的目的有两层意涵，既包括创造实践性知识，也包括像常规研究那样做理论检验。

（三）增强权能：助人与自助

行动研究何以增强权能（Empowerment）？仅有少数学者将行动研究的目的与增强权能直接关联起来，但二者间的关系却毋庸置疑。特别是当它逐渐地被那些助人专业所接受和应用时，讨论此目的正合时宜。增强权能可分为两个维度。

其一是助人面向，通过行动研究有助于增强助人对象的权能。如前所述，晚近的定义强调放弃研究者主导立场，强调实践者参与、协同、合作、共创知识。落实上述理念就是对服务对象增强权能。例如，陶蕃瀛（2004）提出行动研究是实践增强权能的助人工作方法，该方法具有八个特点：致力营造平等伙伴关系；支持陪伴服务对象成为行动主体；服务对象自觉发展主体能力；服务对象能力增长；服务对象的困境在真实社会脉络里检视理解；接纳服务对象的网络关系，没有专业至上的偏见；服务对象参与问题界定、设定目标、与服务成效评量；在动态对话过程里增进服务对象与助人者的能力。增强权能的助人工作理念与行动研究相契合，社会工作实践诠释了这点。作为实践性学科，社会工作知识是在社工与服务人群的互动中建立的，社会工作研究并非只是为了研究而研究，为了建构理论而建构理论，而是为了实践而研究（古学斌，2015，2021）。

其二是自助面向，通过行动研究有助于增强研究者（实践者）自身权能。

晚近的行动研究流派不仅主张研究者与实践者协同合作，更强调二者融合，研究者即是实践者，实践者亦是研究者。这类行动研究实践往往基于对自身所处实践情境不满，希望做出改善，以追求更好的实践。例如，教师在教育实践中碰到疑难瓶颈，采取行动来改变现状，为行动而研究而非为研究而行动（成虹飞，1999）。古学斌（2015，2021）也指出社工教育者面临着学术和研究双重困境，一方面社工教育者被其他学科批评缺乏学术水平，只会做，不会写；另一方面当他们放弃实践，转向传统的科学研究、纯学术书写时，其知识生产无法连接价值 / 伦理和回应专业召唤。因此，实施行动研究有助于教师摆脱上述困境，实现指导实践与学术研究的兼容。研究者（实践者）通过行动研究建立互助社群，回应自身面临的教学、实务与科研方面的困境（Xiang & Yan，2020）。

除了助人与自助，还有研究者认为行动研究能达成助人与自助的统一，助人即是助己。例如，廉兮（2012）认为通过行动研究实践，可将助人之下专业的"助"与"被助"关系转化为彼此互助与协同前进的对等关系。王醒之（2013）同样认为通过行动研究取向的社区工作，能反身性地解构主流的、以慈善为基础的助人关系，与受助者一起辨认差异，重新审视助人者与受助者，将助人转化为互助。

三　改变、合作和参与：行动研究的核心特征

行动研究有何特别之处？不同研究者对行动研究的特征阐述各有侧重。检视已有论述可知，多数研究者均会提及的改变、合作、参与等特征，本文将其定位为核心特征。

其一，强调改变，即行动研究要发展实践性知识，促进问题情境的改变。这一特征从勒温（Lewin，1946）开始即被强调，行动研究就是结合实践者的智慧和能力，积极改变自身境遇。行动研究要"发展实际问题的解决之道，对实践产生改变"（Holter & Schwartz-Barcott，1993），"实践性议题"和"行动的知识"是行动研究两个相互联系的特征（Reason & Bradbury，2007）。另外，Kemmis 和 McTaggart（1988）也提到行动研究的特征是"人们努力改善自身的实践"。类似的论述还有：致力于解决实践者面临的真实问题（Cohen et al.，2007），强调干预主义和针对实践问题展开（Tripp，2005），要对知识和社会变迁做贡献（Carr & Kemmis，1986）。这些论述都

指向"改变"这一核心特征。

其二,强调合作,即行动研究强调研究者与实践者的合作。行动研究第一大特征即研究者与实践者之间的互动合作(Holter & Schwartz-Barcott,1993)。Kemmis 和 McTaggart(1988)也指出"通过合作来建立自我批判的社群"是行动研究的重要特征。不同行动研究的共性特征之一即强调参与者之间的协商、合作、互动(Tripp,2005;Cohen et al., 2007)。行动研究是与人民一起务实共创知识(Reason & Bradbury,2007;Bradbury,2015)。这些特征描述都表明"合作"是核心特征。

其三,参与,即行动研究注重实践者参与,而非由研究者主导。这一特征也是从勒温时代就被提出,主张实践者以研究者姿态出现。参与性与协作性是不同行动研究的共性特征(Tripp,2005)。行动研究强调参与,与之相关的则是民主,两者都是行动研究的特殊特征(Carr & Kemmis,1986;Reason & Bradbury,2007)。行动研究根植于参与,参与也是目的和实践的关键价值;参与不仅是一种技巧,更是认识论和政治实践的关键原则;参与意味着不再将人作为"凝视的对象",而是作为共同研究者;参与是政治性的,人民在决策中享有发言权,他们产生属于自己的知识(Reason & Bradbury,2007)。参与的另外一种表现形式即行动研究为实践者主导完成,这是行动研究方法族群的统一特征(McCutcheon & Jung,1990)。

四 超越"量"与"质":行动研究的范式

(一)行动研究的范式归属

讨论研究方法必然绕不开范式(Paradigm)概念。行动研究应归为何种范式?答案存在争议。首先,一些研究者基于行动研究的理念具有反实证主义内容,强调其参与合作的特性,使用如反思等质化的技巧,因而将其划归质化范式。例如,Lune 和 Berg(2017)就将行动研究当作质化研究。Denzin和 Lincoln(2018)关于质化研究的书籍收录行动研究论文作为案例。陈向明(2021)也将行动研究视为质的研究方法。另外一些研究者没有清晰地将其划归为何种研究范式,而是笼统地将其归为新范式(李小云等,2008;陶蓄瀛，2004）。还有学者将其界定为质化、量化之外的其他范式（潘世尊，2004）。纵观行动研究的发展，我们发现它实则呈现出连续光谱，从实证范式到非实证范式，都可能落入其中。因此，本文认为行动研究既不属于量化方法也不属于质化方法，而是超越量化和质化的存在。它基于实际需要既可能使用如问卷、量表等量化研究工具，也可能使用如观察、反思、对话等质化研究工具。

（二）行动研究的范式分类

行动研究范式分类受到特定哲学思想影响。哈贝马斯（1999）提出了三种知识构成兴趣（knowledge-constitutive interest）：对环境进行技术控制的旨趣，相互交往和相互理解的实践旨趣，以及从虚妄意识形态束缚下解放出来的旨趣。分别对应产生经验分析知识、历史解释知识和批判性知识。基于此，Grundy（1982）提出了经典范式分类，即技术性（technical）、实践性（practical）和解放性（emancipatory）。技术性行动研究是指，研究者作为外部专家提供技术程序对行动进行研究，其目的是检验基于预先的理论框架设计的干预措施，研究者与实践者是技术性合作，由研究者来确定问题和干预，实践者被动参与，协助干预落实。实践性行动研究也称为互动性行动研究，指研究者与实践者结成合作伙伴，共同来确定潜在的问题、原因和干预，问题识别是通过两者的对话和相互了解达成。解放性行动研究强调实践者与研究者的角色融合，实践者群体对实践的理解和处境的发展负有共同责任和共同承诺，在实践者参与中促进解放性实践，提升批判性意识，展现出实践行动的政治性，集成实践者社群来寻求对问题的制度性、结构性和系统性的解决之道。

Holter 和 Schwartz-Barcott（1993）也进行三分法阐释：技术合作取向（a technical collaborative approach）、相互合作取向（a mutual collaborative approach）和增强取向（an enhancement approach）。技术合作取向的潜在目标是基于预先指定的理论框架来测试特定的干预措施，检验它能否在实际情境中应用。研究者与实践者的合作是技术性和便捷性，互动是为获得实践者对研究同意。相互合作取向，研究者和实践者一起来辨识潜在的问题，产生的原因和可能的干预措施，实践者的参与能获得对实践的新理解，实施的改变具有持久性。增强取向有两个潜在目标，其一为实践者遭遇的实际问题找到解决之道，其二是提升实践者的集体意识，帮助他们识别和提出明确的问题，促进对自身实践进行批判性反思。

McKernan（1996）同样描述了三种类型：问题解决视角的科学技术行动研究（the scientific-technical view of problem solving）、实践协商行动研究（the practical-deliberative action research）和批判解放行动研究（the critical-emancipatory action research）。第一种是早期行动研究者所倡导的方法，强调提出科学的方法解决问题。第二种与前文提及的实践性行动研究类似，目的在于理解实践和解决当下问题，强调互动沟通和协商。第三种强调通过自我反思社群，为实践者提供一种发散性、分析性、概念性的技能，让其摆脱实证主义和诠释主义理论的控制；此类行动研究被视为赋予参与者政治权力的过程；它主张教育者要考虑其生活和工作的社会系统和社会结构的总体关系，教师被视为社会改革的教育者。

此外，McCutcheon 和 Jung（1990）基于哲学基础不同划分三类视角下的行动研究：实证主义视角（a positivist perspective）、诠释主义视角（an interpretivist perspective）和批判科学视角（a critical science perspective）。第一种秉持实证主义核心观点，强调行为是客观、可测量、可概念化、可预测，行为数据可演绎为规律，研究者的偏见可通过选择适当方法来最小化。这类视角的行动研究遵循实证主义方法的思维和逻辑。第二种强调灵活性、适应性互动、实践脉络，注重情境效度等。这类视角的行动研究大致遵循质化研究的思维和逻辑。第三种受批判主义理论影响，这类行动研究关注实践的可靠性、异化、知识的所有权、制度系统的等级、压迫者角色等议题。强调通过共同努力，重新审视原有实践中那些理所当然和制度性限制。

前文讨论了行动研究经典的范式分类。不同范式之下研究方法的本体论、认识论与方法论不尽相同，研究者与知识的关系、研究者与实践者的关系、研究者的价值涉入、研究的目的、知识的特征等方面存在差异。我们可将行动研究的范式分类总结如下，如表1所示。

表 1　行动研究的范式分类及其特征

类型	哲学基础	研究者角色	实践者角色	问题及干预	合作关系	合作焦点	目的目标	检验标准	知识类型
技术性 / 科学性 / 实证性	实证主义	外部专家技术权威	研究对象，消费者，支持者	研究者提出	研究与被研究，非真正的合作关系	技术	技术性地解决实践问题，检验理论技术的有效性	既定的，由外部专家给定	预测性
实践性 / 互动性 / 协作性 / 诠释性	诠释主义	过程顾问促进者	研究参与者，自我反思者，共同设计者	研究者与实践者共同提出	真正的合作伙伴关系	相互理解	合作性地解决个体或群体困扰，发展实践智慧	开放的，实践者自我反思得出	描述性解释性
解放性 / 增强性 / 批判性	批判科学	促进者调节者	与研究者角色重叠，发起者，设计者，倡导者	实践者提出或研究者协助提出	真正的合作伙伴关系	相互解放	形成自我反思社群，提升集体意识，推动共性问题的制度性变革	开放的，实践者的自我反思社群来判定	预测性描述性解释性

资料来源：笔者根据 Grundy（1982）、Holter 和 Schwartz-Barcott（1993）、McCutcheon 和 Jung（1990）、Carr 和 Kemmis（1986）等相关论述整理。

1. 技术性 / 科学性 / 实证性行动研究

在此类行动研究中，研究者以局外人身份提出问题并指导研究，研究以外部专家为中心，实践者作为对象被动参与。实践者依赖研究者的权威、通过研究者提出理念和假设，而非基于自身实践理解和反思来认识问题和提出解决之道。目的在于检验外部专家事先提出的理论假设和干预方法，研究过程遵循假设检验和演绎逻辑。研究者与实践者并非真正的合作伙伴关系，而是再现了经典实证研究中的研究与被研究的关系，合作仅限于科学技术层面。可以说，这并非实践者的行动研究，而是研究者的行动研究。此类行动研究可能是高效的，可能会确实能对实践产生改进。但实践改进的检验标准由专家给定，而非源于实践者的自我反思，不会在过程中对标准进行讨论。它有助于研究文献的发展和扩展，也可能会鼓励实践者开始对自身实践进行更深入的分析和反思，助力实践者发展自我监督的技能。此类行动研究确实符合行动研究促进改善的目标，却不符合其倡导的民主、合作和参与理念。

2. **实践性 / 互动性 / 协作性 / 诠释性行动研究**

在此类行动研究中，研究者扮演过程顾问和促进者角色，帮助实践者厘清关注点、分析处境和问题、拟定行动计划、监测问题变化、反思成效和价值等。研究者与实践者要成为真正的合作伙伴，都是真正的参与者。研究者与实践者个体或群体进行合作，共同讨论和分析问题，通过研究来发展实践者的实践推理，推动其问题处境的改善。此类行动研究与前一类最明显的区别在于，检验实践的标准不是外部专家给定的，而是基于实践者的自我反思。当然，自我反思不能完全离开外部专家协助，促进者（专家）的角色是苏格拉底式的，以启发实践者思考。

这类行动研究可能会发展出特有的实践智慧，促使个体或群体问题得以改善，但它不会系统性地将实践者群体发展成具有自我反思性的社群，也没有注意到问题和处境可能存在的制度性和结构性障碍。此类行动研究仍有缺憾，但它可能成为解放性 / 批判性行动研究的基石。

3. **解放性 / 增强性 / 批判性行动研究**

在此类行动研究中，实践者自身要扮演苏格拉底式的角色，协助团队进行合作性自我反思，将实践者群体发展成具有自我反思和自我批判能力的社群。外部促进者的角色并未完全消失，而是时隐时现的。当实践者遭遇困难，需要人来调解和协助时，外部专家就要发挥作用。一旦社群有能力自主运转，调解者 / 促进者（专家）就应当退出，以防损害社群的自主性。在此类行动研究中，实践者们不能将个体或群体正在遭遇的问题仅视为个体或群体的困境，不能对日常问题习以为常，而是要看到问题和困境背后所反映出的政策、制度和结构的制约，以及潜在的价值和文化冲突。另外，某类实践发展应是一项共同事业，每位实践者都应对其有所承诺。总之，此类行动研究既关照实践处境改变也关照实践知识生产，既关注个体问题改善也关注制度结构变迁。

如前所述，不同范式分类对行动研究的定义和定位不尽相同。笔者对此秉持开放态度，不否定某种范式下的行动研究，也不宣扬某种范式才是正统。笔者更赞同舍恩（2018）反映性实践模式的立场，即盲从科技理性模式是乌托邦想象，完全赞同专业的激进批评主义则是另一种乌托邦愿景。行动研究者要成为真正的反映性实践者：我们是自己行动的设计者。

五　行动研究的阶段／模型

行动研究应当如何操作实施？这涉及具体实施步骤和模型。勒温（Lewin，1946）创造行动研究概念时已提出其实践逻辑和步骤，具体包括：问题分析、事实调查、概念化；行动方案的规划、执行，对更多事实的调查评估；整个活动的重复；行动研究实际上是前述过程的螺旋循环。在行动研究方法发展过程中，不同研究者对它的阶段和步骤进行了细致的阐述，由此形成了不同模型。

（一）三阶段行动研究模型

Stringer（2007）阐述了三个阶段（步骤），即观察（looking）、思考（thinking）和行动（action）（如图 1 所示）。具体来说：①观察，包括收集数据信息，定义及描述相关状况。研究者对情况进行评估，对正在发生的事情做出描述。这涉及收集信息和考虑谁是利益相关者以及他们的关切点可能是什么。在评估时，研究者要定义和描述被调查的问题及脉络。研究者还应非评判性地考虑其他利益相关者已经做的工作。②思考，包括探索分析，进行诠释解释。分析收集到的信息数据，对当前存在的状况进行解释。反思已做的事情，参与者在对话中分享所思所想。③行动，包括计划、执行和评估。行动研究的核心目的是发展某种解决方法，运用它去改善参与者（利益相关者）的生活。研究者要考虑哪些行动可能带来最佳的正向改变。研究者与利益相关者合作，为已确认的问题制定解决方案，并将计划带给他们讨论，最终由他们自主选择新的计划。此模型步骤阶段看似简略，但每步涵盖的内容并不简单，每一步还可做细致划分，并且这些步骤也是循环往复进行的。

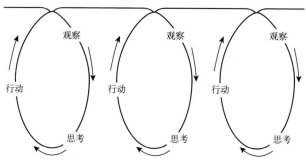

图1　三阶段行动研究模型

（二）四阶段行动研究模型

有的研究者将行动研究周期分为四个阶段。Kemmis 和 McTaggart（1988）发展出两周期简单循环模型（如图2所示）。在每个周期中，行动研究都被分为计划、行动、观察和反思四个阶段；每个周期内的行动步骤与勒温所创

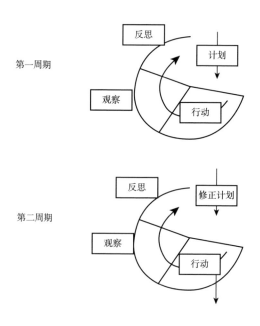

图2　四阶段行动研究模型

步骤较为类似。第一周期结束后，反思的结果将应用至第二周期，即基于反思修正计划，再执行新计划，之后是新一轮的观察和反思，如此循环。此模型广为人知，为不少教科书和行动研究论文所引用，也是不少实践者实施行动研究的参考对象。

此外，Sagor（2005）也提出了四阶段模型。第一，厘清愿景，包括定义关注焦点、选择可实现的目标和建立评估标准；第二，阐明行动理论，即发展关于行动的理论；第三，实施行动和收集数据，包括决定研究问题，制定数据收集计划和采取行动；第四，反思和规划行动，包括分析数据，修正行动理论，规划未来行动。前述两种模型均为四阶段，它们的步骤划分略有差异。需要注意，Sagor 模型的第二阶段是"阐明行动理论"，这与 Kemmis 和 McTaggart 的模型明显不同。

（三）五阶段行动研究模型

Susman（1983）进一步扩展了行动步骤，把它分为五阶段，即诊断、规划行动、采取行动、评估和总结反思（如图 3 所示）。第一阶段为诊断，辨识和界定问题；第二阶段为规划行动，寻找具有替代性的问题解决方案；第三阶段为采取行动，实施行动计划；第四阶段为评估，研究和检验行动结果；第五阶段为总结反思，反思行动过程及结果，总结经验教训。Susman 的五阶段模型相较于前述四阶段模型更为具体和清晰，操作指引性更强。

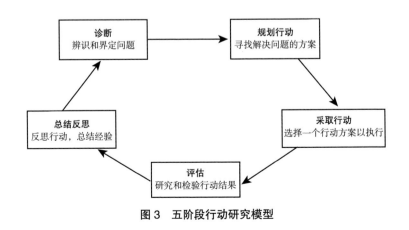

图 3　五阶段行动研究模型

（四）八阶段行动研究模型

有学者 McNiff 和 Whitehead（2002）进一步扩展行动研究步骤，发展出八阶段模型。步骤包括：第一，回顾当前实践状况；第二，识别想要改变之处；第三，设想改变的方法；第四，努力实现计划；第五，把握发生的变化；第六，根据已发现和发生的情况修正计划，继续行动；第七，评估修正后的行动情况；第八，直到对工作感到满意为止。此模型与前述四阶段和五阶段模型类似，只是步骤划分更为细致，新增了一些步骤。需要注意此模型的第八阶段，该步骤指明了一项行动研究完结的标准。另外，Cohen 等人（2007）也发展了八阶段模型。步骤包括：第一，识别、评估和界定实践中的关键问题；第二，与利益相关者讨论沟通形成共识性草案；第三，进行文献回顾，从过往研究中吸取经验教训；第四，重新定义问题，提出行动假设；第五，选择研究程序，诸如抽样、行政安排、材料选择、资源配置等；第六，评估研究程序，判断是否要继续前述步骤；第七，实施计划，如数据收集、任务监测、研究团队交流反馈、数据整理分析等；第八，解释数据，推断一般性结论，总结经验得失，向各方传播。此模型与 McNiff 和 Whitehead 的模型均为八阶段，但步骤重点却不一样。需要注意在此模型中，第二步强调实践者参与和民主化特征，第三步强调基于过往研究来发展计划，第八步则显示出对行动研究结果的应用，这些正是前一种模型忽视之处。此外，Savin-Baden 和 Major（2013）重点突出参与的特征，也将行动研究细化为八个阶段。步骤包括：第一，辨识社群共同的议题；第二，辩论已提出的议题；第三，共同决定行动方向；第四，创造共同关切的知识；第五，分享知识和讨论行动程序；第六，实施具有共识的行动；第七，反思和辩论行动的价值立场和行动的影响；第八，评估，并决定新阶段的行动。此模型与前述两种模型均为八阶段，但操作理念明显不同。此模型将实践者的参与和共同决定放到突出位置，几乎每个行动步骤都在强调这些理念的落实。

（五）时间过程行动研究模型

与前述模型有些不同，McKernan（1996）除了强调阶段划分，还将时间节点纳入考虑，形成了时间过程模型（如图 4 所示）。该模型与 Kemmis

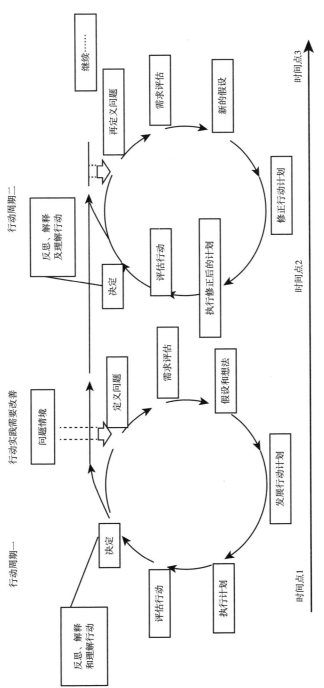

图 4 时间过程行动研究模型

和 McTaggart（1988）的模型有类似之处，强调周期性循环。在第一周期内，首先是行动中面临某个实践情境需要改善，由此引出问题情境；行动研究从定义问题开始，其次是需求评估，第三是提出行动假设和想法，第四是发展行动计划，第五是执行计划，第六是评估行动状况，第七是做出决定并对行动进行反思、解释和理解，到此，第一周期完成；随着时间推移，行动研究继续向前推进，即将第一周期最后阶段的决定内容应用到第二周期，即重新定义问题，进行新的需求评估，提出新的假设，修正行动计划，执行修正后的计划，评估行动，做出决定……再迈入新的周期。

（六）行动研究的基本模型

如前所述，不同的行动研究模型对实施步骤、阶段划分有所不同，差别只是步骤的详细程度不同，其基本内涵是一致的。包括：①行动研究皆起源于真实的实践问题／困惑，实践者希望解决该问题；②行动研究包含问题界定，行动计划，计划执行及评估反思等操作步骤；③行动研究的步骤之间应往复循环进行。只要掌握基本内涵，前述模型均可成为本土实践者的参照物。由此，我们可归纳出行动研究的基本模型（如图5所示）。

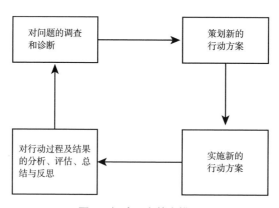

图5　行动研究基本模型

资料来源：研究者自行绘制。

基本模型包括四个阶段或步骤。第一，对问题的调查和诊断：研究者（实践者）要改变当前的情境状况，必须有切实的证据来说明问题和改变的必要性。第二，策划新的行动方案：研究者（实践者）要制定一个导向改变的行动方案。第三，在确定改变的方案之后，研究者（实践者）推动实施新的行动方案，观察过程中的变化，弄清改变是如何发生等。第四，对行动过程及结果的分析、评估、总结与反思，即分析评估成效，总结不足和启发，思考新的行动。需要注意，计划、行动、观察和反思并非完全按顺序或单侧循环进行，而是根据实际情况灵活调整。另外，在此过程中，研究者与实践者的关系、量化与质化工具的应用、价值立场和行动目标的设定等，应由研究者（实践者）基于自身脉络做出选择和判断。

六　行动研究归来：研究者与实践者的共同使命

本文系统阐述了行动研究的定义、目的、特征、范式和模型，已勾勒出其基本样态。笔者对行动研究的定位秉持开放态度，不主张某个流派为"绝对答案"而奉之为圭臬。定义、判断、选择的权利应交给本土实践者，秉持行动研究理念，相信实践者的智慧。在众多流派中，笔者赞赏以社会改变为目标的行动研究。只要契合这一目标理念，具体使用哪种行动研究方法则"无可无不可"。面对社会情境问题，关键是以积极干预来促进改变而非以"价值中立"为幌子"袖手旁观"。布迪厄晚年的主张与此类似。他认为面对社会大众的苦难，社会学应作为解放和悲悯的工具，要除魔祛魅、揭示社会隐秘、破除社会宿命，传达底层声音，否则社会学就沦为"社会巫术"（沈原，2006；毕向阳，2005）。从这个意义上说，行动研究与行动社会学、社会学干预是相通的。论及行动社会学，特别是欧陆传统的行动社会学，首推图海纳（Touraine）的理论和方法，其经典著作《行动者的归来》明确了积极干预社会的立场（图海纳，2008）。他认为社会学家不是社会生活的旁观者而是社会运动的积极参与者，社会学家只有积极介入社会生活才能获得关于行动者的知识。显然，这与传统社会学研究方法强调外在于研究对象立场迥异，契合行动研究知识隐匿行动实践中的主张。他还认为在行动社会学和社会学干预之中，知识的生产不再由社会学家垄断，而是由研究者和行动者共同创造（沈原，2006）。这与传统社会学主张不同，却契合行动研究知识民主性的观念。纵观图海纳的职业生涯，他的确可被称为行动研究者，他做到知行合一。他主张行动社会学，便一直积极参与法国的学生运动、反核运动和劳工运动。就此意义而言，图海纳的行动实践与夏林清在我国台湾地区推动基层教师、性工作者和劳工运动有异曲同工之妙，都是以行动研究促进社会改变的典范。

若以行动社会学的视野来看，在中国这片土地上，行动研究实践一直在上演，研究者（行动者）都以其专业知识去发现问题、发展行动计划、实施干预行动，以期带来社会改变。例如，沈原（2006）用解放社会学修正了图海纳的社会学干预立场，发展出强干预和弱干预两种方法，将其运用于都市维权运动和农民工夜校实践。朱健刚（2008）在《行动的力量》中所描述的民间志愿组织的实践逻辑，不少案例都是以行动带来社会改变。李强带领清华大学社会学系研究团队推动的"新清河实验"，即是一种典型的专家参与、专家干预型的基层社区治理实验（李强，2015；李强、卢尧选，2020）。古学斌等人在四川、河南等不同地区以社区建筑和参与式设计来联结本地人推动的村落复兴（古学斌等，2020；武俊萍等，2022）。前述本土实践的范式立场虽存在差异，有的为学者（研究者）所主导，有的是研究者和实践者合作行动，但以行动干预推动社会改变的目标却是一致的。

行动研究的奉行的核心理念是以行动认识社会，以行动改变社会。中国迈入新时代，面对社会转型和转型中出现的社会问题，我们需要转移方向，从行动者的主体性和能动创造视角来考察和介入中国社会（沈原，2006）。这也正是行动研究带来的启示。因此，我们呼吁行动研究归来，研究者与实践者的共同使命是以行动研究促进社会改变。在此过程中，研究者要作为实践者而存在，实践者亦要作为研究者而存在！

参考文献

阿兰·图海纳，2008，《行动者的归来》，舒诗伟、许甘霖、蔡宜刚译，北京：商务印书馆。

毕向阳，2005，《转型时代社会学的责任与使命—布迪厄〈世界的苦难〉及其启示》，《社会》第4期。

陈向明，2021，《质的研究方法与社会科学研究》，北京：教育科学出版社。

成虹飞，1999，《教育革新大型研究——以行动研究进行师资培育的策略与反省：一群师院生的例子（二）》，"国科会"专题研究计划成果报告。

戴长和、许天英、陈振兴、周静，1995，《行动研究概述》，《教育科学研究》第1期。

古学斌，2013，《召唤行动者的归来——社会工作教育与行动研究》，载杨静、夏林清主编《行动研究与社会工作》，北京：社会科学文献出版社。

古学斌，2015，《为何做社会工作实践研究》，《浙江工商大学学报》第4期。

古学斌，2017，《道德的重量：论行动研究与社会工作实践》，《中国农业大学学报》（社会科学版）第3期。

古学斌，2021，《社会工作本质与实践研究》，载古学斌等《落地·起步：社会工作实践研究案例》，北京：社会科学文献出版社。

古学斌、齐华栋、Lena Dominelli，2020，《空间正义与绿色社会工作介入：四川雅安灾后参与式社区设计的行动研究》，《中国社会工作研究》第1期。

克里斯·阿吉里斯、罗伯特·帕特南、戴安娜·史密斯，2021，《行动科学－探究与介入的概念、方法与技巧》，夏林清译，北京：北京师范大学出版社。

李强，2015，《清河实验：基层社会治理创新研究》，《中国机构改革与管理》第8期。

李强、卢尧选，2020，《社会治理创新与"新清河实验"》，《河北学刊》第1期。

李小云、齐顾波、徐秀丽，2008，《行动研究：一种新的研究范式》，《中国农村观察》第1期。

廉兮，2012，《从个人到公共——抵抗与转化的教育行动研究》，《应用心理学研究》第

53 期。

刘良华，2001，《行动研究：是什么与不是什么》，《教育研究与实验》第 4 期。

潘世尊，2004，《行动研究的性质与未来——质、量或其它》，《屏东师范学报》第 20 期。

沈原，2006，《"强干预"与"弱干预"：社会学干预方法的两条途径》，《社会学研究》第 5 期。

孙庆忠、夏林清，2022，《推动社会变革的行动研究：夏林清教授访谈录》，《人间思想》第 28 期。

唐纳德·舍恩，2018，《反映的实践者——专业工作者如何在行动中思考》，夏林清译，北京：北京师范大学出版社。

陶蕃瀛，2004，《行动研究：一种增强权能的助人工作方法》，《应用心理学研究》第 23 期。

王醒之，2013，《从社区心理学到社区工作》，载杨静、夏林清主编《行动研究与社会工作》，北京：社会科学文献出版社。

武俊萍、古学斌、梁军，2022，《从单向度的建筑雇工到共同创造的社区建造者——乡村振兴实践中村民意识转化的行动研究案例》，《社会工作》第 2 期。

夏林清，2013，《行动研究的双面刃作用》，载杨静、夏林清主编《行动研究与社会工作》，北京：社会科学文献出版社。

杨静，2013，《序四》，载杨静、夏林清主编《行动研究与社会工作》，北京：社会科学文献出版社。

尤尔根·哈贝马斯，1999，《认识与兴趣》，郭官义、李黎译，上海：学林出版社。

张和清、廖其能、许雅婷，2018，《双百计划实务模式探究》，《中国社会工作》第 19 期。

朱健刚，2008，《行动的力量》，北京：商务印书馆。

Bradbury, H. 2015. "Introduction: How to Situate a Define Action Research," In H. Bradbury (Ed.), *The Sage Handbook of Action Research (3rd Ed.)*, London: Sage Publications.

Carr，W., & Kemmis S. 1986. *Becoming Critical: Education Knowledge and Action Research*. London：Routledge.

Cohen, L., Manion, L., & Morrison, K. 2007. *Research Methods in Education (6th Ed.)*. London: Routledge.

Cornwall, A., & Jewkes R. 1995. "What is participatory research?" *Social Science & Medicine* 12.

Denzin, N.K., & Lincoln, Y.S. (Eds.). 2018. *The SAGE Handbook of Qualitative Research (5 Ed.)*. Los Angeles, London, New Delhi, Singapore, Melbourne: SAGE Publications, Inc.

Ferrance, E. 2000. *Themes in Education: Action research*. New York: Brown University.

Grundy S. 1982. "Three modes of action research". *Curriculum Perspectives* 3.

Holter, I.M. & Schwartz–Barcott, D. 1993. "Action research: what is it? How has it been used and how can it be used in nursing?" *Journal of Advanced Nursing* 18.

Husen, T. 1985. *The International encyclopedia of education*. Oxford: Pergamon Press.

Kemmis, S., & McTaggart, R (Eds.). 1988. *The Action Research Planner (third Ed)*. Geelong, Victoria: Deakin University Press.

Kuhn, T. S. 2012. *The structure of scientific revolutions (4 Ed.)*. Chicago and London: The University of Chicago Press.

Lewin, K. 1946. "Action research and minority problems". *Journal of Social Issues* 4.

Lincoln, Y. S., Lynham, S. A., & Guba, E. G. 2018. "Paradigmatic Controversies, Contradictions, and Emerging Confluences, Revisited". In N. K. Denzin & Y. S. Lincoln (Eds.), *The SAGE Handbook of Qualitative Research (5 Ed.)*. Los Angeles, London, New Delhi, Singapore, Melbourne: SAGE Publications, Inc.: 213–263.

Lune, H., & Berg, B. L. 2017. *Qualitative Research Methods for the Social Sciences (9 Ed.)*. London: Pearson Education Limited.

McCutcheon, G., & Jung, B. 1990. "Alternative Perspectives on Action Research". *Theory Into Practice* 3.

McKernan, J. 1996. *Curriculum Action Research: A Handbook of Methods and Resources for the Reflective Practitioner (2nd Ed.)*. London, New York: Routledge.

McNiff J., & Whitehead J. 2002. *Action Research Principles and Practice*. London, New York: Routledge Falmer.

Mills, G. E. 2017. *Action Research: A Guide for the Teacher Researcher (6 Ed)*. New Jersey: Pearson Education, Inc.

Rapoport, R. N. 1970. "Three Dilemmas in Action Research: With Special Reference to the Tavistock Experience". *Human Relations* 6.

Reason, P., & Bradbury, H. (Eds.). 2007. *The SAGE Handbook of Action Research:*

Participative Inquiry and Practice. Los Angeles, London, New Delhi, Singapore: SAGE Publications Ltd.

Sagor, R. 2005. *The Action Research Guidebook: A Four-Step Process for Educators and Teams.* Thousand Oaks, CA: Corwin.

Savin-Baden, M., & Major, C. 2013. *Qualitative research: The essential guide to theory and practice*. London: Routledge.

Stringer, E. T. 2007. *Action Research (3rd ed)* . Los Angeles, London, New Delhi, Singapore: Sage Publications.

Susman, G. 1983. "Action Research: A Sociotechnical Systems Perspective." In: Morgan, G., Ed., *Beyond Method: Strategies for Social Research*. Newbury Park: Sage.

Tripp, D. 2005. "Action research: a methodological introduction." *Educação e Pesquisa* 31.

Xiang, Y., & Yan, G. 2020. "Building a Mutual-help Community: Young Social Work Teachers Self-rescue Action" . *Action Research* 1.

墨子兼爱观中的慈善理念及其当代启示 叶正猛

摘　要: 墨子是中国古代慈善史和慈善思想史上一个不可或缺的重要人物。墨子的兼爱观,是我国伦理学说史上的一个重要发展。墨子兼爱观所表达的慈爱,是普遍的爱、平等的爱、谦恭的爱、有"利"的爱,在古老慈善思想中最接近现代公益理念。现代公益人从中可以受到的启示是,在慈善公益中要放大胸襟、放平眼光、放低身段、放开束缚。

关键词: 墨子　兼爱观　慈善理念

如果说,公元前347年柏拉图在人生最后时刻做出决定将遗产用于资助他人,因而"柏拉图学院"被认为是人类最早的慈善基金会;那么,如何道峰所说,"墨子创立的墨家学派是人类最早的公益组织"(何道峰,2021:89)。综合研究者们估定的墨子生卒年份,其上下限处于公元前490年至公元前385年之间,具体年份尚有争议。鲁迅历史小说《非

叶正猛,浙江省慈善文化研究院特聘研究员、浙江工商大学英贤慈善学院特聘教授。主要研究方向为传统慈善文化。

攻》开篇第一句是："子夏的徒弟公孙高来找墨子，已经好几回了。"（鲁迅，1973：576）可见，鲁迅认为墨子是孔子学生的同辈人。任继愈称墨子创立的学派"艰苦力行、求真理、爱和平、有组织、有纲领"（任继愈，1956：75）。墨子学派以反对不义战争的"非攻"和大爱无疆的"兼爱"作为重要使命，联系任继愈对墨子学派的这些方面的定性来看，墨子学派这个最早的公益组织的确堪称非凡。

墨子，公元前5世纪末中国具有独创精神的伟大思想家。"孔子给春秋时代以光彩的结束，墨子给战国时代以光彩的开端。"（张荫麟，1999：120）《淮南子》载"孔丘、墨翟，无地而为君，无官而为长，天下丈夫女子，莫不延颈举踵而愿安利之者"（刘安，1995：147），反映了墨子当时的社会形象和地位。晚年的鲁迅，与胡适一样称墨子是有史以来最伟大的人物，是我们民族的"脊梁"（余世存，2018：141）。

墨子也是中国古代慈善史和慈善思想史上不可或缺的一个重要人物。孟子曰"墨子兼爱，摩顶放踵，利天下为之"（孟子，1960：313），即在说墨子主张兼爱，摩秃头顶，走破脚跟，只要对天下有利，一切都干。孟子说这话本是反对墨子学说的，但在言语之间我们读到了墨子可贵的慈善精神。南怀瑾引用友人诗评论墨子："忘身为人谋，有危即奔走，爱人如爱己，有力即相助。"（南怀瑾，2022：314）

中华慈善总会会长宫蒲光在论述走中国特色慈善之路时指出，我国现代慈善事业植根于中华优秀传统文化，"在中华民族悠久的文明史中，慈善始终闪烁着耀眼的光芒，在儒、道、墨、佛等主要文化血脉中，包括了丰富的慈善思想和理念"（宫蒲光，2022）。宫蒲光屡屡提到重要的四家，但是历史上，儒、道、佛三家的慈善思想被持续地、综合地宣传、弘扬，"三教虽殊，劝善义一"（释道安，1999）成为一个耀眼的慈善伦理现象；现实中，学界对儒、道、佛三家慈善思想深入研究、广泛论述，成果已经十分丰富。而墨家的伦理思想，自秦汉以后直到近代几乎成了绝唱。在当代，墨家慈善思想的挖掘、研究、宣传亦没有达到应有的重视地位。

实际上，墨子的慈善思想丰富而独特，墨子的慈善实践踏实而坚韧。孙中山先生在《民报》创刊号上高度评价墨子"是世界第一平等博爱主义大家"（孙中山，2006：5）。

墨子慈善思想的核心是"兼爱"，这是他追求的最高道德境界。

> 然则兼相爱、交相利之法，将奈何哉？子墨子言：视人之国，若视其国；视人之家，若视其家；视人之身，若视其身。是故诸侯相爱，则不野战；家主相爱，则不相篡；人与人相爱，则不相贼；君臣相爱，则惠忠；父子相爱，则慈孝；兄弟相爱，则和调。天下之人皆相爱，强不执弱，众不劫寡，富不侮贫，贵不敖贱，诈不欺愚。（《墨子·兼爱中》）

在先秦诸子百家中，唯独儒家和墨家拥有"爱"的思想与学说，儒家讲"仁爱"，墨家讲"兼爱"。而既然"兼爱"的要义是视人若己，"爱人若爱其身"（《墨子·兼爱上》），因而也就包括了"爱无差等"的观念，否定儒家"亲亲有术、尊贤有等"（《墨子·非儒》）的"爱人"原则。李零曾介绍著名学者何炳棣既不尊孔，也不尊法，最欣赏墨家，在他看来，"墨家最讲道德"（李零，2016：96）。

"天兼天下而爱之"（《墨子·天志中》），墨子兼爱观的立论基于"天"，即以一种超越人世现实层面的视角，推出爱的主张。墨子的"天志"命题，是认为天是有意志的。兼爱观，根本上说，是要借助"天"的神秘权威，去实现他的"兼爱"理想。其一，天的本性就是爱人利人的。"天之爱人也，薄于圣人之爱人也。其利人也，厚于圣人之利人也"（《墨子·大取》）即在说上天爱人，比圣人爱人广泛；上天利人，比圣人利人深厚。其二，"兼相爱"是天意所在，"天"希望人间相爱。"天欲义而恶不义。然则率天下之百姓以从事于义，则我乃为天之所欲也。"（《墨子·法仪》）"天必欲人之相爱相利，而不欲人之相恶相贼也……"（《墨子·法仪》）其三，"天"是人世间的最高裁判者，也是"兼爱"的监督者。"顺天意者，兼相爱，交相利，必得赏。反天意者，别相恶，交相贼，必得罚。"（《墨子·天志中》）墨子希望尊崇"天志"，实现他们心目中天下太平、人民安居乐业的美好愿望。墨子的兼爱闪烁着美好理想的光辉。

墨子的兼爱观，是我国伦理学说史上的一个重要发展。这种普遍的人人相爱的兼爱观所表达的慈爱，是普遍的爱，是平等的爱，是谦恭的爱，是有"利"的爱。因而，在古老慈善思想中是最接近现代公益理念的。现代公益人学习这位人类最早公益组织发起人所倡导的理念，可以从中大受裨益。

一　普遍的爱：放大胸襟

什么是"兼爱"呢？"兼"字的最原始意义是"一手执两禾"，引申为同时要顾及事物的几个方面而不会失去其中的任何一个方面，也即全面、全部，而不是片面、个别。后期墨家发挥了墨子的"兼爱"说，提出"周爱人"的观点。爱人就是要爱世界上所有的人，把"爱人"的对象和范围扩展到所有时空中的人。"兼爱""周爱人"就是"尽爱"，体现慈善广泛性、普遍性原则。英国历史学家阿·汤因比称之为"把普遍的爱作为义务的墨子学说"（汤因比、池田大作，1985：125）。

墨子认为，由于天"兼爱天下之人"，天下之士君子，就应该"以天之志为法"，对于天下之人"兼而爱之"（《墨子·天志上》）。墨子把文王作为兼爱博大的楷模，就是因为文王的"兼爱"是以普遍性为特征的。

> 泰誓曰："文王若日若月乍照，光于四方，于西土。"即此言文王之兼爱天下之博大也，譬之日月，兼照天下之无有私也。即此文王兼也；虽子墨子之所谓兼者，于文王取法焉。（《墨子·兼爱下》）

古典文学评论家一般认为，墨子文章缺少文采，要在《墨子》书中摘录妙语佳句比较难。而遍读《墨子》全书可以看到不少富于哲理的句子，亦如钱穆所言："学术文采，照耀百世。"（钱穆，2011：2）其中两句表达普遍之爱的话，恰是熠熠闪光的千古名句，有关历代慈善名言的书籍一般多有收录。

第一句，表达慈善对象的普遍性："远施周遍，近以修身。"（《墨子·非儒下》）爱不分远近，不受地域的限制。这其实就把"博爱"作为"兼爱"的一个原则。

第二句，表达慈善方法的多样性："有力者疾以助人，有财者勉以分人，有道者劝以教人。"（《墨子·尚贤下》）即有力气的人，用力量帮助别人；有财富的人，把财物分送别人；有德行的人，用道义来劝导别人。就是说每一个占有一定社会资源的人、有能力的人，应当有责任竭尽自己所能去帮助弱者。进而"饥者得食，寒者得衣，劳者得息，乱者得治"（《墨子·非命下》），社会安定，天下太平。墨家提出的兼爱方法，已经超越古代慈善一般的乐善好施，拓宽了慈善的途径，这是十分难能可贵的。正是在这个意义上，孙中山在《民族主义》第六讲中讲道："古时最讲爱字的莫过于墨子。墨子所讲的'兼爱'，与耶稣讲的'博爱'是一样的。"（孙中山，1956：650）

中国传统社会以宗法血缘关系为基础，慈善形成了"差序格局"。现代社会要超越血缘、族缘、地缘的界限，扩大爱的社会范围，体现人间大爱。

李小云曾用通俗易懂的方式谈及狭义慈善与公益的区别："慈善是针对少数人受益的有限的行为，而公益则是针对大多数人受益而并不特指某一个人受益的慈善行为。慈善和公益两者之间是有差别的。""慈善的爱心是狭隘的，公益的爱心是广阔的。"（李小云，2020：191）相对于传统慈善，对象越众越是公益，外延越广越是公益，方法越新越是公益。由此可见，早期传统慈善理念中，墨子的理念颇契合公益。它对于我们从事慈善事业的启示是：放大胸襟，使我们的慈善之视野更宽，慈善之范围更广，慈善之足迹更远，慈善之效果更大。

二　平等的爱：放平眼光

"兼爱"从范围说，是普遍的；从对象说，是平等的。兼爱观的另一个重要含义就是平等性。墨子说："人无幼长贵贱，皆天之臣也。"（《墨子·法仪》）在他看来，人与人之间在天的面前是平等的。平等之爱，就是眼光聚焦普罗大众，就是相互关爱，就是视人如己。

一般研究认为，孔子的仁爱是有差等的。就是从亲情出发，从身边做起，由此及彼，推己及人。甚至同一层面，也有先有后，这是一种有差别的爱。而墨子的学说及其伦理思想基本上代表了平民的利益，因而荀子鄙称墨学为"役夫之道"（荀子，1995：61）。《中国传统伦理思想史》言："说墨子是我国历史上第一位替劳动者阶级呐喊的思想家，是符合历史事实的。"（朱贻庭，2021：75）

墨子认为无论是贵族还是奴隶，他们都是人，应该得到别人的爱，主张"官无常贵，民无终贱"（《墨子·尚贤》）。墨家在这里所说的"兼爱"，即人与人、家与家、整个社会和国与国之间没有差等、没有区别的彼此相爱。"老而无妻者，有所侍养，以终其寿；幼弱孤童之无父母者，有所放依，以长其身"（《墨子·兼爱下》），达到人人都能"兼相爱，交相利"的平等世界。"兼士之言……曰：吾闻为高士于天下者，必为其友之身，若为其身；为其友之亲，若为其亲。然后可以为高士于天下。是故退睹其友，饥则食之，寒则衣之，疾病侍养之，死丧葬埋之。"（《墨子·兼爱下》）就是要顾及不同阶层，顾及社会或自然的各个方面。墨子一再强调要把别人和自己同等看待，首先"我"对他人善爱，然后他人也会回报"我"善爱。这样人与人之间趋于平等。作为身处社会底层的思想家，追求这样的平等，绝不是过去一些论者所说的，是调和与统治者的阶级矛盾，而是代表了平民百姓的理想和追求。眼光的放平，是基于脚跟的坚实。

墨子"兼相爱"慈善理念是针砭当时"别相恶"的社会现象而主张的。墨子把"别相恶"作为"兼相爱"的对立面。片面、个别在当时被称为"别"。墨家主张"兼以易别""分名乎天下，恶人而贼人者，兼与？别与？即必曰：别也"（《墨子·兼爱下》）。"别相恶"，就是相互对立，不能平等相爱。"别士之言曰：吾岂能为吾友之身，若为吾身，为吾友之亲，若为吾亲？是故退睹其友，饥即不食，寒即不衣，疾病不侍养，死丧不葬埋"（《墨子·兼爱下》），这是墨子要极力反对的。墨子极力主张："今吾将正求与天下之利而取之，以兼为正。"（《墨子·兼爱下》）

墨子的兼爱平等对待天下之人，为的是天下大利，这便是"公义"。

而孟子恰恰抓住这一点抨击："……墨子兼爱，是无父也。无父无君是禽兽也。"（孟子，1960：155）鲁迅小说《非攻》中描述道墨子听说公孙高骂墨家"兼爱无父，像禽兽一样"的话之后，只是"笑了一笑"，表现出极大的蔑视（鲁迅，1973：578），这显示了鲁迅对墨子无差等的兼爱的肯定。

举一个古代的慈善案例，作为墨子平等慈善理念影响的印证。在以儒家思想为正统的传统社会中，曹雪芹是近墨的。红学家吴恩裕说："我们从曹雪芹的佚著《废艺斋集稿》中的《南鹞北鸢考工志》里得知，曹雪芹对墨子是很尊敬的。他与墨子某些方面思想甚至行动是很相近的。"（吴恩裕，2010：248）曹雪芹近墨，首先是在对待劳动人民的态度上。曹雪芹晚年写的这部《废艺斋集稿》，详细记载了金石、风筝、编织、印染等八项工艺，目的是让残疾人能够掌握谋生的技艺，弥补先天、后天的不足，真是深得墨子平等慈善之要旨。

当今社会，无论是行慈善，还是做公益，对象一定是平等的。道德作为社会的意识形态，是由人们的社会存在决定的，一定社会的经济发展水平是道德发展的必然基础。经济实力增强了，即使原来的"差序格局"行善一层一层外推，也可以避免"越推越薄"，从而趋向平等的爱。

"墨子的'兼爱'既是启蒙运动以来的'自由平等博爱'之号召，又是当代社会深入人心的'公益'、'慈善'等人生社会价值的关键"（余世存，2018：131）。两千年前的墨子，已有非凡的眼光。其眼光高明处在于放平。虽然在当时的经济社会条件下，客观上实现无差等的爱是困难的，但是平等视角已经很好地体现了慈善的真谛，这对我们具有重要的启示，值得我们传承。

三　谦恭的爱：放低身段

墨子无疑是一位伟大的圣人，但墨子一生又都是底层平民，是一个栉风沐雨的慈善苦行者。他领导"公益组织"始终不摆谱子，不端架子。我们说向他学习要放低身段，其实他自己的身段从没拔高过。

墨子自称"贱人"（《墨子·贵义》）或"北方之鄙人"（吕不韦，1995：212），人称"布衣之士"（吕不韦，1995：238）。他始终以"贱人之所为"为荣，有着"贱人"的自性和自信。"今农夫入其税于大人，大人为酒醴粢盛，以祭上帝鬼神，岂曰'贱人之所为'而不享哉？故虽贱人也，上比之农，下比之药，曾不若一草之本乎？"（《墨子·贵义》）。墨子及墨家成员体现了吃苦耐劳的手工匠品质。《墨子·备梯》篇记载，墨子弟子"禽滑厘子事子墨子三年，手足胼胝，面目黎墨，役身给使，不敢问欲"。墨子之"墨"字考证有三义，其三为绳墨，喻绳墨之木匠。《庄子·天下》说墨子"以绳墨自矫，而备世之急"（庄子，1995：162），反映了墨子作为平民劳动者的作风。墨子的学说，也多立足于工匠的实际生活，是接地气的。

前述孟子评论墨子"摩顶放踵利天下"，恰恰表明了墨子的兼爱是勤勉的爱，是谦恭的爱。荀子嘲讽墨子："上攻劳苦，与百姓均事业，齐功劳……"（荀子，1995：52）也反证了墨子作为"卑贱者"的高贵。墨子书中树立的社会慈爱标准，并非普通人高不可攀。可以说，兼爱是对劳动人民道德实践的一种概括，反映了劳动者之间的同情心和互助精神。

在这个方面，墨子对现代公益人有很大的启示。

其一，墨子的理念具有超越性，在讲求人格平等方面有着现代精神，这是我们当代公益人应该汲取的地方。传统文化中对人生也有不好的指引，就是希望做"人上人"。但陶行知在《如何使幼稚教育普及》文中说过："不做人上人，不做人下人，不做人外人，要做人中人。人中人就是平常人。"（陶行知，2005）

徐永光说过，"公益确实是社会利益至上，但不要以为做公益就比别人崇高"（徐永光，2017：46）。有一种公益病叫"居高视角"，以突出自己社会地位、道德高度，有意或不经意表现自身优越来看待受助者，而将受助者置于"劣势"地位。这种行为没有从发现受助者更有优势、更有生命潜质之处看待问题，没有摒弃"道德楷模"或"救世主"的所谓优势感。其实，慈善公益人可以"占据"道德高地的是心灵，而不是做派。马克思说："有识之士往往通过无形的纽带同人民的肌体连在一起。"（马克思，1972：178）

这是从事慈善最可宝贵的姿态！上海市民政局原局长马伊里提出"公益教育的核心是培养具有公益人格的年轻人"时，希望公益人"立上等志，做平常人"，[①]其公益志向应是高远的，角色定位应是平等的，处事态度应是谦和的。唯如此，才能更好地以社会视角看待问题，促使慈善公益达到平等、公平和可持续。

王石在《中国慈善家》2023年度慈善盛典上的"慈善讲述"中说，一次到西藏高原上他资助的一所盲人学校，一位盲人学生说："请您蹲下来，让我摸摸您。"王石说，当他蹲下去的那一刻，他瞬间顿悟，内心说："平视了！"这就是公益人身段的形象表达。

其二，余世存在墨子研究中还有一个独特的视角，他认为："现代人需要充分的社会化，也需要充分的个体化，墨子的一生做到了……跟普遍专制和等级专制中的人生不同，墨子是自由的社会的个体。如果我们不带偏见地看待墨子，他几乎是我们当代大众社会公民人格最合适不过的代表人物了。"（余世存，2018：140）前不久陈越光谈论"现代公益从根本上区别于传统慈善"，主要有"两点"，首要就是"公益的从事者是以'公民'为自述的独立认知主体"（陈越光，2024：10）。可见，墨子的理念契合现代公益。

四　有"利"的爱：放开束缚

从"兼相爱"出发，墨家提出了"交相利"的慈善理念实践路径，认为"兼相爱"必须通过"交相利"来实现。"交相利"问题实质上是义与利的关系问题。义利观是伦理思想和慈善实践的一个重大问题。长期被误读的孔孟义利观，或隐或现不时成为现代慈善公益的束缚。这种束缚反映在许多情况下，认为慈善公益属性是"义"，因而往往讳言"利"。哪怕合理的、应有的、对慈善公益之"义"有促进作用的"利"也不敢或不愿提。墨子树立了独特鲜明的义利观，早就提出"爱"和"利"是

---

① 马伊里：《公益教育的核心是培养具有公益人格的年轻人》，最后访问时间：2024年5月31日，https://mp.weixin.qq.com/s/znp0XPUF8pzhyVb4M9t8Jw。

可以相提并论的，显示他的兼爱是有"利"的爱。对于我们放开观念束缚很有启示作用。

从古而今，孔孟的义利观被误解颇多。孔子说："君子喻于义，小人喻于利。"（孔子，1958：42）其实，"喻"是说明白的意思。这话是说，同君子说事用"义"容易说明白，同"小人"则算利益账时容易说明白（周国正，2022）。孔子的"义以为上""见利思义"，并没有否定"利"。《论语》中还有一句重要的话："因民之所利而利之。"（孔子，1958：217）孟子说"何必曰利"，是针对梁惠王说的："王何必曰利，亦有仁义而已矣。"（孟子，1960：1）孟子恰恰是在为民争利。孟子也没有笼统地说"为富不仁"。《孟子·滕文公上》中"为富不仁矣，为仁不富矣"是引用阳虎的话，"富"，是用来特指国君征收赋税。同一段话里，孟子恰恰是主张"民之为道也，有恒产者有恒心"（孟子，1960：117）。另一方面，孔孟的义利观，到董仲舒手上被极端化了，对后人影响极其深远。梁启超提到"……董仲舒更说：'正其谊不谋其利，明其道不计其功。'于是一切行为，专问动机，不问结果，弄得道德标准和生活实际距离日远，真是儒家学说的莫大流弊。"（梁启超，2016：173）

墨子鲜明提出，道德和实利不能相离，利不利就是善不善的标准。墨子重功效而不重超验，把"义"直接归结到"利"，进而把"爱"和"利"相提并论，从而"建立了中国历史上第一个功利主义思想体系"（缪诗忠，2005：185）。

《墨子》书中总是"爱""利"两字并举。如"兼相爱交相利"（《墨子·兼爱中下》）、"爱利万民"（《墨子·尚贤中》）、"兼而爱之从于利"（《墨子·尚贤中》）、"众利之所生何自生，从爱人利人生"（《墨子·兼爱下》）、"天必欲人之相爱相利"（《墨子·法仪》）。一般而言，爱是利他，利是在己，两者本似互不相容，然而墨子却将之糅合一起。利与义具有一致性，重利也就是贵义，利天下乃是最大的义。他用"利，所得而喜也""害，所得而恶也"（《墨子·经上》），强调爱、利统一。墨者明确反对"有爱而无利"。"天下之利欢。'圣人有爱而无利'，倪日之言也，乃客之言也"（《墨子·大取》）——天下之人欢然而趋利，"圣人有爱而没有利"，这是儒家的言论，是外人的说法，不是墨者之言。

总之，利，不但是义之本，也是义之途，即只有承认功利，才能实现道德。兼爱之道，不仅对他人有利，对行兼爱者亦有利，不仅"利他"，亦且"利己"。后期墨家提出了"体爱为仁"的观点，"仁，体爱也"（《墨子·经上》），"爱人不外己，己在所爱之中，己在所爱，爱加于己。伦列之爱己爱人也"（《墨子·大取》）。

墨子义利观对我们现代公益的启迪是，只要坚持慈善初心、追求公益实效，与之相联系的"利"是不必忌讳的。

从小的方面来说，公益组织的人员福利待遇、组织费用成本问题，都涉及"利"的问题。徐永光在《公益向右，商业向左》中提到"调查数据反映了两个问题。一个是，公益从业人员的工资收入低于社会平均水平。要知道，平均工资的计算是包括农民工收入的。另一个是，近50%的公益组织没给员工缴纳社保"（徐永光，2017：47），其深层次原因是模糊的义利观。另外，筹款的费用、慈善资金的理财增值等，都涉及义利关系问题，需要正确处理。

从大的方面来说，则关系公益发展的一些新途径探索问题，即公益发展能否和如何借用商业手段、市场途径。当前慈善界开展公益金融，都着力"利用"金融工具。其实，不仅公益金融要讲"利用"，推而广之，公益慈善都可恰当"利用"市场的手段。徐永光的《公益向右，商业向左》主旨就是公益要利用好社会企业和社会影响力投资（徐永光，2017）。美国学者莱斯特·M.萨拉蒙在编著的《慈善新前沿》一书中提出："捐赠不会消失，但市场工具将为公益事业影响的拓展提供关键性支持。"（萨拉蒙，2019）书中还有阐述慈善新工具的广泛利用的相关内容。只要我们坚守慈善公益之"义"，就应放开束缚，不避讳各种大"利"、小"利"，以实现慈善公益的最终成效。

与义利观相联系，墨子还提出"志功合一"的慈善道德评价原则。《鲁问》有载，鲁君问墨子："我有二子，一人者好学，一人者好分人财，孰以为太子而可？"墨子回答说，同样一种行为，可以出于不同的动机。评价一个行为，要考察其动机和功效，"合其志功而观焉"。墨子还说："义，利；

不义，害。志功为辨。"（《墨子·大取》）即是说，义，就是利；不义，就是害。动机和效果的统一，是辨明义或不义的标准。慈善作为一种道德活动，必然需要做道德价值的评判。根据思想动机还是实际效果，各家观点不一。墨子提出了"志功合一"的评价原则，动机和功效结合起来考察。"子墨子曰：'言足以迁行者，常之；不足以迁行者，勿常。不足以迁行而常之，是荡口也。'"即墨子说，言论如果能够改变行动，就崇尚它；言论如果不能改变行动，就不要崇尚它。言论不能改变行动而又崇尚它，那就是说空话（《墨子·贵义》）。在墨子看来，爱人必须表现于实际的事功，没有利人功夫和行动的爱就不是真正的爱。

理念的好坏，关键要看它有没有实际启发意义，墨子主张"唯其可行"！墨子自信满满地说："吾言足用矣，舍言革思者，是犹舍获而捃粟也。"（《墨子·贵义》）即，我的学说足够用了！舍弃我的主张而另外考虑，这就像放弃收获而去拾别人遗留的谷穗一样。《墨子·贵义》还载，楚惠王派大臣穆贺见墨子，穆贺听了墨子游说之后，认为主张确实十分高明，但又嫌墨子身份低，是"贱人之所为"。墨子坚定地认为，好的主张，就如管用的药，"岂曰'贱人之所为'而不享乎"？两千年之后，我们公益人，很值得分"享"墨子这位民间高人的慈善理念！

参考文献

阿·汤因比、池田大作，1985，《展望二十一世纪》，荀春生等译，北京：国际文化出版公司。

陈越光，2024，《公益的终极目标是什么》，载北京基业长青社会组织服务中心编《重新理解基金会》，北京：北京日报出版社。

宫蒲光，2022，《关于走中国特色慈善之路的思考》，《社会保障评论》第1期。

何道峰，2021，《人的应当——三千年人类思想简史》，北京：中信出版集团。

孔子，1958，《论语译注》，杨伯峻译注，北京：中华书局。

莱斯特·M.萨拉蒙，2019，《慈善新前沿》，北京：社会科学文献出版社。

李零，2016，《思想地图》，北京：生活·读书·新知三联书店。

李小云，2020，《案例点评：跨越小桥的发展型公益》，载《无长江不公益》，北京：新华出版社。

梁启超，2016，《老子、孔子、墨子及其学派》，北京：北京出版社。

刘安，1995，《淮南子》，载许嘉璐主编《诸子集成》，广西教育出版社、陕西人民教育出版社、广东教育出版社。

鲁迅，1973，《故事新编·非攻》，载《鲁迅全集（2）》，北京：人民文学出版社。

吕不韦，1995，《吕氏春秋》，许嘉璐主编《诸子·集成》，广西教育出版社、陕西人民教育出版社、广东教育出版社。

马克思，1972，《马克思恩格斯全集》（第32卷），北京：人民出版社。

孟子，1960，《孟子译注》，杨伯峻译注，北京：中华书局。

缪诗忠，2005，《回归经典——鲁迅与先秦文化的深层关系》，上海：上海三联书店。

南怀瑾，2022，《孟子旁通》（中），北京：东方出版社。

钱穆，2011，《周公》，北京：九州出版社。

任继愈，1956，《墨子》，上海：上海人民出版社。

释道安，1999，《二教论》，载《四库全书电子版·子部·释家类·广弘明集卷八》，上海：上海人民出版社。

孙诒让，1954，《墨子闲诂》，北京：中华书局。

孙中山，1956，《孙中山选集》（下），北京：人民出版社。

孙中山，2006，《中国近代期刊汇刊·民报》（第一册），北京：中华书局。

陶行知：《如何使幼稚教育普及》，《陶行知全集（第1卷）》，成都：四川教育出版社。

吴恩裕，2010，《曹雪芹〈废艺斋集稿〉丛考》，北京：当代中国出版社。

徐永光，2017，《公益向右，商业向左：社会企业与社会影响力投资》，北京：中信出版社。

荀子，1995，《荀子》，载许嘉璐主编《诸子集成》，广西教育出版社、陕西人民教育出版社、广东教育出版社。

余世存，2018，《微观国学》，北京：人民文学出版社。

张荫麟，1999，《中国史纲》，上海：上海古籍出版社。

周国正，2022，《仲尼不语——孔子忘了说的话》，北京：北京大学出版社。

朱贻庭，2021，《中国传统伦理思想史》，上海：华东师范大学出版社。

庄子，1995，《庄子》，载许嘉璐主编《诸子集成》，广西教育出版社、陕西人民教育出版社、广东教育出版社。

"天地之大德"与"财富的福音":
基于典型个案的中西方慈善文化与实践比较*

李　毅

摘　要: 张謇和卡耐基的慈善理念与作为,是管窥中西慈善理念与实践异同的一个适恰切口。从慈善理念看,张謇所代表的儒家慈善立足于性善论,将慈善视为"仁"性发扬的自然产物与社会改良的有机构成,持"重义轻利"的财富观。以卡耐基为代表的自由主义慈善,对人性持悲观立场,将慈善视为满足精神需求、解决阶级矛盾的手段,注重财富再分配的效率和效果。从慈善实践看,张謇的帮扶、济贫等慈善行动主要面向底层群体的生存性需求,依托个体行动者和企业利润开展,具有业余性、地方性与直接性的特征;卡耐基的慈善活动则集中于科教文化领域,重在回应中产阶层的发展性需求,依靠专门的慈善组织开展,专业化、职业化、间接化色彩更重。二者慈善实践的差异部分可归结为慈善理念的分野,但亦有时代环境、社会发展阶段与个体价值观的原因。尽管个案对比的结论在可推广性上有其局限,但其对于中西慈善交流互鉴、造就现代中国慈善新形态不无裨益。

关键词: 公益慈善　慈善文化　张謇　卡耐基

* 本成果受重庆市社会科学规划"三次分配中的跨国企业参与及其动员机制研究"项目(2023BS076)、中国博士后科学基金第73批面上资助项目"养老服务可及性差距的协作网络解释及其提升研究"(2023M730396)与重庆大学中央高校基本科研业务费项目(2023CDJSKZK07)的支持。感谢评审人对文章的建议,文责自负。

李毅,重庆大学公共管理学院讲师,主要研究方向为公益慈善与社会治理、跨部门协作与互动。

引 言

全球化时代，不同文明与国家的公益慈善传统处于持续深入的交流互鉴之中，此种互动无疑是有益的。一方面，本土慈善传统得以参照"他者"反观自身，深化自我认识；另一方面，对外来慈善文化与实践资源的汲取，可以有效弥补本土传统的不足。反之亦然。交流借鉴的前提，则是各自公益慈善"理想类型"的构建。随着公益慈善研究的不断丰实，也不乏此种努力。

但综观既有研究，或是偏向于钩沉典籍、爬梳脉络，慈善思想或慈善哲学味道较为浓厚（王卫平、黄鸿山、曾桂林，2011；伯姆纳，2017），稍欠"实感"；或是集中于深入挖掘特定文化和历史传统中的典型慈善个体、理念与作为（周秋光，2013；钱理群，2018），缺少统一框架指导下的中西慈善对比。有感于此，本文试图同时兼顾这两种研究思路，并秉持经验研究取向，运用统一的慈善理念与实践的描述框架，以张謇和安德鲁·卡耐基（又译为安德鲁·卡内基）两位著名的慈善家为个案，将之视为中西方慈善的一个缩影，通过对比二者的慈善理念与做法，以之位切口管窥中西慈善的共性与特性，以期对上述缺憾有所补益。

以张謇与卡耐基作为典型个案，是较为可行且合适的选择。首先，二人所处时代大致相同，张謇生卒年为1853~1926年，卡耐基为1835~1919年，均属于各自国内风云变幻的历史时期，具备横向可比性。其次，二人的生命轨迹和事业历程颇为相似，均同时在商业与慈善两个领域取得卓越成就。张謇早年作为地方绅士时即开始从事慈善活动，后创办大生纱厂等企业，取得成功后更是以实业利润反哺其慈善活动；卡耐基则白手起家，兴办了彼时全美最大的钢铁公司，后以出售钢铁公司的巨额所得，全情投入慈善事业。最重要的是，二人均有裨益当时、烛照后世的长期性、规模性的慈善实践，及指导其作为的体系化、文本化的慈善思想，使得两者间的对比具有可行性。张謇有《感言之设计》《南通新育婴堂募捐启》《大生纱厂股东会宣言书》等体现其慈善理念、规划与行动的文献留存；卡耐基则有《财富的福音》《慈善捐赠的最佳领域》等文本传世，亦可从中窥探其慈善思想。

既有对张謇慈善思想与实践的研究，一方面重在缕析其慈善理念中的

多元思想资源，包括儒家仁爱理念、传统"王政"理想、近代自治主义思潮
（柏骏，2003；赵有梅，2005），以及商人的正名愿望、民族自强意识等（蒋
国宏，2005）；另一方面则关注其慈善实践的独特性，比如对于慈善教育、灾
害赈济的重视，慈善与工赈、教化、劝善等事业不可分割（刘泓泉，2016），
慈善被视为"改良社会的系统工程中的重要一环"（朱英，2000），是其地方
自治和村落主义实践的有组成部分（周秋光、李华文，2016），并将他与经元
善、熊希龄等近代慈善大家加以比较（曾桂林，2011；马敏，2018）。对卡耐
基慈善思想与实践的研究，同样关注社会达尔文观念、美式民主观、和平主义
等时代思潮对其慈善理念中的影响（陆月娟，2003；何莉君，2011），以及进一
步对其慈善领域和形式的塑造（唐君，2008）。这些研究极富启发，成为本文
构造描述框架、比对二者异同（比如关于慈善的社会定位，张謇将其视为社会
改良之有机构成要素，卡耐基则强调独立的、分化的慈善领域）的重要参考。

　　对比的展开，须以统一的框架和指标为前提。借鉴既有慈善文化与慈
善实践的描述框架（康晓光，2017；康晓光、冯利，2020），并加以调整，
形成本文的描述框架与指标体系（见表1）。接下来，笔者运用该框架，对
张謇和卡耐基的慈善思想与实践依次予以比较，并在此基础上，希望能以小
见大，从中折射出中西慈善的异同。本文所采用的经验资料，主要来源于二
人的文集、传记、日记、地方志、卡耐基基金会的工作报告和已有研究。

表 1　慈善文化与实践的描述框架

维度	指标	内涵
慈善理念	人性论	如何看待人性？
	不平等观	如何看待与解决社会不平等？
	财富观	如何看待与处理财富？
	贫困观	如何看待与对待弱势者？
慈善实践	行动主体	慈善的组织者与实施者，即"谁来做慈善"？
	活动领域	慈善所指向的需求，即"做什么慈善"？
	受益对象	慈善所指向的受益者，即"谁从中受益"？
	实施方式	慈善方案的设计与落实，即"如何做慈善"？
	资源动员	慈善的资源来源及获得，即"靠什么做慈善"？

一 张謇与卡耐基慈善理念对比

（一）人性论

人性论，即对于人性所秉持的立场和观念，如"性善论"或"性恶论"的分野。

张謇作为典型的儒家士大夫，持"性善论"的立场。儒家学说秉承以仁为本的人性观，认为"仁"是得自于天，与生俱来的本质属性，是定义人、使人区别于非人的核心特征（康晓光，2018）。张謇高度认同《周易·系辞传》中"天地之大德曰生"的观点，认为其是扼要而不可动摇的名言至理，并取该句涵义，将自己的企业命名为大生纱厂（刘厚生，1985）。他还曾言，"天之生人也，与草木无异。若遗留一二有用事业，与草木同生，即不与草木同腐"（《张謇全集·卷四》，2012：508），又说，"徒以既生为人，当尽人职"（《张謇全集·卷四》，2012：196），字里行间，同样可见其认为人性受之于天，人有异于草木，人当发扬自身善性、承担应尽责任的立场。站在性善论的立场，慈善属于分内之事，是人之为人的必然，这在张謇的自述也有鲜明体现，"慈善事也，迷信者谓积阴功，沽名者谓博虚誉。鄙人却无此意，不过自己安乐，便想人家困苦"（《张謇全集·卷四》，2012：508）。

卡耐基则深受家庭的基督教氛围及19世纪末期自由主义与社会达尔文主义思潮的影响（卡内基，2016），持一种悲观的人性论立场，认为人天生自私，难以改变（恩德勒、刘妍、王伊璞，2014）。19、20世纪之交，正是社会主义与无政府主义思潮如火如荼传播风行之际，针对它们所给出的改变资本主义社会的处方，及其所许诺的人人各尽所能、各取所需、彼此关爱、互惠互助的理想蓝图，卡耐基认为，"这不是进化，而是革命。这需要彻底改变人类的本性，无疑是一项永世的工程"，因此，他认为其并不具备现实可行性，"在我们的时代，这是行不通的。即使在理论上令人神往，它也只是属于另一个多少代人之后的社会"（Carnegie，1906）。与之相应，在此种人性论立场下，慈善不再是应然之事，而成为一种分外之举，行善的动力则源于合法化财富、缓和阶级矛盾、缓解内心不安或寻求精神满足等（何莉君，2011）。

（二）不平等观

不平等观，即对于社会不平等根源、解决方式等问题所秉持的系统立场和观念，包括为何会存在社会不平等、应该如何解决社会不平等，以及慈善在这一过程中应当发挥怎样的作用等，如"改良主义"或"激进主义"的分歧。

面对晚清风雨飘摇的时局，张謇上下求索，精诚参与过"东南互保""立宪运动""南北议和"等关键事件（章开沅，2021），屡试屡败而无果无望后，退居南通一隅，试图以之为阵地，践行其"村落主义"或曰"自治主义"理念，"解救人民之痛苦，舍自治岂有他哉"（《张謇全集·卷四》，2012：461）。其自治主张，属于"改良主义"的范畴，在张謇的设想中，地方自治是由实业、教育、慈善三项事业组成的有机整体，且三者间存在明确的先后次第与主辅地位，"举事必先智，启民智必由教育；而教育非空言所能达，乃先实业；实业、教育既相资有成，乃及慈善，乃及公益"，又言，"以国家之强，本于自治；自治之本，在实业、教育；而弥缝其不及者，惟赖慈善"（《张謇全集·卷一》，2012：430）。

可见，在其社会改良思想中，慈善是辅助性、补充性的，是政府缺位时不得已的补救之举（刘泓泉，2016），即所谓王政不得行时，"于是慈善家言补之……以济政之穷，与政所不能及"（《张謇全集·卷六》，2012：373），但也是其中不可或缺的一环。实业、教育、慈善三者相互配合，共同构成其地方自治与社会改良的整体，目标则指向一"新新世界"的建设。更为重要的是，尽管慈善在物质层面只能是弥补性，但它还具有额外的精神性、文化性功用，"慈善虽与实业、教育有别，然人道之存在此，人格之存在此"（《张謇全集·卷三》，2012：1537）。

卡耐基同样秉持改良主义的立场，这固然是由其阶级地位与个人价值观所决定的，同时也深受其所处的时代环境影响。19世纪末，美国的贫富分化急剧扩大，且这种差距因为美国建国早期相对于欧洲相对平等的历史，而显得更为严峻紧迫（皮凯蒂，2014），暴富的阶层也迫切需要一套理论体系，为其提供合法化论证。卡耐基所主张的在不触动根本性社会结构的前提下，缓和阶级矛盾的理念和方案，遂应运而生。

在他的论述逻辑中，资本主义内在的个人主义、私有产权、市场经济等设计，面临组织和管理才能的稀缺和不均衡分布的现实，在财富积累规律和竞争法则等机制作用下，急剧的贫富分化是必然结果，"我们从一种最有利于促进人类利益的条件出发，但却无可避免地要将财富集中在少数人手中"（Carnegie，1906）。但这种结果对于社会进步和人类发展是有益的，即使对于穷人亦是如此。卡耐基认为，这种秩序是"人类经验的最高结晶，是迄今为止的社会土壤所能结出的最佳果实……是人类所达到的最好和最有价值的成就"（Carnegie，1906）。因此，我们不应像激进的无政府主义者那样，企图掏空"私有财产神圣不可侵犯"这一现存文明的根基，进而颠覆既有秩序，而应该在接受现有秩序的前提下，通过富人们合理管理与支配巨额财富的方式，以生前捐赠并用于公益慈善的方式，来寻求社会改善。由此，"贫富矛盾就此解决。财富聚集的法则和财富分配的法则，都将得以自由运行"（Carnegie，1906）。

但与张謇有所不同的是，卡耐基将慈善视为现代社会中一个专门的、分化出的细分部门，它应该定位在有限的领域、承担特定的功能，在与政府相互配合过程中，共同致力于社会改良，这在其赞赏政府实行累进税政策，以直接缓和分配不平等，并促进富人行善，以及慈善应瞄准发展性需求、政府则托底生存性需求等方面的论述，便可见一斑。

（三）财富观

财富观，即对于财富的获得与处理，及对于商业所持的态度，这往往因为历史传统与社情民意的差异，而体现出显著分别，如"以义制利"与"重利轻义"的分立。

在重农抑商、商人为四民之末的传统社会，弃学从商被社会视为也被自视为自暴自弃之举，文人张天枢有言"世家子弃儒学贾，是最难关，是最伤心处"（转引自梁其姿，2013：64）。张謇以状元之身，从事实业，其内心对自己的行为选择和商人身份更为纠结苦闷。他将自己的行为看作"捐弃所依，舍身喂虎"，是一种自我贬低，必定"适违素守"，但也自我安慰与警醒到，这是"为中国大计而贬，不为个人私利而贬，庶愿可达而守不丧"（《张謇全集·卷四》，2012：550）。

这种对商业的纠结心态，是与明确的财富观相关联的。张謇秉持儒家"义利观"，主张求公利而非私利（马敏，2018），要以义制利，认为"散财以得民，有合贤传圣经之训"，"一日之费，何如百年之惠"（《张謇全集·卷五》，2012：132），而不可见利忘义，"非私而私也，非利而利也"。同时，既然已经投身商海，作为"言商仍向儒"的儒商，也需"不市侩而知市侩之情伪，不工党而知工党之趋向"（《张謇全集·卷四》，2012：549）。当然，必须说明的是，"重义轻利"的财富观与施善作为，不代表其经营方式本身的友好。事实上，有研究发现，大生纱厂的剥削状况实际相当严重（周秋光、李华文，2016），《南通纺织工人歌谣选》则反映了当时工人恶劣的工作条件（南通市文联，1982）。

与之相较，处于重商主义社会背景中的卡耐基，对于商业与财富的态度，则更为自洽。在他看来，企业家身具独特而稀缺的管理与经营才能，他们通过施展这种才华，创造了庞大价值，积累了巨量财富，他们因此对这些财富拥有正当的所有权，问题仅仅在于"怎样依法适当地管理这种现代文明塞进少数人手中的财富"（Carnegie，1906）。卡耐基认为有三种方式：留给后代、过世后遗赠给公共事业、在世时妥善处理。出于效果考虑，他最赞许第三种散财方式，因为方式一对后代而言弊大于利，方式二无助于财富的最佳运用，且遗赠人的目标难以真正实现。

而在最后一种财富处理之道下，"聚集在少数人手中的剩余财富会因为妥善用于公益事业而成为实质上的多数人的财产。而且，通过少数人之手，这些财富更有可能成为改善我们人类状况的有效力量，远比在全民中分散为很多笔小钱更加有用"（Carnegie，1906）。由此，富人的角色则相当于穷人的代理人和受托人，以其理财智慧和经验，为社会打理财富。在这个过程中，富人得以进入最为高贵的生活方式，并获得穷人的爱戴，贫富差距也因此得以矫治，阶级矛盾得以缓和，"财富聚集的法则和财富分配的法则，都将得以自由运行"（Carnegie，1906）。同样需要说明的是，这种散财观，绝不意味着其与特定的聚财手段挂钩，事实上，卡耐基曾雇佣警察暴力镇压了1892年的霍姆斯特德罢工，致其臭名昭著，以至于后来许多受益对象都不愿接受卡耐基的捐赠（陆月娟，2003）。

（四）贫困观

贫困观，即对于弱势者的看法，如"归因于社会结构"与"归因于弱势群体"两种观点的分置，前者认为贫困者是不公正社会结构的受害者，后者则倾向于认为"可怜人必有可恨处"，认为是愚昧、懒惰、自私等造成了其困境。

对于贫困人群的产生和归因，张謇所持的是一种混合归因的态度，"贫民之所以贫，半由自取，半由无人焉为之设计而安厝"（《张謇全集·卷四》，2012：438），认为其生存困境固然有自身内因，也有客观外因。出于恻隐之心和悲悯情怀，张謇认为应当"视天下之饥犹己饥，视天下之溺犹己溺"（《张謇全集·卷五》，2012：257），同时，从现实主义的角度出发，也应该对弱势人群善加收容救助，因为"失教之民与失养之民，苟悉置而不为之所……为国家政治之隐忧者大也"（《张謇全集·卷一》，2012：431），无益于敦风化俗。

在对待弱势群体方面，卡耐基是斯宾塞的坚实拥趸，深受其社会达尔文主义思想的影响（陆月娟，2008），高度赞颂竞争法则，认为其"对个人而言，有时候可能很残酷，但是，它对人类整体而言是最好的，因为它在各个方面确保了适者生存"（Carnegie，1906）。不难想见，卡耐基会更倾向于认为弱势群体是社会竞争的失败者，其恶劣处境应主要归因于自身。

二　张謇与卡耐基慈善实践对比

（一）行动主体

行动主体，即慈善行动者的组织、执行者，典型如组织化主体与非组织化主体之别。

张謇的慈善实践，主要由个体化行动者发动、组织并实施，而非以组织化、专门化的慈善机构，予以统筹、设计与执行。如其自述，"謇抱村落主义，经营地方自治，如实业、教育、水利、交通、慈善、公益诸端，始发生于謇兄弟一二人，后由各朋好友之赞助，次第兴办，粗具规模"（《张謇全集·卷一》，2012：523）。当然，这并不意味着其行动皆是纯个人化的单打独斗，具体实施过程也会以团队或组织的形式进行，比如，早在明清时期，传统中国的善堂等组织化慈善便已勃兴，且积累了成熟的经验（夫马进，2005），"有堂、局、公所，内设专职管理人员，并有捐款，藉此购置房产、田地，以其息维持善堂的善举，使善堂能保持永久"（陈宝良，2012：197），张謇也借鉴了此类经验。同时，他也会利用其丰富的实业经验，兴办公益慈善事业，比如为了治淮兴垦，他提出设立导淮公司、导垦总局，颇具创造性（朱英，2000）。

卡耐基的慈善行动则与之形成鲜明对照，其主要以组织化主体——基金会的形式开展。卡耐基并非美国公益基金会的最早尝试者，却是将其规模化、系统化的集大成者（Harvey et al., 2011）。基金会是卡耐基科学而明智地运用财富与开展慈善的关键，他生前设立了近10家基金会或专门基金，卡耐基慈善组织家族至今已有26位成员。[①] 相比于非组织化行动者，基金会的核心优势体现在：拥有明确的宗旨和使命，捐赠者与管理者、所有权与管理权分立，具有科学规范的治理结构与独立运作机制，因此有利于其通过投资保值增值，及长期、有效而合理地使用资金。卡耐基基金会与洛克菲勒基金会、赛奇基金会，是美国基金会的三大先驱，其行动方式与运作模式对美国的公益事业发展影响深远（资中筠，2015）。

（二）活动领域

活动领域，即慈善活动的内容，典型如生存性需求与发展性需求之分。

受时代环境与社会背景的影响，张謇的慈善活动主要瞄准温饱、疾病、养老等基础性、生存性需求，开展收容、救济与帮扶。在张謇的设计中，

---

① 资料来源：https://www.carnegie.org/about/our-history/other-carnegie-organizations/。

"慈善除旧有恤嫠、施棺、栖流诸事外，凡特设之事六：曰新育婴堂，曰养老院，曰医院，曰贫民工场，曰残废院，曰盲哑学校"（《张謇全集·卷一》，2012：431），他实际开展的慈善活动，也与上述设计基本重合，他后来曾这样总结自己一生的事业："实业如农、如垦、如盐、如工、如商之物品陈列所，教育如初高小学、如男女师范、如农商纺织医、如中学、如女工、如蚕桑、如盲哑、如幼稚园之成绩展览及联合运动，慈善如育婴、如养老、如贫民工场、游民习艺、如残废、如济民、如栖流之事实披露，公益如水利所建各堤闸、涵洞、河渠、桥梁，如交通所辟县乡干支各道之建设。"（《张謇全集·卷五》，2012：218）

不难看出，张謇的慈善活动重心集中于满足弱势群体的生存性需求，及基本公共服务的提供、公共事业的兴办、基础设施的建设上，而这本属于政府的职能范畴，张謇的慈善实践恰恰是儒家士大夫面对政府失能、社会失序时的弥补之举，因此客观上涵纳了政府、市场、社会的诸多内容与功能，这不仅仅是我们今天狭义的慈善，更是一项总体性、综合性的社会改造与建设工程。在上述基础性需求外，张謇同样也兼顾到发展性需求，比如其先后创办过图书馆、博物苑、气象台、公园、警察传习所、工学社、更俗剧场、模范监狱等（朱英，2000），且格外注重慈善教育，尤其是残疾人教育，秉持教养结合的理念，希望能"以人事补天憾"（《张謇全集·卷二》，2012：213）。在他的设计中，实业、教育与慈善"三位一体"，共同架构起他的地方自治设想与实践。

与之形成对照的是，卡耐基慈善实践的活动领域则显著指向发展性需求。在《慈善捐赠的最佳领域》一文中，他罗列了管理剩余财富、捐助公益事业的最佳活动内容，依次是捐建大学、科研机构和博物馆、图书馆、医院、公园、音乐厅和礼堂、游泳池、教堂（Carnegie，1889），可见其集中于教育、科学、文化、健康等领域。卡耐基生前的实际慈善实践，也确实集中于上述领域，比如在教育科研领域，他设立了教学促进基金会和苏格兰大学基金会，捐建了华盛顿学会和卡耐基理工学院；在文化方面，他生前捐赠了2811座图书馆，7689部管风琴；在和平领域，他设立了和平基金会，旨在消除战争、促进和平，捐建了海牙和平宫；卡耐基基金会的主要活动领域也集中于教育、政治和国际事务。

此外，卡耐基还有部分捐赠流向钢铁工人养老与特殊的个人资助（唐君，2008）。当然，卡耐基之所以能够心无旁骛专注于发展性需求，也许跟当时美国公共服务体系的基本建立有关，"那些无可救药者已经有城市或者州政府为其提供了庇护所，他们可以在那里得到衣食、住所和舒服的生活"（Carnegie，1889）。因此，社会与政府得以各司其职，相互合作，协同为公众提供服务。

（三）受益对象

受益对象，即慈善活动的实际受益者，以及确定合格受益者的标准。受益对象与活动领域息息相关。

张謇慈善行为的受益对象多为社会底层人士和弱势群体，诸如弃婴、鳏寡老人、无业贫民、失足妇女、身心残疾者、乞丐、盲哑儿童、客死异乡者、无从安葬者……他都为之设置了专门的慈善组织或行动，这是与其对活动领域的选择紧密关联的。同时，在合格受助者的确定标准上，传统儒家十分注重"分品类"（韩德林，2015；梁其姿，2017），即在经济标准之外，格外依据弱势群体的道德品行来决定是否予以救济，如将游手好闲、德行有亏之人排除在救助范围外。

而在这一点上，张謇的思虑则更为周全，1869年美国女传教士在中国设立济良所，教失足妇女读书、学艺、成家，这种善举遭到一些传统慈善家的抵制（赵有梅，2005），张謇却从悲剧起因与如若放任不理的恶果角度，认为"女子无学，则家庭教育不良；家庭教育不良，则社会趋向不正"（《张謇全集·卷一》，2012：456），对之予以支持。同样，对于乞讨者，张謇也主张给予慈善救济，当然，这一方面出于悲悯之心，认为"盖其得天不全，而可悲悯于除鳏寡孤独相同"。另一方面也是出于淳化民俗的务实考虑，担忧"久之而非残废者，以乞可得活也，效焉；又久之而非残废者，并不以乞为活者，亦效焉"（《张謇全集·卷四》，2012：341）。

卡耐基慈善实践的受益对象，则多为社会普通公众与中产群体，这也从其活动领域的选择中可见一斑。同时，在合格受助者的选择上，他强烈主张助人自助，"捐助的真正受益人……应该是那些努力上进、奋力自救的个人"，认为"一个靠乞讨活得很舒服的人比几十个能言善辩的激进主义者对社会更为危险，对人类的进步也是更大的障碍"（Carnegie，1889）。他认为慈善的最大障碍便是滥施善心，认为这比吝啬更不可取。即使是前述慈善内容，他也不主张采取一捐了之的方式，而是要让受助者也发挥力量、参与其中，比如博物馆和画廊要由社会进行维持，公园、艺术拱门、雕塑和喷泉由社区承担管理之责，教堂由教友予以维护等。

（四）实施方式

实施方式，即慈善主体通过何种方式将慈善服务送达受益对象，典型如直接方式与间接方式的分野。

张謇的慈善实施方式，主要是直接式的，即发生于施助者与受助者面对面之间，不依靠专业的慈善组织作为"中介"；同时，由地方精英主导，依托于血缘、地缘、业缘展开，受到传统伦理道德和地方公序良俗的监督约束，具有较强的地方性、临时性、业余性、兼职性；政府也几乎不干预其中，更缺乏专门的法律政策调整（康晓光，2018）。这些特征在前述对比中，皆已有所呈现。格外值得一提的是张謇的多重身份，他是清朝状元，担任过南京政府时期的实业总长、北洋政府农商总长兼全国水利总长，又是著名的民族企业家、教育家、慈善家（匡亚明、卫春回，2011），集政治、经济、文化、社会声望等诸多权力资源于一身。因此，他的慈善实践要放置在其个人生命历程里，放置在其事业全局中来看待，这也恰恰是传统儒家慈善的价值理想和关键特征，即慈善是个人"修齐治平"体系中的有机一环，而非一种专门化的分工和活动。

卡耐基的慈善实施方式，则主要是间接式的，依托于独立的、正式的、组织化的、具有正规法人身份的慈善组织为"中介"进行，拥有以慈善为业的专职工作人员，追求专业化、效率至上和科学管理，同时受到政府的全面监管。这在前面的论述中也已经有所体现。他反对简单施舍，主张避免慈善依赖，提倡授人以渔、助人自助；以管理企业的思维来经营慈善，采用"慈善企业"的组织形式与项目化的运作方式；倡导"科学慈善"

与"明智捐赠"，重视对行善效率的追求和对慈善效果的评估（何莉君，2011）。同时，卡耐基等人的慈善实践，也推动了美国政府出台针对公益捐赠的税收优惠条款（陆月娟，2005），公益慈善逐渐分化、独立为现代社会中的专门领域。

（五）资源动员

资源动员，即慈善资源的类型、来源及其动员方式。

张謇慈善活动的经费主要源于大生纱厂的企业利润拨助与个人捐资（曾桂林，2011），晚年企业维持艰难之际，还会通过卖字来予以维系，他为此还专门撰写过一篇《为慈善公益鬻字启》，极少会寻求社会捐助。如其在《为南通地方自治二十五年报告会呈政府文》中所述，"综计积年经费所耗达百数十万，皆謇兄弟实业收入所入济之。岁丰则扩其范围，值歉则保其现状，不足又举债以益之，俟有赢羡而偿其负……故上而对于政府官厅，无一金之求助；下而对于社会人民，无一事之强同"（《张謇全集·卷一》，2012：524）。

据统计，张謇及其兄弟投入慈善公益事业的资金主要源于大生企业利润分配，仅大生一厂，1926年前利润分配用于赞助公益的部分便达69.11万两，占实际利润分配总额的5.46%（汤可可、钱江，1997），确实做到了如其所谓的"上不依赖政府，下不依赖社会，全凭自己良心做去"（《张謇全集·卷四》，2012：440）。而这又似乎与张謇本人不愿意受惠于人的性格息息相关，在《谢教育慈善募捐启》中，他曾袒露心迹，"仆兄弟农家子也，祖父耻负债……经营教育、慈善、地方自治公益事业……乡党戚好，间有助者，将伯之呼，从未敢出南通一步。此区区不欲依赖他人之心，辄欲随一事而矢诸百年以后"（《张謇全集·卷五》，2012：197）。

与之相比，卡耐基从事公益的资金来源，主要为企业利润及基金会的投资收益。他于1900年出售钢铁公司，获利4.8亿美元，至1919年卡耐基离世时，他已投资其几乎全部财产，用于推进教育、科学、文化和国际和平等公益事业。卡耐基最后一笔，也是最大一笔的慈善捐赠（1.45亿美元），用于设立卡耐基基金会，截至2020年9月末，该基金会的捐赠价值累计已达 36 亿美元。基金会每年支出其资产总额的 5.5% 左右，[1] 用于慈善事业。考虑到美国的资本市场收益率，该基金会理论上可以永续存在，并永久性地开展慈善事业。这与张謇慈善事业"人存政举，人亡政息"的结局形成了鲜明对比。

三　中西慈善理念与实践：个案对比之启示

综上所述，归纳张謇与卡耐基慈善理念与作为的对比结果如表 2。张謇慈善理念中的最主要思想资源是儒家文化传统，卡耐基的慈善理念则受自由主义思想影响最深。从二人的异同中，可以部分窥见儒家与自由主义在慈善理念与实践方面的共相与殊相。当然，无论是儒家文化还是自由主义，不同时期、不同派别的思想差异甚大，此处仅结合两种思想源流中慈善论述的主干，阐发个案对比的启示。同时，不同源流之间的交流互鉴也在持续发生，如张謇便受到当时教会创立育婴堂、安老会等慈善实践的影响，认为其发达成熟度是当时中国的同类尝试所不能及的（高鹏程、李震，2004）。

表 2　张謇与卡耐基慈善理念与实践对比

维度	指标	张謇	卡耐基
慈善理念	人性论	性善论	性恶论
	不平等观	系统化取向的改良主义	专业化取向的改良主义
	财富观	重义、轻商	重利、重商
	贫困观	混合归因	归因弱势者
慈善实践	行动主体	个体化行动者	组织化行动者
	活动领域	主要针对生存性需求，兼顾发展性需求；帮扶、救助、济贫为主	针对发展性需求；科学、教育、文化为主
	受益对象	贫弱群体	中产群体
	实施方式	业余性、地方性传统性、直接性	专业化、职业化现代化、间接化
	资源来源	企业利润为主	企业利润与投资收益为主

---

[1]　资料来源：https://www.carnegie.org/about/financials/。

在慈善文化层面，儒家与自由主义形成鲜明对比。儒家慈善文化立足于以"仁"为本的人性论这一基点，对内将慈善行为视为"仁"性自然发扬的产物，行善是内在生命的本质需要；对外则将慈善视为社会改良与建设的有机构成，慈善、兴学、为政、经商等融为一体，皆是儒者所当为。同时，秉持"重义轻利"的财富观与商业观，对弱势群体饱含恻隐之心。与之相对，自由主义慈善文化，则倾向于对人性抱持不信任的悲观立场，将独立、分化的慈善领域视为解决阶级矛盾、满足个体精神需求的手段，重视聚财后散财，追求有效率、重效果地分配财富、实施公益。同时，原教旨自由主义也倾向于将贫困归因于弱势者自身。

在慈善实践方面，二者有相似也有差异，其间的差异值得细加辨析。①部分差异源于慈善文化的濡染，如不同道德观指导下对于受益对象的筛选，儒家重视受助者的道德"品类"，自由主义则仅从中立的、去道德化的贫困线来划定受助者范围。②部分差异源于时代背景的影响，如活动领域的选取，张謇所在时代面临的最大命题是救亡图存，政府几近失能，故不得不由慈善来代行部分公共服务职能；卡耐基所处时代的最大挑战则是贫富差距，且彼时美国基本的公共服务体系已经建立，因此其慈善可以集中于科学文化领域。③有些差异可以归结为所处社会的发展阶段，比如慈善实施方式，在卡耐基所处时代，现代慈善体系已在美国发育起来，因此他的慈善活动以间接化的实施方式为主；而在张謇所处时代，中国的慈善事业尚以农业社会中的行善为主，实施方式具有明显的直接性。④还有些差异则可能受个人经历与性情的影响，比如对于某类具体受助者的选取、对于社会捐助的态度等。

从上述对比与辨析中，我们可以得出如下几点具有普遍性的启示。

其一，无论古今中西，慈善思想与实践具有其内在的、超越于时代与地域的普适性与共通性，典型如张謇和卡耐基慈善思想中的对于"善""利他"等共性要素的注重，以及在慈善内容、资源来源、动员方式等方面的不谋而合之处。

其二，不同慈善文化，是所属文明和国家之历史文化传统的产物，具有相对的稳定性、持续性、独立性与自主性。慈善文化全面无余、潜移默化而静水深流地渗透并塑造着慈善实践的特征，典型如本案例中两位慈善家对活动领域的定位、受助对象的选择等。

其三，慈善文化绝非影响慈善实践的唯一因素，甚至并不一定是最重要的因素，时代环境、历史阶段、经济社会结构、政治法律环境、国际交流、技术条件，乃至于慈善家的个人特征，都同样会塑造慈善实践的具体形态，这表现在本案例中，便是实施方式的差异、行动主体的分别等。

其四，特定类型的慈善文化与慈善实践之间，在漫长的历史演化中，磨合形成了相对固定的搭配方式，但这绝不意味着，它们之间只存在单一的配置组合。如本案例中，儒家慈善文化可以和张謇的传统慈善实施方式相结合，但和专业化、职业化、理性化、中介化的现代实施方式，也可相得益彰。而这恰恰赋予了传统文化与现代政治经济制度、组织管理方式和科学技术手段相结合的可能，也指示了传统文化革故鼎新、推陈出新，进行创造性转化、创新性发展的方向。

四 结语

本文的主要内容及贡献在于，综合慈善文化体系梳理与慈善实践个案深描两种思路，从统一的描述框架和指标体系入手，对张謇与卡耐基的人性论、不平等观、财富观、贫困观等慈善理念核心维度，及行动主体、活动领域、受益对象、实施方式、资源动员等慈善实践的关键方面，进行了细致梳理与对比，并将二人分别作为儒家慈善与自由主义慈善的典型缩影，从中部分管窥中西慈善的相通与分殊。这对于中国慈善参照"他者"认知自我，及在坚守自身优秀的慈善文化与实践传统的前提下，借鉴其他文明与国家慈善优秀元素，以彼之长，补己之短，融汇中西，相得益彰，造就现代中国新型慈善形态，均不无启示。

这种从典型个案着手，切入慈善文化与实践对比的研究取径，对于既有过度依赖于典籍文本进行"理想类型"建构与比对的思路，也是一种有益补充。但同时也要看到，个案研究方法有其局限性和适应范围，案例比较所获得的结论在扩展性和推广性上尤其需要谨慎，具体至本文，中西慈善文化各有其丰富源流，每一源流内部又分叉出不同阶段、不同支流。特定个体固然受某一思想传统影响最深，但其他传统与思潮的影响也不可忽视，比如佛家思想之于张謇，基督教思想之于卡耐基。未来，或许还可以进一步扩展视野，从多案例与统计的角度，全面对比中西慈善实践状况，同时，从经济社会结构、政策法律环境、文化传统、历史积淀等多维角度，更为细致地解释其异同的产生过程与机制，推动慈善研究不断走向深入。

参考文献

安德鲁·卡内基，2016，《我的财富观：安德鲁·卡内基自传》，朱凡希、庄华妮译，南京：译林出版社。

柏骏，2003，《试论张謇的慈善思想和实践》，《广西社会科学》第12期。

陈宝良，2012，《中国的社与会》，北京：中国人民大学出版社。

夫马进，2005，《中国善会善堂史研究》，伍跃等译，北京：商务印书馆。

高鹏程、李震，2004，《张謇与清末民初南通的慈善事业》，《南通工学院学报》（社会科学版）第2期。

韩德林，2015，《行善的艺术——晚明中国的慈善事业》，吴士勇、王桐、史桢豪译，南京：江苏人民出版社。

何莉君，2011，《美国20世纪现代私募基金会的诞生及其创建者的慈善观——研读洛克菲勒、卡耐基及罗森华德》，《中国非营利评论》第2期。

蒋国宏，2005，《张謇慈善思想探源》，《贵州师范大学学报》（社会科学版）第4期。

康晓光，2017，《中体西用新论：当代中国文化变迁动力学》，新加坡：世界科技出版公司。

康晓光，2018，《古典儒家慈善文化体系概说》，《社会保障评论》第4期。

康晓光，2019，《超慈善——中国慈善新时代的特征及其由来》，载康晓光、冯利：《中国第三部门观察报告（2018）》，北京：社会科学文献出版社。

康晓光、冯利，2020，《中国慈善透视》，新加坡：世界科技出版公司。

匡亚明、卫春回，2011，《中国思想家评传丛书：张謇评传》，南京：南京大学出版社。

李明勋、尤世玮主编，2012，《张謇全集》，上海：上海辞书出版社。

梁其姿，2013，《慈善与教化：明清时期的慈善组织》，北京：北京师范大学出版社。

梁其姿，2017，《变中谋稳：明清至近代的启蒙教育与施善济贫》，上海：上海人民出版社。

刘泓泉，2016，《张謇的慈善事业及其当代价值》，《南通大学学报》（社会科学版）第5期。

刘厚生，1985，《张謇传记》，上海：上海书店。

陆月娟，2003，《安德鲁·卡内基研究——美国大企业家、慈善家安德鲁·卡内基的思想与实践》，华东师范大学博士学位论文。

陆月娟，2005，《论安德鲁·卡内基的财富思想》，《社会科学家》第6期。

陆月娟，2008，《安德鲁·卡内基思想与实践述评》，北京：中国社会科学出版社。

罗伯特·H.伯姆纳，2017，《捐赠：西方慈善公益文明史》，褚蓥译，北京：社会科学文献出版社。

马敏，2018，《近代儒商传统及其当代意义——以张謇和经元善为中心的考察》，《华中师范大学学报》（人文社会科学版）第2期。

南通市文联，1982，《南通纺织工人歌谣选》，南京：江苏人民出版社。

钱理群编选，2018，《志愿者文化丛书》，北京：生活·读书·新知三联书店。

乔治·恩德勒、刘妍、王伊璞，2014，《美国的慈善伦理与财富创造》，《上海师范大学学报》（哲学社会科学版）第1期。

汤可可、钱江，1997，《大生纱厂的资产，盈利和利润分配——中国近代企业史计量分析若干问题的探讨》，《中国经济史研究》第1期。

唐君，2008，《安德鲁·卡内基的慈善之路研究》，吉林大学硕士学位论文。

托马斯·皮凯蒂，2014，《二十一世纪资本论》，巴曙松译，北京：中信出版社。

王卫平、黄鸿山、曾桂林，2011，《中国慈善史纲》，北京：中国劳动社会保障出版社。

曾桂林，2011，《殊途同归善与人同：张謇与熊希龄慈善事业之比较》，《科学经济社会》第3期。

章开沅，2021，《张謇传》，杭州：浙江古籍出版社。

赵有梅，2005，《张謇慈善思想探析》，《南京林业大学学报》（人文社会科学版）第3期。

周秋光、李华文，2016，《达则兼济天下：试论张謇慈善公益事业》，《史学月刊》第11期。

周秋光主编，2013，《中国近代慈善事业研究》，天津：天津古籍出版社。

朱英，2000，《论张謇的慈善公益思想与活动》，《江汉论坛》第11期。

资中筠，2015，《财富的责任与资本主义变迁——美国百年公益的启示》，上海：上海三联书店。

Carnegie A. 1889. "The Best Fields for Philanthropy". *The North American Review* 149.

Carnegie A. 1906. "The Gospel of Wealth". *The North American Review* 183.

Harvey C, Maclean M, Gordon J, et al. 2011. "Andrew Carnegie and the Foundations of Contemporary Entrepreneurial Philanthropy". *Business History* 3.

钱芃希

"动情的观察者"：
在公益性养老机构中研究照护*

*本文系国家社会科学基金重大攻关课题"中国特色社会主义少数民族经济发展及其国际比较研究"（19ZDA172）、浙江敦和慈善基金会支持项目"敦和·菡萏行动-南开大学（2020-038）"的阶段性研究成果。

钱芃希，中山大学社会学与人类学学院博士研究生，主要研究方向为都市人类学。

摘　要：照护工作映射出宏观制度安排与个体生命历程之间的复杂联结，并构成了阶层、性/别、年龄等维度交织碰撞的研究空间。本文基于某公益性养老机构的照护民族志，以研究者本人的情感体验为线索，通过描摹"关注照护-走入照护-研究照护"的整体性历程进而省思了研究过程中的得与失。民族志研究有助于获取对照护工作的全貌性认识，尤其是捕捉其他研究取径所难以察觉的细节。但研究者在照护场域中的田野际遇，是客观环境、知识储备、情感体验，乃至偶然性事件等诸多要素综合作用的结果。其中，情感与田野工作在各阶段的交织互构，不仅深刻地影响着民族志研究的知识生产，同时也彰显出田野调查的多重可能性。

关键词：照护工作　情感劳动　田野调查　养老

自 20 世纪 80 年代的"写文化"思潮后，人类学乃至质性研究知识生产的后台逐渐被呈现，越来越多采用质性研究路径的学者在学术作品中重构了问题提出、研究开展、文本创作等环节的整体过程和具体细节，尤其是再现研究过程中的个体际遇与情绪感受。质性研究的独特魅力在于不可复制性，因为并不存在着固定不变的现实等待着研究者去发现，研究成果是研究者与研究对象持续互动衍生的产物。研究者所秉持的理论视角、兴趣偏好、学术训练乃至偶然经历，必然都会对知识生产的过程产生影响。通过田野调查历程的呈现，读者能够获知研究开展的整体过程，并更为直接地洞察到研究者的局限和不足，最终确保研究结论的"可信度"。正如潘绥铭等（2023）所说，定性调查所追求的"真实"有限，研究者的能力也非常有限，因此研究者所能做的就是呈现研究过程中的变通与失误，而后由同行来决定是否给予研究足够的认同。此外，这种反思还为后续的研究工作提供了前车之鉴，因为在这些由失败与缺憾构成的缝隙中，恰恰蕴藏着创见与开拓的可能性。

2022 年 7 月至 2023 年 2 月，围绕"照护工作中的情感劳动"议题，我在华北 T 市某公益性养老机构中开展了田野调查，并以此为基础完成了硕士毕业论文。如同照护工作一样，任何一段田野调查无法做到尽善尽美。无论研究者在进入田野前如何筹谋、在事中怎样构思，田野工作都难逃不完美的命运，研究者在事后都会遗憾懊悔。在此，本文基于这一田野调查经历，并以研究者本人的情感体验为线索，通过描摹"关注照护 – 走入照护 – 研究照护"的整体性历程——包括研究所涉及的田野点的特征、进入田野的方式、性 / 别身份对田野工作构成的影响、在田野中所生发的情绪、方法层面存在的疏漏之处等具体细节，省思了先期照护民族志研究过程中的得与失。

一　关注照护：从个体经历到研究议题

对养老机构一线工作者日常照护和情感劳动的关切，首先源自我的生活经历。我的外婆在退休后不幸罹患帕金森病，人体器官的自然衰老加之疾病对躯体的摧残，使得对她的照护工作变得异常艰辛。帕金森病人常有共济失调的身体症状，具体表现为站立不稳、身体歪斜、步态蹒跚等，这意味着病人在行走、如厕、入座、起身等日常活动中都需要有人从旁予以协助。对于老化身体的照料充斥着情感的疲惫与消耗，亦有衍生出暴力与怨怼的可能性（吴心越，2018），我的母亲也曾数次表露自己在照料过程中承受着艰辛与折磨。这不由得让我思考，照料亲人都不免面临如此沉重的情感负担，那么养老机构的工作者在面对与自己并无亲属关系联结的陌生人时，还会在日复一日的繁琐照料中如此隐忍与温情吗？

根据 2021 年公布的第七次全国人口普查数据，我国 60 岁及以上人口为 2.64 亿人，占全国总人口数的 18.70%，其中 65 岁及以上人口为 1.9 亿人，占全国总人口数的 13.50%；与第六次全国人口普查相比，所占比重分别上升 5.44 个百分点和 4.63 个百分点。[1] 老年人口规模庞大与老龄化进程明显加快已成为当代中国的基本国情。[2] 同时，当代中国家庭模式亦发生着变迁，具体表现为家庭规模缩小、双职工家庭增多、少子化趋势加剧等。加之随着国家在再生产领域的后撤所导致的公共照护体系式微（佟新，2017），个体家庭所承受的照护负担显著加重，多数城市家庭难以为需要长期照护的老年人群体提供足够的照护支持（梅笑、涂炯，2021）。在家庭照护面临困境之时，带有市场化色彩的老年照护服务逐渐走向前台，成为不可回避的社会现实。国务院《关于印发"十四五"国家老龄事业发展和养老服务体系规划的通知》中明确指出，"发展社区养老服务机构，支持建设专业化养老机构""支持社会力量建设专业化、规模化、医养结合能力突出的养老机构"。[3] 照护工作的市场化转向，一定程度上改善了公共照护体系资源匮乏的窘境，并满足了城市之中老年照护服务的刚性需求。

---

[1] 国家统计局:《第七次全国人口普查公报》，最后访问时间：2024 年 4 月 13 日，http://www.gov.cn/guoqing/2021-05/13/content_5606149.htm。

[2] 人民网:《国家统计局：60 岁及以上人口比重达 18.7% 老龄化进程明显加快》，最后访问时间：2024 年 4 月 13 日，http://finance.people.com.cn/n1/2021/0511/c1004-32100026.html。

[3] 国务院:《关于印发"十四五"国家老龄事业发展和养老服务体系规划的通知》，最后访问时间：2024 年 4 月 13 日，http://www.gov.cn/zhengce/content/2022-02/21/content_5674844.htm。

然而，有学者指出，市场化的照护实践会由满足需求变成追逐利益，加之照护者缺乏利他主义精神，市场化运作无疑会降低照护质量，无法满足被照护者的情感需求（Held，2002）。大众媒体上有关养老院虐待老人的新闻报道，更是进一步加深了人们对于养老机构的负面印象，甚至有报道直接将养老院与"老人的地狱"画上了等号。然而，在养老机构的宣传话语中，照护工作的从业者却以温情脉脉的面貌出现。几乎所有养老机构都宣称，自己能够"全方位地为老人提供生理、心理上的照护"，并比"家庭保姆更专业、更规范"。徘徊在"天使"与"魔鬼"的极端话语之间，养老机构一线工作者的日常照护、职业处境和情感体验都被遮蔽了。

个人生活经历、中国社会现实，以及多重话语之间的张力促使我将目光投向了照护工作，并最终将城市公益性养老机构照护者的情感劳动过程作为具体的研究对象。

二　走入照护

（一）作为"公益性养老机构"的同海养老院

研究所选取的田野点同海养老院位于北方 T 市。[1] 根据《2020 年第七次全国人口普查主要数据公报》显示，T 市 60 岁及以上人口为 300 万人，占全市人口的 21.66%，其中 65 岁及以上人口为 204 万人，占全市人口的 14.75%。与第六次全国人口普查相比，60 岁及以上人口的比重上升 8.64 个百分点，65 岁及以上人口的比重上升 6.23 个百分点。同时，T 市失能、半失能老年人占老年人口的比例约为 5.32%，已经进入人口老龄化加速期。截至 2021 年末，T 市老人食堂达到 1701 个，养老机构 396 家。老年日间照料服务中心（站）1357 个，床位数 1.4 万张。

同海养老院是 T 市同海老年公益基金会[2] 下属的养老机构之一，位于 T 市郊区，于 2018 年正式成立。同海基金会于 20 世纪 90 年代成立，是民间发起、社会捐助、市场运作的社会组织，不享受固定的政府财政划拨和补

---

[1]　基于研究伦理的考量，研究中所涉及地点、机构和人物皆以化名方式呈现。

[2]　以下简称"同海基金会"。

贴。同海基金会宣称自己恪守民间性、组织性、自治性、志愿性、公益性、非营利性和非宗教性等原则，"私立非私有"是核心特征，接受政府资助和社会捐助是主要替代性收益来源。同海养老院收住的老人普遍存在失智或失能[①]的身心障碍。

作为公共领域之中的特殊装置，养老机构的空间特征明显有别于私人领域的家屋。二者间的差异不仅体现在物理层面的空间构造，亦在于其间蕴含的角色类型、日常安排和秩序限定（吴心越，2020）。在预调研期间，我走访了T市不同类型、不同定位的养老机构，发现其空间特征千差万别，大致分为以下类型：以同海养老院为代表的民营机构兼具照护、康复治疗、老年社交等多重功能，除满足老年群体的基本照护需要外，还强调身体机能的训练与恢复，并通过公共活动空间的设计使得老年人在离家之后仍可参与社交活动；以购房为依托的老年公寓侧重营造熟悉的生活氛围，其场景布置与服务提供较为重视老年群体的自主性和隐私性；以临终关怀作为主要服务业务的机构，在空间特征上近乎医院，配有一定数量的专职医生与护士以应对院内的突发事件和老人离世的情况；公立养老机构则囿于运营成本和资金限制，条件普遍较为简陋，仅提供基础性照护服务。

选择T市的同海养老院作为田野调查地主要包含以下几方面原因。

一方面，T市是我国人口老龄化最为严重的一线城市，也是我国养老资源最为集中的地区之一。另一方面，同海养老院具有两个特殊性，这促使我想了解其护理员的照护工作和情感体验与其他养老院会有何不同。一是其反复强调的"非营利性的公益性质"。虽然同海养老院推行"使用者付费""差别取费"等方式以维持其日常运营，然而实际运作中却处处可见市场角色和公益角色之间的内在张力。同海养老院这一整体性困境无疑会对一线工作者的职业处境和情感劳动产生种种影响；二是其接收老人所处的失智/失能状态意味着照护者面临更为沉重的体力与精神负担，这恰恰使我更容易捕捉照护劳动中存在的困境，洞察护理员每天所面临的挣扎与挑战。选择这样一个

---

① 部分老人兼有两方面的问题。根据院方的分类，失智主要指患有阿尔茨海默病、缺血性脑卒中、唐氏综合征、帕金森病等病症；失能主要指失去独立行走能力，需要依靠轮椅、助行器等器械完成日常活动。

颇有"极端个案"意味的田野点，为我观察中国社会情境中情感劳动的多面性与复杂性提供了恰当的窗口。

此外，这也涉及田野进入的可行性。首先，我长期在 T 市学习，对这个城市比较熟悉；其次，在新冠疫情防控极为严格的前提下，在本市开展田野工作能够降低研究者经历隔离的风险；最后，更重要的是我可以在 T 市找到帮助我与养老机构负责人建立关系的中间人，这是进入养老院内部开展田野调查所必不可缺的条件。

（二）田野历程

2022 年 6 月，借助公益社会学的项目学习机会，我接触到一位长期从事公益研究的学者。在其引荐下，我结识了同海老年基金会的负责人方老师，由他推荐我以"实习生"的身份前往同海养老院开展研究。6 月底，在学校暂时解除疫情防控的封闭管理后，我来到同海养老院，进行了为期两天的预调研，其目的有二：一是快速扫描机构基本情况，对田野调查的具体开展方式进行构思；二是落实田野调查期间的食宿问题。

在预调研中，我注意到同海养老院与其他机构在组织安排上的两点不同：一是三班制的排班；二是内部人员的分工。出于节省成本的需要，养老机构通常是两班制轮转，每班工作 12 小时。护理员需兼顾照护、保洁、做饭、康复活动安排等多项任务。而同海养老院每天由三班工作人员轮转，每班工作 8 小时，且内部人员各有分工，有专人负责环境保洁、身体康复训练、家属接待、费用收取等工作。

2022 年 7 月，我正式来到同海养老院。在我开展田野工作的期间，T 市某区内出现了疫情报告。依据上级民政部门的管理要求，同海养老院强化了疫情防控的各项管理规定，实行"不出不进"的封闭管理方式，所有工作人员原则上只能在院内活动。经过方老师和院长彭女士的协调，我到机构一楼的空置房间住宿，这一安排既为全时段的参与观察提供了便利，又免除了机构封闭管理所造成的出入不便。

8 月初，我因应学校安排，离开同海养老院前往云南开展短期调研。原本计划在调研结束后，就返回同海养老院继续开展田野工作。然而，8 月中旬 T 市却又一次出现了疫情报告，在此形势下，同海养老院的管理更为严格。当与基金会负责人方老师取得联系后，他告诉我，如果选择进入田野，就必须要成日待在养老院内，不能再随意出入机构。考虑到在校内还有未完成的课业，我只得暂时放弃了进入田野中开展参与观察的构想，而是通过微信聊天、电话和视频等方式对护理员开展深度访谈。

2022 年 12 月末，疫情防控政策调整。在民政部门的许可下，出入机构的管理规定有所放松。但由于我所在的高校已经出现感染者，自己贸然回到养老院可能会给老人带来生命健康威胁，我只得再度放弃了进入田野的计划。

2023 年 2 月初，当我再次进入机构时，却发现已经物是人非。一方面，机构中原有的护理员有人离职；另一方面，机构中一些我接触过的老人已经离世。在完成资料的补充工作后，我在 2 月中旬离开了同海养老院返回学校。自此，我的第二段田野调查结束。

（三）进入角度：自上而下

当第一次接触护理员时，我惊讶地发现她们并不意外于我的到来。经过询问得知，在我抵达田野点之前，基金会负责人就已经同机构负责人和护理员们"打过招呼"。一方面，我向院方提供的个人简历和学校开具的两份介绍信被直接发送到机构员工群；另一方面，方老师嘱托院长彭女士妥善安排我在机构实习期间的食宿问题。这种自上而下进入田野点的方式，对于研究的开展是一把双刃剑。

首先，依循上级领导介绍进入田野点，极大程度地减少了建立关系所需的精力和成本。尤其是对于养老院这样一种高度性别化又较为封闭①的机构而言，如若缺少一定的机缘，很难在其中开展调查。其次，基金会负责人方老师和院长彭女士都是机构之中掌握重要信息的"关键报道人"，我在同他们接洽相处过程中了解了机构运作的诸多细节，例如同海养老院的收费方

---

① 同海基金会下属各养老机构的工作人员皆由总部招聘和委派，并不单独开展招聘；而在预调研期间，我所走访的其他机构负责人表示他们更偏好社会工作、护理、康复医学等背景的应聘者。因此，如果没有熟人的引荐和方老师的允许，我进入养老院开展田野工作的可能性极低。

式、运营模式、招聘偏好、管理规定等。纵然部分工作时间较长的护理员们对以上情况也有所了解，但管理方与劳动者的不同身份角色往往会导向差异化的理解。最后，对于养老院、福利院、保育院这类机构的田野调查是一个"打开黑箱"的过程。若无负责人的首肯便在机构中开展研究，研究者必然会招惹相当程度的麻烦，使其本人陷入困境。此外，需要注意的是，进行田野调查的时间阶段正好是新冠疫情防控规定最为严格的时候。Ｔ市民政部门对于养老机构的严格管理，也意味着外来者（outsider）不通过自上而下的方式很难走进这一特殊的空间范围。[①]

但是，这一研究位置所内含的局限性却不能被忽视。无论院长彭女士、社工孙小姐还是各位护理员，在与我尚未熟识的情况下，都在一定程度上将我当成了基金会负责人派到机构监督工作的"间谍"，担心我会将她们的疏漏之处往上汇报。一句"这是方老师介绍过来的小钱"，其实拉远了我们之间的心理距离。因为不确定我是否会向方老师"打小报告"，她们难以向我袒露照护工作的个中滋味，这反而使我需要更为深入地思考如何让她们卸下心防、真正接纳我的存在。

所以，在进入田野的最初阶段，我放弃了开展深度访谈的安排，而是把时间精力主要用在完成院方交付的任务上，即"别想那么多，让我干什么我就干什么"。每天清晨起床后，我就跟着护理员们一起照看老人。在共同劳动的过程中，我希望最大程度地表露我的善意与真诚，进而得到她们的信任。一段时间后，护理员们见我一脸学生气且不像是会"打小报告"的人，便"习惯"了我的存在。

总的来说，这种自上而下的方式，或许能在找寻田野点和进入田野两个环节带来极大的便利。但随着研究的深入，田野工作者仍然需要摸索如何与研究对象建立起良好的关系，并在人际交往和人情往来中感知着"酸甜苦辣咸"。

[①] 然而，2022年8月返回Ｔ市后未能进入田野的经历也证明，在上级管理部门面前，机构负责人能发挥的作用是有限的。

三　研究照护："同吃同住同劳动"

（一）如何参与？观察什么？

如前所述，我经院方领导许可，以实习生的身份跟随接触护理员展开观察活动。由于机构两层楼存在着空间区隔及照护群体差异（机构一楼主要收住失智特征较为明显的老人，机构二楼则主要收住失能状态更为突出的老人），在参与观察的第一阶段，我每日 8~13 点在机构一楼跟随护理员活动，14~20 点在机构二楼跟随护理员活动。这么做的目的在于对失能照护与失智照护的工作内容进行比较，捕捉面对不同照护对象时，护理员们情感劳动状态的同与异，相对固定的时段也有助于和护理员们拉近距离。在参与观察的第二阶段，我按照早班、中班、晚班的次序跟随护理员活动。对三班工作内容的细致比较，有助于从整体性视角感知一线护理员情感劳动的状态，并记录不同阶段护理员们情感体验的细微变化。

在参与观察阶段，我重点记录了以下三方面的内容：一是护理员与老人互动时的肢体动作、面部表情、语言表达、情绪状态等内容，尤其是注意面对擦洗老人隐私部位、处理排泄物和换尿袋等"肮脏工作"时的情绪反应；二是护理员面对机构管理方巡视时的情绪表达与话语使用；三是护理员闲暇交流时的情绪传递与话语使用，这是护理员相对"放松"的状态，即戈夫曼所言"自我呈现的后台"（戈夫曼，2016）。

我亦获准参与护理员的每周工作例会，记录院方对护理员的工作要求、机构负责人对每周工作的总结与反思、护理员代表发言等内容。此外，我还进入到院方建立的家属联络群，观察机构管理方、住院老人家属与护理员的线上互动。

在参与观察时，我先将观察到的内容在合适的时间，用手机记事本进行"关键词"式的快速记录。待到空闲时间，结合脑海记忆与文字记录，我在电脑上将这些关键词补充连缀成完整的句段，并利用文档的审阅功能对疑问之处进行标注，以在后续的参与观察和深度访谈中寻求解释。当反思这一记录方式时，我意识到事后的补充其实需要依靠极强的记忆力，否则必然会错

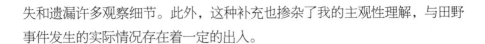

失和遗漏许多观察细节。此外，这种补充也掺杂了我的主观性理解，与田野事件发生的实际情况存在着一定的出入。

（二）如何访谈？

探究养老机构一线工作者的情感劳动意味着走进她们的生活世界，从主位（emic）与客位（etic）的双重视角去观察和思索该群体在日常工作中的情感体验。

对于这一研究而言，访谈是极为重要的资料来源，访谈工作需建立在持续性的参与观察基础上，并同参与观察的结果相互佐证。而深度访谈的开展仰赖于与访谈对象之间所建立的良好关系。因此，在研究的开始阶段，我是以闲聊式的方式获取信息。① 在闲聊时，我的信息记录方式与参与观察阶段大致相同，即先写下"关键词"，然后在事后结合录音或者回忆进行补充完善。机构的封闭管理使得大多数护理员都滞留于院内，生活空间与工作空间的高度重叠，为我的深度访谈提供了契机。

我原本的计划是，在田野工作开始一段时间后，利用护理员的休息时间，围绕提纲开展面对面的深度访谈，其内容主要包括个人基本信息、家庭背景、工作体验、自我身份认同等方面的内容。然而，大部分护理员在结束工作后都只想赶紧回到房间休息，实在没有多余的心力与我交谈上述内容。因此，我的访谈计划被大部分护理员拒绝了，只有几位关系相熟的护理员接受了我的访谈。这就意味着我所收集的访谈资料存在一定的片面性和偏好性。每次访谈时间在半小时到一小时之间不等，期间会因为护理员起身照看老人或者其他护理员的插话而中断，需要就某一问题重新提问。此外，我较为生涩的访谈技巧也在一定程度上阻碍了深度访谈的推进。

每次在访谈开始前，我都同护理员坦陈自己的研究目的，用较为平白易懂的语言描述我的研究问题，并就隐私信息保密进行承诺。我也特意询问了访谈对象是否允许录音，如果允许，我就使用手机进行录音，在空闲时予以转录；如果护理员拒绝，我则是使用纸笔进行关键词式的速写，在过后结合

---

① 在后期整理田野笔记的过程中，我意识到在"闲聊"时所获得的信息其实远远超过正式访谈所能获取的信息。

回忆进行补充完善。

此外，需要注意的一点是，研究中所有面对面的访谈都是在同海养老院中进行，护理员们、机构管理方与我共处在一个空间内，因此护理员的坦诚程度较为有限。因此，我与大部分护理员成了微信好友，通过文字、视频和语音等方式进行了后续的线上访谈。在后期因为疫情防控而无法进入田野时，这种线上访谈成了我主要的资料收集方式。

（三）当男性走进照护

同海养老院是高度性别化的机构，所有工作人员皆为女性。当一个年轻男性出现在养老院中并参与护理员的日常劳动时，总显得有些"突兀"，甚至有护理员表示不解，直接说道"你一个男孩子来这能干吗""这不是男人干的活"。而在将照护作为研究议题的社会学和人类学学者中，也是女性占据多数。无论是实际的照护场景还是知识生产的学术场域，男性似乎显得格格不入。从确定选题之初到离开田野后的整个过程里，我都在思索性/别身份与研究开展二者间的关系。

在刚刚进入田野时，我的男性身份对参与观察的开展确实构成了一种阻碍。一方面，我难以切身观察护理员与女性老人之间的互动情境。例如，某次当我试图随护理员进入老人的房间，从旁观察和记录护理员与老人的互动过程时，屋内居住的女性老人突然疾呼"男同志出去"。我只得赶忙道歉，然后尴尬地退到屋外。彼时的我未能充分意识到，这些入住老人纵然存在身/心方面的障碍，但绝非完全丧失了性别意识。我在女性老人更衣的时候未经许可就莽撞地闯入屋中，对于她们而言是种冒犯。另一方面，无论院长彭女士或是护理员都认为我难以胜任甚至并不了解照护工作，所以不会给我分配任何实质性的照护任务。当我试图谈论同照护相关的内容时，也总会被以"打哈哈"的形式糊弄过去。

因此，在开展田野调查的期间我一直试图打破机构成员所秉持的性/别偏见——"男人干不了照护"。无论是常规性的喂饭喂水、协助翻身，还是需要打破身体界限的脱衣、如厕与洗澡，我都积极参与各类工作。这确实有助于拉近与身为女性的护理员之间的距离。在进入田野一段时间后，无论是机构管理方或是护理员们都极少再提及我的性／别，她们也会主动交付我一些具体的照护任务，例如要求我为老人洗澡更衣。[①] 在闲暇时，她们还会同我分享机构内部的"八卦"，例如某位护理员的家庭故事、基金会内部的"桃色"往事、院内老人之间的"爱恨纠葛"等。

人们所秉持的与性／别相关的许多观念，常常是基于刻板印象而生的偏见，而非真正源于生理基础之上的差异。如果能够以实际行动扭转研究对象对性／别身份的固有认知，田野工作者依旧可以从局外人成为局内人，性／别身份并不一定会构成研究的严重障碍。而性／别身份造成的资料获取限制，研究者也可以通过长时间的田野调查和多渠道的信息收集予以弥补。在性／别议题越发被身份政治所绑架的当下，尤其应该警惕"只有同类人才能研究同类人"这种本质化的认识（黄盈盈，2016）。能否跨越与研究对象之间的边界，[②] 既取决于研究者对研究对象的移情理解，更仰赖研究者的知识积累、田野经验与学术训练。若满足了态度与能力的双重条件，纵使生活经历千差万别、所处位置大相径庭，研究者仍然可以真正走进所谓"他／她者的世界"。

（四）与情绪共舞

对于将"情感体验"作为重要内容的本研究而言，我在田野调查过程中所生发的情绪／情感是不可回避的。

首先，任何学者都无法做到绝对的价值中立。我认为韦伯意义上的"价值中立"只是对研究（者）理想化的期待。无论是问题意识的萌发、观察分析的展开还是学术成果的书写，研究者都难以避免受到自身情感的影响。我在照护亲人过程中的情感体验恰好构成了问题意识产生的起点，这也是一个自我和理论碰撞的过程。

其次，具体到研究的关切对象——照护者，我既是局外人，也算是局内人。一方面，我曾经照护亲人的经历为我理解她们的现实处境提供了便利。

[①] 值得一提的是，这些由我负责洗澡更衣的老人依然是男性。

[②] 黄盈盈（2016）将田野的边界划分为三个层次：身体／物理边界、心理边界（信任感和心理距离）、文化边界（对某种文化的感知与理解能力）。

这点共通之处使我具备了一定的照护技能，因而在参与实践时较易上手。而那些相似的情感体验也使得我能够更加深入地感知她们的生活世界，情感在此作为"我"——研究者游走于他／她者与自我之间的有效媒介（宋红娟，2014）。在田野调查期间，我深切地体会到照护老人所意味的身体疲惫与情感耗竭。结束每天的照护工作后，我大可安然入睡以待天明，不写田野笔记对我的整体生活并不会构成太大影响。对于机构的护理员而言，她们下班回家后还需面对繁杂的家庭事务，离开养老院不过是第一轮班的结束，留待她们的是以维持家庭生活为核心的"第二轮班"。

另一方面，我虽然已经尽力走入"他／她者的世界"，但必须承认护理员与我之间的边界依旧清晰可辨。这意味着在日常照护中遭遇突发情况时，我们对于情绪的处理方式可能截然相对。例如，当护理员与照护对象发生冲突时，她们会下意识选择隐忍以避免冲突，因为一旦老人或家属事后投诉，护理员很大程度上会受到处罚。对此我则较少顾虑，我既不需要机构发放工资，我的年龄[①]和身份也为我提供了保护。在老人辱骂我时，我可以直接表露不满并退出照护工作。这种情绪处理方式上的差异，恰恰映射照护者"别无选择"的现实境遇。

最后，我想强调的是，进入田野点并不意味着研究者就此进入了与日常生活截然不同的状态，能够完全超脱那些纠缠自我的烦恼和心绪。相反，原有的困窘或压力会被带进田野并最终构成研究的一部分。在研究推进的各个环节，个人情绪一直如影随形，随着我在理论观点与现实图景、材料整理与论文写作之间穿梭往返。当每天目睹老人因失智／失能而被迫将隐私部位曝露于陌生人眼前时，我不由得生发出对疾病和衰老的深切恐惧；当听到老人子女与住院老人因经济纠纷而将其"遗弃"在养老院的传言时，我也忍不住思考家庭与亲情的意义；当面对那些身体状况与我的外婆相似的老人时，我总会为自己未能在亲人生前给予她更多关爱而无限自责；同那些年龄与我的母亲相仿的护理员一起工作时，我也更加深切地体会到母亲当年的处境，并后悔曾经未能及时分担她所肩负的照护重担。在一些老人离世后，我更是鼓

---

① 例如，当我无法忍受一位老人的辱骂而与之产生言语冲突时，随即有护理员向那位老人解释，"这是小孩，20多岁的年轻人，你别和他计较"。

足勇气才敢重新进入这物是人非之地。因此，在最终的研究成果中照护工作似乎是以灰暗的色调出现，难以让人感知到照护蕴含的积极意义，这与我在研究过程中所带入的个人情感密不可分。

四　回望田野

受制于疫情防控和学制规定，我实际参与观察时间远远达不到开展一年时间以上田野调查的民族志研究惯例，这不仅意味着田野调查的深度较为有限，也导致最终研究结论可能存在欠缺。

例如，机构民族志的要点在于揭示宏观社会结构与微观互动情境之间的转译机制。但我的研究中，更多将重点放在了阶层、性/别和年龄这类宏观层面要素与微观情境的人际互动，而未能清晰地呈现中观组织层面的作用。此外，我所秉持的主位视角主要集中在护理员身上，一定程度忽视了入院老人、家属和院方的声音和立场，这造成了声道的单一和视角的局限。在反复阅读研究成果的过程中，我也意识到机构负责人竟被我写成了"面目可憎"的模样。

一方面，任何人的行动逻辑都必须从其身处的情境和被赋予的角色出发进行理解。在给定的角色位置上，个体的选择常常受制于外部性的机制，所以不应将彭女士在管理过程中的不当之处简单归因于人性之恶，而要意识到这是因为机构规则设计的不合理与养老服务的市场化运作。事实上，彭女士时常自掏腰包为院内的一部分老人购置衣物，她与护理员之间的关系也绝非水火不容。

另一方面，研究对象的限定、自身所处的研究位置、客观条件的限制致使我未能将机构内其他主体的主位观点纳入最终的研究成果当中。第一，我在田野中被给定的角色，使得我与护理员以外的驻院社工、驻院护士和康复训练师之间的接触机会相对有限，难以进行细致的参与观察或深度访谈。这种"路径依赖"和"研究便利性"使我倾向于从护理员处获取资料，而未能充分听取其他岗位劳动者的声音。此外，在尚未与院内社工、康复训练师、护士和文员等人建立良好关系的情况下，我就已经丧失了进入田野的机会。第二，在田野调查中我也试图对失智／失能老人进行访谈，却发现效果不佳。大部分老人都已经失去了我所能够理解的 ^{①} 语言表达能力和叙事完整性，我难以在这些零碎的、重复的话语中拼凑出完整的意义。这不由得让我思考，如何在类似议题的研究中更为清晰地呈现失智／失能老人的主体性？有学者指出，失智症老人会通过取绰号的方式应对具体对象，或是用轻松的表情向来访者示意心情的愉悦（朱剑峰，2021），这些琐碎细微的肢体动作需要研究者在长期的照护实践中予以捕捉和理解。第三我虽然进入到机构创建的家属微信群中，但缺乏与家属取得联系的契机。一方面，由于机构的防疫规定再加上许多人身处外地，大部分家属都未能在我做田野的期间前往机构探视老人，他们主要是通过院长和社工每日发送到群里的图片了解老人的情况；另一方面，老人们之所以住进同海养老院，有的是因为子女不愿或者无法应付其身／心障碍，有的则是与子女产生纠纷、家庭关系破裂。这部分家属能按时给老人缴费已实属不易，怎还愿去关心那些护理员在照护过程中的情感？主客观因素之下家属在养老机构中的缺席，使得我在研究中极难建立与他们的联系。

上述情况既与我缺乏田野调查经验息息相关，也是特殊历史时期的产物。新冠疫情的发生，致使每一个将田野调查作为安身立命之本的研究者都栖身于风险之下。一方面，疫病的扩散和传播意味着研究者无法确保自己在田野过程中能够安然无恙；另一方面，在疫情防控的相关规定面前，民族志这种极为强调"亲临现场"的研究取径呈现巨大的局限性。身处高校或科研院所中的研究者其活动范围受到一定限制，而田野点也迫于形势要求，难以在缺乏安全保障的情况下向研究者开放边界。特别是养老院、幼儿园、医院这类机构接纳外来的研究者需要极大勇气，因为其中主要生活的人群健康状况较为"脆弱"。如若类似的情境再度重现，当田野点的物理边界被极度强化，我们这些极为看重"参与观察"的田野工作者应该如何开展研究？这同

---

① 需要注意的是，这并不意味着老人真正丧失了语言表达能力。如同学龄前儿童会通过"咿咿呀呀"的方式向外界传递信息一样，失智／失能老人们也有着自己的叙事和表达方式。"对老人认知和语言能力的解构，往往伴随着疾病的建构"，这是对老人主体性的消解，否定了他们作为"人"的资格（参见朱剑峰，2021）。

时也牵涉到伦理层面的考量，当进入田野会为其中生活的人们甚至研究者本人带来风险时，我们应当如何抉择？

五　结语

民族志的研究取径强调研究者的参与观察，并从局内人（insider）的视角审视照护工作和照护者的情感劳动。对照护工作各环节的深描有助于获取对照护劳动的全貌性认识，尤其是捕捉其余研究取径所难以察觉的细节。而研究者在照护场域中的田野际遇，是客观环境、知识储备、情感体验乃至偶然性事件等诸多要素综合作用的结果。其中，情感与田野工作在各阶段的交织互构，不仅深刻地影响着民族志研究的知识生产，同时也彰显出田野调查的多重可能性。在同海养老院的田野调查已经告一段落，但当我回眸这段经历时，仍有许多新问题在脑海中不断涌现。

首先，作为非营利性机构，同海养老院的组织规则设定、管理制度安排、激励方式构建等要素，与公立机构或是商业性质的机构存在何种不同？其独特的组织特征对于机构的日常运作会产生哪些影响？对于老年照护服务的优质供给而言，公益性养老机构的运作图景产生哪些启示？对上述问题的回答，亟待对不同类型的养老机构开展对比研究，同时也需要从机构之中不同主体的视角出发进行观察。

其次，入院老人多患有慢性疾病，患病事实不仅使他们陷入了漫长的痛苦之中，也对家属的日常生活造成了破坏。然而，涉及慢性病与患病家庭的人类学研究，多将患者本人的疾痛体验作为核心进行论述，慢性病患者家属却总是以边缘化的形式存在。这不仅掩盖了病患家属主体经历的多元呈现，也欠缺对当代中国家庭疾病应对逻辑和策略的关注。

最后，"研究者能为这些照护者做什么"这一问题仍在困扰着我，这使我在面对那些护理员时感到无比惭愧。正是因为她们的接纳，我才能够写完论文并拿到学位。但是，我应该如何回馈她们所给予的帮助？我的研究能否对她们生活处境的改善产生实际效用呢？更往前一步，人类学者在田野调查中究竟应该扮演怎样的角色？人类学的知识生产应该如何真正助力现实生活的改变？对于照护工作而言，民族志的书写理应向公众展现照护者日常劳动所蕴含的巨大价值，并找寻能够切实改善照护者与照护对象生存境遇的可行路径，从而实现民族志"公共性"的自我期许。

参考文献

黄盈盈，2016，《大时代与小田野——社会变迁背景下红灯区研究进入方式的"变"与"不变"（1999—2015）》，《开放时代》第 3 期。

梅笑，涂炯，2021，《效率与温情：大病照护中的情感劳动何以可能》，《妇女研究论丛》第 3 期。

欧文·戈夫曼，2016，《日常生活中的自我呈现》，冯钢译，北京：北京大学出版社。

潘绥铭，黄盈盈，王东，2023，《论方法：社会学调查的本土实践与升华》，北京：世界图书出版有限公司北京分公司。

宋红娟，2014，《西方情感人类学研究述评》，《国外社会科学》第 4 期。

佟新，2017，《照料劳动与性别化的劳动政体》，《江苏社会科学》第 3 期。

吴心越，2018，《"脆弱"的照护：中国养老院中的身体、情感与伦理困境》，《台湾社会研究季刊》总第 110 期。

吴心越，2020，《薄暮时分：一个中国养老院的民族志研究》，台湾东海大学社会学研究所博士学位论文。

朱剑峰，2021，《医学人类学十二论》，上海：上海教育出版社。

Virginia Held. 2002. "Care and the Extension of Markets". *Hypatia* 2.

运动筹款目标何以达成？*

——基于 MPS 班暴走筹款的行动研究

孔德洁

摘　要： 运动筹款是公益机构以运动类项目为载体，组织支持者参与并依托熟人网络支持公益事业的一种筹款方式。然而，学界对公益组织是如何通过运动筹款实现筹款目标却鲜有关注。本研究通过对 S 机构参与"一个鸡蛋的暴走"运动筹款活动实施行动研究，揭示在集体情境下公益组织开展运动筹款的行动过程及动力逻辑。研究发现：公益组织运动筹款目标达成取决于合理的目标设定和策略执行，还与参与者认知、资源获取及社交网络的深度嵌入紧密相关；劝募者在熟人劝募情境中或面临社交压力，但参与劝募仍带来积极心理体验。本研究通过总结具体的干预行动助推运动筹款目标达成，为公益组织开展运动筹款提供了理论支撑与经验证据。

关键词： 运动筹款　公益徒步　募捐　行动研究法

* 本研究得到国家资助博士后研究人员计划（GZC20230837）的资助。感谢朱健刚教授和匿名审稿专家的意见。

孔德洁，华南理工大学公共管理学院博士后，主要研究方向为慈善募捐、慈善心理。

一 问题的提出

运动筹款是公益组织以运动类项目为载体，组织支持者参与并进行筹募，参与者以筹款人身份向熟人社群募集捐款以支持公益事业的一种筹款方式。[①] 近年来，在体育强国和第三次分配的背景下，运动筹款在国内日益流行。许多公募机构纷纷打造运动筹款品牌项目，形成了一系列口碑良好的体育慈善活动，如中国乡村发展基金会的"善行者"、上海联劝公益基金会的"一个鸡蛋的暴走"等。体育慈善活动不仅成功吸引了公众的广泛参与，筹集了宝贵的慈善资源，还倡导了健康的生活方式，并提高了公众对慈善事业的认识（王盈盈等，2021）。对公益组织而言，运动筹款不仅是一种有效的资金募集手段，更是加强品牌形象、团结社群成员、扩大社会影响力的途径。然而，实践中公益组织在倡导和筹款方面的能力参差不齐，这直接影响了体育慈善活动的成效。因此，深入研究如何高效开展运动筹款活动，对于提升公益组织公众倡导和筹款效率具有重要意义。

现有关于体育慈善的研究多集中于运动筹款的参与者，而对于公益组织在筹款过程中的角色和策略探讨较少。国外学者们通过研究参与者的动机、行为和体验，以及这些因素如何影响他们自身和慈善机构，揭示了文化、社会和心理因素在运动筹款中的重要作用（参见 Filo et al., 2011; Inoue et al., 2018; Filo et al. 2020）。这些研究不仅确认了运动筹款在吸引公众参与慈善事业方面的优势，也提示我们需要更深入地了解公益组织如何优化参与者的体验并有效实现筹款目标。

鉴于此，本研究聚焦于一家民间公益组织 S 机构参与"一个鸡蛋的暴走"活动的实例，旨在回答以下三个核心问题：①在集体行动情境下，运动筹款参与者的角色及其动力逻辑是什么？②运动筹款参与者在募捐中面临哪些挑战？③运动筹款的经历如何为参与者带来积极的心理效应？采用行动研究方法，本文对公益组织在运动筹款中达成目标的动态过程进行了分析，探

---

① 鲁书成：《承诺和一致性在公益筹款中的运用》，最后访问日期：2024 年 1 月 28 日，https://mp.weixin.qq.com/s/kaoJFjyTcVnkL2uQwWENzA。

究公益组织在运动筹款中的目标达成机制，描绘参与者的心理体验，并为公益组织开展运动筹款提出对策建议。

二 文献回顾与分析框架

（一）文献回顾

在健康主义和新自由主义的背景下，运动慈善成为独特的社会、健康和慈善现象。"运动慈善"代表了一种新的捐赠形式，其中健身表现越来越多地与公民参与和成为"好人"产生关联（Palmer & Dwyer, 2020）。运动筹款的文化根源可追溯到 19 世纪中期西方社会流行的强身派基督教（Muscular Christianity）运动（Meyer & Meyer, 2017）。这一运动主张通过强健身体来行善（Hughes, 1861），崇尚的核心意识形态是男子气概、道德和健康，并注重社会变革（Ladd & Mathisen, 1999）。从更广泛的意义上说，强身派基督教认为上帝赋予的身体应用于道德目的，强调将强健的身体用于行善，而不是自私或自恋的目的。这一理念逐渐演变成一种社会神学运动和意识形态，塑造了现代体育的特征（Parker & Watson, 2014），使运动成为一种普遍接受的社会活动，体现了文化道德价值观（Hoffman, 2014）。

中国的运动筹款起步较晚，有人认为随着近代体育和慈善事业的发展，体育慈善在上海"孤岛"时期已出现，租界是当时唯一尚有体育赛事的"绿洲"，慈善赛频繁举行。由于兼具竞技性、娱乐性和慈善性，体育慈善赛受到上海市民欢迎，成为上海体育文化的重要组成部分（胡水玉，2022）。经过一个世纪的发展，在第三次分配的背景下，我国体育慈善兴起并成为第三次分配中促进社会财富转移、放大慈善事业价值的实现形式之一，有助于增加社会的凝聚力，也有利于促进人的精神境界和道德水平提升（陈林华、王学燕，2022）。

近年来，国外学者对个人参与运动筹款的动机、劝募体验及心理影响进行了较为深入的研究。在运动筹款的参与动机方面，研究发现个人参与运动筹款主要受到运动休闲、个人挑战、社交、利他与慈善精神，以及对体育慈善赛事的喜爱等因素驱动。首先，运动挑战对参与者具有强烈的吸引力，他们希望通过参与慈善体育赛事来挑战自我、提升身体素质或展示自己的运动才能（Taylor & Shanka, 2008）。这种动机源于对体育运动的热爱和追求，以及对个人成就感的渴望（Rundio et al., 2014）。其次，慈善体育赛事为参与者提供了一个独特的社交场合，满足他们的社交需求，使他们能够与志同道合的人建立或深化关系，加深友谊。此外，运动筹款活动创造了一种增强集体凝聚力的场域，参与者通过共同经历挑战、达成团队目标，获得归属感和认同感（Filo et al., 2018）。另外，人们希望通过自己的努力和行动，为需要帮助的人们提供支持和资源，改善他们的生活状况。这种利他精神源于人类的同情心和社会责任感，是推动人们参与公益活动的重要力量（Won et al., 2010）。许多参与者因为关心运动筹款活动所关注的社会议题和相关弱势群体的福祉而参与慈善体育赛事。最后，独特的慈善体育赛事主题会对参与者产生公益参与和体育运动的双重激励（Filo et al., 2009），独特的主题活动可以加强活动对参与者的意义，并有可能加深参与者与事业的联系（Filo et al., 2014）。因此，为吸引参与者通过参加赛事表达自己的特性（Snelgrove et al., 2013），一些活动将其独特的元素体现在主题 T 恤、吉祥物等上。

在运动筹款过程体验方面，有研究者认为，体育慈善出现时，消费者态度已经转向提高道德、社会和精神敏感性（Ebenkamp & Stark, 1999），物质财富对消费者来说已经变得不那么重要了，而归属感、自尊和自我实现的需求却越来越重要（Pringle & Thompson, 1999）。Won 等人（2010）通过访谈和问卷调研发现，运动筹款参与者的参与动机与参与意愿及满意度显著相关。Filo 等人（2009）研究了参与运动筹款中体验，发现参与者体验到的同伴情谊、对慈善事业的热忱支持和胜任感加深了人们参与运动筹款的意义。Filo 等人（2011）比较了参与强调善因的运动筹款挑战和参与普通半程马拉松赛事的参与者动机之间的差异，发现慈善动机对强调善因的慈善体育赛事的贡献更大，而娱乐动机对普通半程马拉松赛事的贡献更大。相比于一般体育赛事的参与者，慈善体育赛事的参与者更有可能从个人的参与经历中获益，从而参与善因相关的社群的意愿越高，个人捐赠意愿也越强（Mayer & Mayer, 2017）。

在运动筹款中的劝募方面，研究发现募捐作为慈善体育赛事参与的一部分，常常是一项涉及复杂心理活动的任务。Oreg 等人（2021）的研究表明，参与慈善体育赛事往往带有较为复杂的情感，一方面他们希望参与运动挑战并以此支持善因，但与此同时，人们作为劝募者和捐赠者内心中依然存在矛盾心理。运动筹款的参与者在筹款上面临四个方面的制约：潜在捐赠者缺乏接受能力，感觉潜在捐赠者缺钱，提出劝募请求时感到难为情，以及劝募时间不足等（Filo et al., 2020）。

此外，还有学者从积极心理学视角考察了运动筹款带给参与者的积极心理体验。运动筹款提供了参与体育运动、克服身体挑战的机会，同时支持公益事业并实现筹款目标，让参与者共同经历、分享经验。区别于传统市场交换式的筹款产品，运动筹款身体力行、挑战自我的部分具有享乐价值，为参与者带来更多福祉，是吸引公众参与和劝募的重要原因（Peloza & Hassay, 2007）。Filo 和 Coghlan（2016）发现，运动筹款参与者对自己的这段经历往往饱含情感，体验到感激、欣赏、希望、鼓舞、骄傲、宽慰、幸福感等积极情绪，有强烈的参与感并沉浸其中，并在与他人的互动中感受到集体的团结、与朋友之间关系的建立或加强。然而，这些研究虽有助于理解公益机构通过运动筹款进行倡导动员和劝募行为，但当前公益组织开展运动筹款的过程机制仍是"黑箱"，亟待进一步解释。

为此本文聚焦公益组织运动筹款的过程机制，以行动研究的方法考察在集体行动情境下运动筹款参与者的动力逻辑、募捐中面临的挑战与心理影响。这样的探索工作有助于打开公益组织运动筹款的"黑箱"，捕捉影响运动筹款成效的关键因素及参与者之间的互动关系，进而形成对公益组织筹款行为作用效果的理论增益。

（二）分析框架

运动筹款涉及公益组织动员其支持者参与慈善体育赛事，身体力行完成个人或团队挑战，并向参与者的熟人社交圈进行劝募等行为。这些行为主要通过参与者在其社会关系中有目的的行动来实现。按照格兰诺维特对"嵌入性理论"的阐释，人类的目的性行动总是嵌入在现实社会关系系统中，以个人主观目标为导向，追求多重目标的实现（Granovetter, 1985）。因此，在分析行动逻辑时，需要全面理解行动者的角色和社会关系等，同时考虑内在动机和外部资源，以解释其在经济背景下的行为。

嵌入性理论为研究者提供了一个有益的框架，帮助理解公益组织参与运动筹款并实现筹款目标过程中的机制及对参与者心理的影响。基于现有文献的启示，运动筹款目标的达成需要经历一个过程，除了确立合理的筹款目标、制定完善的筹款策略并有效执行外，动员支持者参与运动筹款活动是至关重要的。在这一动员过程中，参与者的认知嵌入、资源嵌入和关系嵌入三个维度共同影响着运动筹款参与者的筹款行动和筹款效果。基于此，本文构建了"认知－资源－关系"的嵌入性运动筹款分析框架（见图1）。

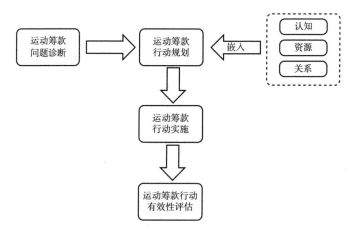

图1　运动筹款目标达成的过程分析框架

具体来讲，认知嵌入涉及参与者对公益组织发起的运动筹款项目本身和个人的理解与价值判断。运动筹款活动通常由公益组织主导，具有明确的筹款目的和紧迫的筹款期限，因此参与者必须清晰地认同项目角色，以有效参与和劝募。此外，运动筹款活动往往涉及个人挑战和未知元素，不仅考验个体体能和信心也涉及参与者对所支持公益事业以及亲友支持。在运动筹款活动中，参与者需要清晰认知自身的角色和能力，明确参与方式（是作为参与者完成徒步挑战，还是作为支持者为参与者加油助威，或通过转发支持筹款活动）。参与者对项目角色的认同将直接影响其具体参与方式和劝募效果，进而影响劝募成果。

资源嵌入涉及参与者个人资源（如资金、时间、社会网络等方面）的充足程度，也包括公益组织资源（如品牌、声誉、资金、人力）的充足程度。资源丰富的参与者或公益组织通常能更好地应对筹款活动中的挑战和需求，为活动提供更多支持和帮助。这些资源可用于扩大筹款范围、增加筹款效果，同时提升参与者或组织的影响力。相反，资源匮乏可能限制其筹款行动。关系嵌入强调参与者的社会关系网络对于筹款目标达成的重要性（张莹莹等，2020）。在集体行动中，集体属性塑造了个体与集体之间的强联结性，这种集体感使得每个参与者在运动筹款活动中具有身份优势和话语优势，使得在个人社交关系网络中具有社会资本优势。在以熟人劝募为主的筹款情境下，参与者可以凭借其独特的参与角色和身份属性，成为运动筹款过程中天然、可靠和有效的劝募资源。

在上述分析框架的支撑下，本研究团队对S机构开展了参与性与检验性并存的行动研究。行动源于S机构以"公益劝募"为课程主题的一次教学实验，课程学员为资深的公益行业从业者及相关人士。为了达到教学目的同时也为S机构所在的YL社区儿童项目筹款，教务团队希望在课程设计上包含了参与上海联劝公益基金会"一个鸡蛋的暴走"运动筹款实践，以期让学员们在亲身参与中理解公益劝募的原理。笔者作为教务团队之一，设计并参与了此次运动筹款的全过程，对提议背景、推动过程、参与者心态和执行流程有较深了解。研究团队与班级成员共同推动完成了运动筹款的预期目标，并由此形成了行动研究过程模型（见图2）。

图2　运动筹款行动研究过程

三　研究方法

（一）研究方法

行动研究法（Action Research）是研究者与研究对象共同参与，为解决特定问题而寻求解决方案的参与式研究方法（James et al., 2011）。行动研究的方法广泛应用于教育学、管理学、心理学等领域，近年来也被应用于公共管理学的研究（祁志伟，2022），其优势在于通过理论研究者与理论实践者的协同互动解决实践问题、创新理论发展（李兴旺等，2021）。本文的研究对象是直接和间接参与运动筹款活动的参与者，考察在集体行动情境下公益组织达成筹款目标的过程逻辑。行动研究过程按照 Davison 等人（2021）的四阶段展开，包含问题诊断、行动规划、行动实施和行动有效性评估。

本文选择行动研究法的原因在于：运动筹款是一个实践性、情境性非常强的研究领域，迫切需要参与其中、有切身体验、将理论与实践紧密结合，行动研究法有助于获取对问题的深入理解。一方面通过研究者参与并助推在集体行动情境下运动筹款，能够有效避免一般定性或定量研究忽视运动筹款的发生过程而直接分析的弊端，将真实情境下人们参与运动筹款过程的心理活动和内外部影响因素纳入研究视野；另一方面，运动筹款涉及前期公益项目选择、筹款理由陈述、参与者动员、发起筹款、参与徒步、过程中劝募、给捐赠者反馈等，是一个持续过程，行动研究中可以调整实施方案。

（二）案例对象概况

S 机构是一家广州市级注册的民间公益机构，组织核心使命是传播公益慈善文化，培育公益慈善人才。该机构具有代表性的项目是公益慈善领军人才计划，该计划为既具有国际视野、战略思维，又扎根本土的公益慈善人才提供全方位的支持，包括人文素养夯实、专业能力提升、科学思维方式培养以及行动研究产出。2023 年 5 月，S 机构组织其 2022 级学员在上海进行"公益劝募"课程学习。为了实现教学目标，让学员通过亲身参与更深入地理解和体验公益劝募理论，教务团队在课程设计中特意将参与"一个鸡蛋的暴走"纳入课程内容。通过完成团队筹款目标，希望学员能更好地理解公益劝募的原理和实践，并为 S 机构在 YL 社区开展儿童友好项目"小禾的家"筹款做出贡献。

"一个鸡蛋的暴走"（以下简称"暴走"）是上海联劝公益基金会于 2011 年发起的知名运动筹款公益项目，旨在通过长达 12 小时、50 公里的徒步筹款活动，支持与培育儿童公益项目，让儿童在制度保障、专业服务与社会关爱中受益。参与者需组成 3~5 人的团队，在徒步挑战中相互支持鼓励，克服各种困难完成挑战，并通过熟人网络募集善款。2023 年的活动设有 4 种队伍类型：公益组织队伍、企业队伍、特邀筹款队伍和公众队伍。公益组织参与暴走筹款可选择自筹或统筹两种方式。自筹方式指公益组织通过上海联劝公益基金会平台组队参加，为自身特定项目筹集资金；而统筹方式则是若队伍未达到设定的固定筹款目标，所筹款项将在筹款结束后经过评审会统一使用，支持需要帮助的民间公益组织。

研究团队于 2023 年 4 月开始介入本行动研究，直至 2024 年 1 月进行回顾性访谈和梳理，经历了问题诊断、行动规划、行动实施和行动有效性评估四个阶段。研究团队在运动筹款项目中进行过程干预，并密切跟踪、考察、访谈并记录了各参与者在研究周期中对运动筹款态度和观点的变化。同时，采用参与式观察、半结构化访谈、非正式交流和资料整理等方式收集了大量原始材料和数据（见表 1）。

表 1　运动筹款行动研究材料汇总

数据类型	资料简介
访谈记录	访谈提纲、访谈笔记、录音文件的文字版，共计 9 万字左右
音视频资料	如项目筹备会、暴走活动现场、晚宴现场、班级筹备会等重要行动发生场景的影像资料，共计约 5GB
观察记录	针对课程计划、YL 社区筹款规划和运动筹款推进过程多次会议、现场观察、课程反思等形成的记录文档，共计 1 万字左右
微信记录	教务与课程共创团队微信群、班级讨论微信群在课程期间所有微信消息记录，共计约 0.6 万字
会议纪要	如教务团队教学设计研讨、学员成员参与课程设计共创会、暴走活动筹备会等重要会议，形成 2 份会议纪要
照片文件	如项目筹备会、暴走活动现场、晚宴现场、班级例会等重要行动发生的场景，以及筹款海报，共计约 3GB
朋友圈记录	筹款、项目进展、捐赠人答谢等文案及图片，共计约 1.2GB

四　行动研究过程与发现

（一）问题诊断

问题诊断的焦点是明确运动筹款活动的执行目标及参与者现状，发现筹款过程中存在的问题并初步诊断其成因。问题诊断通过教学设计与前期动员的参与式观察进行。在前期课程筹备中，教务团队在3月例会上首次提出将"一个鸡蛋的暴走"纳入公益劝募课程。希望学员参与暴走筹款有两个目的：一是教学，希望通过实践教学让学员深入理解公益劝募核心；二是筹款，希望募集资金负担由S机构垫付的社区合作伙伴的房租费用，以支持其在YL社区持续开展社区公益活动。教务团队明确目标后，开始策划课程内容，与上海联劝公益基金会签署协议，设定5万元筹款目标。

研究团队意识到，相对于为自己的公益项目筹款，以班级教学活动开展运动筹款较为特殊：一是学员与YL社区"小禾的家"关联度低，尤其是非常驻广州的学员对YL社区较为陌生，缺乏募捐动力；二是学员对运动筹款方式不熟悉，缺乏成功经验，因此抱着观望、试试看的态度；三是教务团队在动员时间上也比较紧张，提前2周左右才在班级群正式进行筹款动员，除之前参与课程共创的同学之外，大部分学员对此次活动的目标和整体规划缺乏清晰认知，导致动员难度增加。

（二）行动规划

行动规划是面向特定情境或问题制定干预行动计划的过程。面对学员与筹款项目关联度低、对于运动筹款不熟悉、动员时间紧的问题，研究人员从"认知－资源－关系"的嵌入性寻求理论支持，尝试发现并解释在集体情境下运动筹款动员和行动机理。在规划阶段，研究团队意识到这次筹款项目的复杂性和紧迫性，并将行动规划的关注点聚焦在以下几个方面。

第一，以认知嵌入为前提，强化参与动机。在课程计划公布后，学员们对参与运动筹款这件事本身抱有兴趣，但觉得辛辛苦苦为社区合作伙伴"小禾的家"筹款和自己不太相关，缺少参与的动力。在课前一次在线会议中一位学员直言："本身这个想法一开始出来，我觉得特别好，并不是筹款项目有多好，而是因为我们团队会有人去参加。但是后面发现，筹款项目跟我没啥关系，我一直以为最后会落在我们相关的事情上。"（访谈记录：20240104xyly）另一位学员也有相似观点："我们都理解这是一个学习，只是如果能更深化本次筹款的价值和意义是不是会更好？因为之前线上会议大家也有问，为何我们要为社区合作伙伴筹款，与学员的联系是什么？还有用途等问题。……其实对于同学来说，无论是'小禾的家'，还是社区合作伙伴，我们只认 S 机构，因为其他都不是跟我们有直接关系。"（微信记录：20230508xyms）教务团队意识到，必须充分考虑学员的需求，强化他们对运动筹款的认知，增强他们与运动筹款活动的联系和参与感。为此，教务团队邀请学员参与课程和暴走筹款的共同设计，邀请大家共同参与运动筹款项目的设计。当时一位学员建议，"我们能否把本次筹款作为我们班的项目共建启动资金，我们可以为 S 机构、'小禾的家'、社区合作伙伴等做服务都可以，但这是班级共建项目，这样不是更有意义吗？"（微信记录：20230508xyms）教务团队也接受了学员建议。教师 LM 表示："我们可以分头行动。S 机构团队为'小禾的家'筹款，22 级（学员）为班级共建筹款。不过对外还是'一个鸡蛋的暴走'，因为暴走要求是支持儿童项目。再次澄清啊，不是支持社区合作伙伴。而是支持 YL 社区'小禾的家'，S 机构是主办方。"（微信记录：20230508jslm）随后，教务团队首先将报名主体由社区合作伙伴调整为 S 机构，并重新与上海联劝公益基金会签订协议。教务团队和班委在正式通知中宣布，班级将组建暴走队伍，共同为 YL 社区"小禾的家"和班级集体共建项目筹款。

第二，以资源嵌入为手段，拓展劝募资源。为确保筹款超过 5 万元避免被基金会统筹，研究团队在进行筹款产品设计时考虑了三个方面的问题：一是暴走队员招募。在教务团队的积极推动下，S 机构迅速组建了一支由两名学员、一名往届学员和一名教师组成的四人队伍。往届学员 ZW 拥有三年"益动广州"运动筹款的经验，教师 LM 也参与过"乐施毅行者"等挑战性活动，而其他两名学员的日常规律锻炼为队伍的安全完赛和筹款目标提供了坚实的基础。二是班级学员的动员。为了让未能参与暴走的学员同样感受到参与感，并支持队伍完成挑战，研究和教务团队制定了计划，旨在减少学员的时间资源投入，并提供便捷的劝募途径，准备了丰富的传播素材并详细规划了传播节点和策略，以引导学员深入理解运动筹款的意义，并激发他们的参与热情。三是筹款产品组合多样化。除了依赖个人点对点筹款和机构传播，研究团队还计划在暴走活动结束后的当晚举办慈善拍卖及晚宴，以此拓宽募捐范围。这些活动的举办不仅为参与者提供了一个庆祝成就的机会，也通过慈善拍卖的形式为筹款活动带来了更广泛的支持和关注。

第三，以关系嵌入为纽带，提升筹款表现。运动筹款依赖参与者在基于社交圈进行点对点劝募，因此为达到筹款目标，一方面需要广泛动员，鼓励更多人积极参与劝募；另一方面，需要吸引那些拥有丰富社会资源的人士参与到筹款传播中来。在S机构的暴走筹款活动中，队员LM就是这样一位具有丰富社会资源的劝募者，一定程度上保障了劝募目标的达成。此外，运动筹款的过程突显了人与人的联结价值，因此对劝募者和捐赠者来说，都有关系维护与发展的需要，更要避免因劝募对个人社交关系带来的负面影响。因此，在筹款项目设计中必须考量如何让捐赠者能够顺畅地表达对劝募者的支持，获得精神回馈和对公益的深刻理解；同时要考量，如何为劝募者提供合宜的方式，以便他们能够真诚地向支持他们的亲友表达感激之情。通过这些策略，可以在运动筹款的同时加强社群的凝聚力和参与感。

（三）行动实施

行动实施随着S机构参与"一个鸡蛋的暴走"项目同步进行，研究团队对运动筹款行动实施的过程进行了干预和观察。行动过程经历了启动规划、组织动员、执行监控和项目收尾四个阶段的过程，如图3所示。

1.启动规划阶段

研究团队与教务团队召开2次课程及项目启动会，确定"公益劝募"教学环节中加入暴走筹款的实践学习，同时进行了需求识别分析、课程设计、

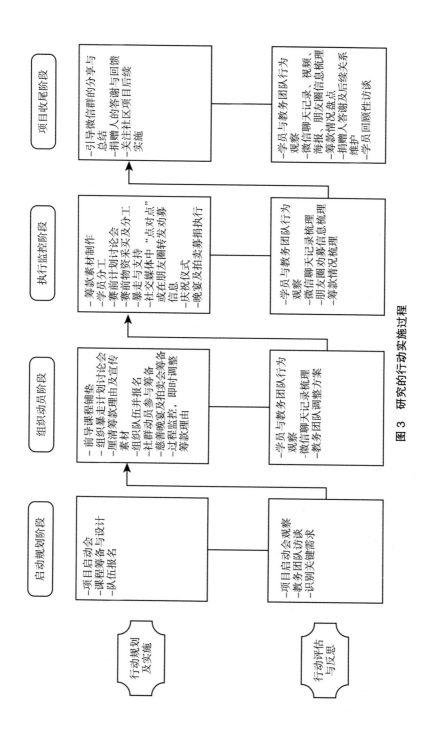

图 3　研究的行动实施过程

队伍报名等过程。这一阶段中基于学员反馈和教学安排，邀请学员建立了共创微信群，分别对筹款文案、班级动员、暴走当天计划、捐赠人答谢、晚宴筹备、社区项目策划等开展了讨论和修订。这一阶段的行动重点在于制定明确的筹款项目目标和策略，并真切听取参与者的需求与意见，让参与者认为运动筹款行动不仅是上海联劝公益基金会的事，或是S机构的事，而是班级的事、自己的事。这种参与感和归属感的增强，极大地促进了学员们对项目的投入和对角色的快速适应，进一步加深了他们对筹款活动的认同和承诺。

2. 组织动员阶段

研究团队与教务团队协作，主要通过四个方面对学员进行动员，以确保筹款活动的顺利进行：①预热铺垫：在课程设计环节，安排了暴走前两周的前导课程，邀请联劝基金会介绍"一个鸡蛋的暴走"活动的联合劝募原理和实践操作，为学员提供活动背景知识和期望成果。②素材支持：教务团队提前准备了一套标准文案，用于筹款海报的制作、微信一对一劝募以及朋友圈的劝募信息发布，并在暴走筹款过程中经学员的修订和创造，以适应筹款传播的需要。③社群动员：为了增强学员的参与感，在课程开始前两周预热，鼓励学员参与筹款活动的策划和暴走当天的准备工作，包括支援点的设置、物资的准备、陪走保障队员的安排，以及对运动筹款活动和执行过程的研究和观察。④策划慈善晚宴及拍卖会：为了确保达成筹款目标，决定在暴走活动结束后举办一场慈善晚宴和拍卖会，通过晚宴门票的销售和慈善拍卖，不仅为参与者提供了一个庆祝和交流的场合，也通过这种方式继续筹集资金，拓宽了筹款的渠道。

3. 执行监控阶段

在这一阶段，研究团队进行了参与式观察，密切监测并详细记录了暴走筹款过程中的每个环节，并在筹款活动进行中及结束后对参与者进行了访谈，并收集整理了相关资料。在筹款过程中，暴走队员、班级学员及其亲友通过微信的个人沟通和朋友圈分享积极参与筹款宣传。慈善晚宴的举办也卓有成效，邀请了80余名包括师生、捐赠人在内的好友共同参与，晚宴的流程包括筹款项目的介绍、暴走队员的感受分享、慈善拍卖、班歌合唱和自由交流等环节，成功地将庆祝、社交、筹款和答谢融为一体。慈善拍卖环节中，六件精心策划的拍品以 200~3000 元的起拍价成功拍出。可以说，慈善晚宴集庆祝、社交、筹款与答谢场景四合一。这场晚宴不仅通过精心的策划和氛围营造加深了参与者对筹款项目的理解，还在充满激情和热烈情绪的环境中增强了捐赠者的捐赠意愿，同时加强了筹款人与捐赠人之间的联系，有效推动了筹款目标的达成。

4. 项目收尾阶段

项目收尾阶段，通过亲身参与和访谈等手段，对整个运动筹款活动进行了详尽的记录和总结。项目结束后一周内，研究团队对整个运动筹款过程进行了复盘，开展捐赠人答谢、反馈，以及后续社区儿童项目的设计与实施研讨等。

同时，在行动实施过程中，研究团队密切观察了运动筹款参与者的心理体验，并分析了这些体验如何影响筹款过程。研究发现，起初由于对劝募课程设计和运动筹款目的缺乏深入了解，部分学员对参与运动筹款的兴趣不高。一名学员在访谈中提到，"对 YL 社区筹款目的是明确的，但与个人关系不深，情感投入有限。"（访谈记录：20240104xyyx）然而，随着集体行动的深入，学员们的态度开始发生积极变化。一些学员在见证他人的努力和现场氛围的影响下，对暴走活动的看法变得更加积极。一位支援学员回忆说，"我印象很深的是 YT 在第一个点还是第二个点开始有一点累，但是一路上大家陪走，或是骑车跟着，一直鼓励她'就快到了'。还记得 YZ 拿着吉他，我们一起唱歌迎接大家的时候，那种感觉超级好，就真的很有凝聚力的感觉，相互支持，团队的感觉让我觉得非常好。"（访谈记录：20240105xywf）另一位未能亲自参与但通过捐赠支持的学员表示："我没有去现场，但觉得我自己投入的每一份捐赠都是值得的，甚至觉得自己是不是捐少了。我确实是看到这个团队的付出，很感动，在感动的过程中我已经不再关心这笔钱到底要怎么用，而是只想大家团结一致，完成目标。体育运动在短时间内迅速增强凝聚力的作用还是很明显的。"（访谈记录：20240104xyly）此外，有学员希望通过参与运动筹款活动，能够影响周围的人更多地参与公益活动，"邀请他们支持'小禾的家'、支持我们班级，也是希望给他们一个参与公益的机会"（访谈记录：20240105xyms）。研究团队也注意到，赛事组织方重视参与者体验，包括设置儿童议题公众倡导的横幅、组织沿途爱心企业或公益组织的补给、起终点及 CP 点[①] 后勤保障，以及赛程中爱心人士的志愿服务等，都使参与者感受到运动与公益结合的激情、喜悦和感染力，强化了参与意愿。

访谈也揭示了参与者在基于个人社交圈进行点对点劝募时所面临的心理挑战。由于支持者往往是亲朋好友，参与者在发起劝募时会受到资源限制和社会关系的影响。例如，暴走队员 AQ 提到："我主要通过朋友圈进行劝募，大部分支持我的人是家人，尤其是 80 多岁的奶奶捐了 1000 多元。他们并不知道具体是为哪个社区或活动募款，只是觉得我在为公益筹款，因此纯粹地支持了。"（访谈记录：20240108dyaq）然而，面对熟人进行劝募时，许多参与者感到难以启齿，担心这种请求可能会对人际关系造成负面影响。AQ 在访谈中表达了这种矛盾心理："募款还是有一些很胆怯、羞涩的心理在里面，就是不好意思去开口，觉得好像是跟人家要钱，但是又说不明白为什么要让别人来支持我去为这个事情募款。会有这样的一个心理。"（访谈记录：20240108dyaq）她也在反思中提出了改进建议，认为"从事件营销的角度看，整个活动可以进一步优化。例如，在前期宣传和设计阶段，可以推出更有趣的海报，不仅通过朋友圈宣传，还可以录制视频，或者请更多有影响力的人当天转发帮助我们，这样影响力可能会更大。"（访谈记录：20240108dyaq）这些发现表明，尤其是在资源和机构影响力有限的情况下，如何打破社交圈层的限制，获得更广泛的传播和支持，是运动筹款活动中需要克服的重要挑战。

研究团队在观察中发现，运动筹款的经历不仅给参与者带来了成就感，同时促进了人际关系的亲密，加深了自我认知。面对身心的挑战，集体行动中的暴走队员和支援者，基于个人角色和兴趣自愿参与挑战，展现了奉献和互助的精神。一位暴走队员在后记中将这次经历描述为"重生"，深刻地反映了运动筹款中的个人挑战给参与者带来的内在价值。另一位队员在行走中反思了自己的职业选择，感受到了在公益行业中自我挑战和成长的过程。支援队员也在支援暴走队的过程中实现了自己的体能挑战，实现了意想不到的成就。

---

① CP 点：英文 Check Point 的缩写，即打卡点。

我也没想到，完全没有任何准备的情况下，我就骑着"小青桔"（指某共享单车品牌）20公里，超出我自己的想象！（访谈记录：20240105xyms）

此外，运动筹款场景具有强烈的集体在场性，在这个过程中，参与者通过共同的目标和活动空间的融合，一起面对身心的挑战，这种沉浸式的体验有助于塑造和加强他们的自我意识和集体身份。正如Sharp（2020）所指出的，这种集体体验能够促进参与者的慈善行为。在访谈中，一位学员深刻地描述了这种集体凝聚力的力量。

我看到了是爱和信任下产生的凝聚力，这种凝聚力让每个成员都感到自己是局内人，而不是局外人。在每一个卡点上，大家都能够默契地无缝对接。在这个过程中，我们看不到彼此的缺点和不足，我们心中只有那个要到达的终点和目标，因此没有任何情绪的内耗或误解，只有全体成员一心想要到达终点的决心。（访谈记录：20240108xycz）

另一位暴走队员表示"这不仅仅是完成了身体上的一个挑战，通过参与公益活动，我感到自己很高尚，非常自豪"（访谈记录：20240108dyaq）。可以说，运动筹款带给参与者的心理感受是积极、深刻且正面的。

（四）行动有效性评估

本次运动筹款行动研究的效果评估聚焦于两个主要方面：首先是研究团队的干预是否帮助实现了筹款目标，其次是学员在参与过程中的体验质量以及对"公益劝募"理解的深化程度。

在筹款成效方面，研究团队的全程参与和干预行动取得了显著成果。筹款活动共吸引了396人次的捐赠，总计筹得77215.61元，其中包括慈善拍卖所得的21400元，这一成绩超出了原定的5万元目标。筹款活动虽然从4月18日持续到5月27日，历时40天，但大部分捐款集中在暴走前夕和当天，显示出筹款传播的高效和迅速。捐赠者中有38%的人支持暴走队伍，62%的人支持个人暴走队员。在筹款额的分布上，79%的捐款流向了一位队员，其他队员的个人筹款额占比不足 10%。这表明，尽管筹款活动在策划和执行上取得了成功，但在筹款过程中也显示出对个人社会资源的依赖。

在教学目标方面，运动筹款作为"公益劝募"课程的一部分，有效地加深了学员对筹款理论和实践的理解。体育活动作为 S 机构全人教育的一个重要方面，在教学中得到了充分的体现。教师 LM 在活动结束后强调了体育活动在人的发展及公益实践中的重要性："民国开始的新教育运动，无论陶行知还是张伯苓都主张体育的重要性。重要的不是锦标赛，而是一种团队合作和奋斗精神的培养。所以我们强调完成一项体育才能毕业。"（微信记录：20230522jslm）根据学员的课后反馈，实践教学环节成功地实现了教学目标，学员们通过这次活动对公益劝募有了更深刻的认识和体验。

五 结论与反思

本文通过 S 机构参与"一个鸡蛋的暴走"运动筹款项目的行动研究，揭示了公益组织在动员支持者参与运动筹款并实现筹款目标的过程中，认知嵌入、资源嵌入和关系嵌入三者的重要性并共同构成了运动筹款成功的基础。其中，认知嵌入强调了参与者对筹款项目的认知和价值认同，资源嵌入关注了筹款活动中所需资源的有效整合和利用，而关系嵌入则突出了社交网络在运动筹款中的重要作用。此外，研究还发现，由于运动筹款本身包含个人身体挑战和点对点劝募的心理挑战，公益组织在策划和执行筹款活动时，必须重视劝募者的参与体验，并为劝募者与捐赠者之间建立和维护积极的情感联系创造条件、提供便利。

本研究在理论上的主要贡献体现在两个方面。首先，拓展了嵌入性理论在公益劝募领域的应用，通过强调个体行动与社会关系网络之间的相互作用，提供了一个新的视角来理解公益筹款的过程。这种相互作用不仅影响筹款的效果，也深刻影响着参与者的心理体验。其次，研究通过行动研究方法深入分析了公益组织运作运动筹款活动的全过程，实现了理论与实践的有机结合，从而为该领域的理论和实践提供了经验证据。

　　然而，本研究也存在一些局限性。研究的样本仅限于特定的公益组织和运动筹款项目，这限制了研究结果的普遍适用性，可能无法全面代表各种类型的运动筹款活动。此外，研究的焦点主要集中在公益组织的组织过程和参与者的心理体验上，而对于慈善体育赛事品牌建设、组织流程以及公益组织的参与机制等方面的探讨尚显不足。这些因素同样是影响公益组织运动筹款成效的重要方面。因此，未来的研究可以考虑采用多案例研究的方法，对不同类型、关注不同议题的公益组织开展运动筹款的劝募机制进行更为广泛的比较研究。同时，探索公益组织通过慈善体育吸引公众关注公益慈善事业，也是未来研究的一个重要方向。通过这些研究，我们可以更全面地理解运动筹款的复杂性和动态性，为公益组织提供更为有效的策略和方法，以促进公益事业的发展。

参考文献

陈林华、王学燕，2022，《共同富裕视域下体育慈善发展的价值意蕴、难点审视及实现路径》，《浙江体育科学》第42期。

胡水玉，2022，《上海"孤岛"时期的体育慈善赛述论》，《社会史研究》第1期。

李兴旺、张敬伟、李志刚、高峰，2021，《行动研究：我国管理学理论研究面向实践转型的可选路径》，《南开管理评论》第1期。

祁志伟，2022，《行动研究在公共管理学研究中的实践面向》，《宁夏社会科学》第1期。

王盈盈、甘甜、王名，2021，《体育型倡导：基于公共性的概念界定与案例分析》，《中国非营利评论（第28卷）》，北京：社会科学文献出版社。

张莹、周延风、高银彬，2022，《捐赠型网络众筹中关系亲疏对捐赠金额的影响研究》，《东北大学学报》（社会科学版），第22期。

Davison, R. M., Martinsons, M. G., & Ou, C. X. 2021. "The roles of theory in canonical action research." *MIS Quarterly* 36.

Ebenkamp, B., & Stark, S. 1999. "Consumer attitudes toward cause-related marketing: A study of the Susan G. Komen Foundation." *Journal of Advertising* 28.

Filo, K., Fechner, D., & Inoue, Y. 2020. "Charity sport event participants and fundraising: An examination of constraints and negotiation strategies." *Sport Management Review* 23.

Filo, K., & Coghlan, A. 2016. "Exploring the positive psychology domains of well-being activated through charity sport event experiences." *Event Management* 20.

Filo, K., Funk, D. C., & O'Brien, D. 2014. "An empirical investigation of the role of camaraderie, cause, competency, and participation motives in the development of attachment to a charity sport event." *Managing Leisure* 19.

Filo, K., Funk, D. C., & O'Brien, D. 2009. "The meaning behind attachment: Exploring camaraderie, cause, and competency at a charity sport event." *Journal of Sport Management* 23.

Filo, K., Funk, D.C. and O'Brien, D., 2011. Examining motivation for charity sport event participation: A comparison of recreation-based and charity-based motives. Journal of Leisure Research, 43(4), pp.491-518.

Filo, K., Lock, D., Sherry, E. and Quang Huynh, H., 2018. 'You belonged to something': Exploring how fundraising teams add to the social leverage of events. European Sport Management Quarterly, 18(2), pp.216-236.

Granovetter, M. 1985. "The problem of embeddedness." *American Journal of Sociology* 91.

Hughes, T. ,1861, Tom Brown at Oxford. London: Macmillan.

Hoffman, J. 2014. *Physiological aspects of sport training and performance*. Human Kinetics.

Inoue, Y., Heffernan, C., Yamaguchi, T. and Filo, K., 2018. Social and charitable impacts of a charity-affiliated sport event: A mixed methods study. Sport Management Review, 21(2), pp.202-218.

James, E. A., Slater, T., & Bucknam, A. 2011. *Action research for business, nonprofit, and public administration: A tool for complex times*. Sage Publications.

Ladd, T., & Mathisen, J. A. 1999. *Muscular Christianity: Evangelical protestants and the development of American sport*. Grand Rapids, MI: Baker Books.

Meyer, A. R., & Meyer, M. R. U. 2017. "Doing Good with My Body: Physical Philanthropy through Physically Active Participation in Charity Sport Events." *The International Journal of Sport and Society* 8.

Oreg, A., Greenspan, I., & Berger, I. E. 2021. "When the gift is halfhearted: A socio-cultural study of ambivalence in a charity sport event." *International Review for the Sociology of Sport* 56.

Palmer, C., & Dwyer, Z. 2020. "Good running? The rise of fitness philanthropy and sports-based charity events." *Leisure Sciences* 42.

Parker, A., & Watson, N. J. 2014. *Sport and the Christian religion: A systematic review of literature.* Cambridge Scholar Publishing.

Parra-Camacho, D., González-García, R. J., & Alonso-Dos-Santos, M. 2021. "Social impact of a participative small-scale sporting event." *Sport, Business and Management: An International Journal* 11.

Parris, D., et al. 2015. "The role of the charity in the sports charity event experience." *Journal of Sport Management* 29.

Peloza, J., & Hassay, D. 2007. "The 'why' and 'what' of cause-related marketing: Does it really benefit society?" *Journal of Business Ethics* 74.

Pringle, R., & Thompson, A. 1999. "Brand myths, status and the positioning of luxury brands." *Journal of Product & Brand Management* 8.

Rundio, A., Heere, B., & Newland, B. 2014. "Cause-related versus non-cause-related sport events: Differentiating endurance events through a comparison of athletes' motives." *Sport Marketing Quarterly* 23.

Sharp, N. 2020. Mobility and philanthropy: Embodied practices, fundraising and charity sport events. Dissertation,Aberystwyth University.

Snelgrove, R., Wood, L., & Havitz, M. E. 2013. "Developing personal attachment to a physically active charity event." *International Journal of Nonprofit and Voluntary Sector Marketing* 18.

Taylor, R., & Shanka, T. 2008. "Cause for event: Not-for-profit marketing through participant sports events." *Journal of Marketing Management* 24.

Won, D., Park, M., & Turner, B. A. 2010. "Motivations for participating in health-related charity sport events." *Journal of Venue and Event Management* 1.

罗丽媛

黄素梅

谭思圆

从组织培育迈向社区参与的
妇女赋权实践研究
——以 S 村女子醒狮队的培育为例

罗丽媛，广州应用科技学院社会工作系，城乡文化发展研究中心。主要研究方向为农村社会工作、社会治理。

黄素梅、谭思圆，惠州市"双百工程"督导中心。主要研究方向为农村社会工作。

摘　要：广大妇女在城乡发展中扮演着参与社区治理的重要角色。基于"个体－组织－环境"的赋权分析框架，通过对社会工作者培育 S 村女子醒狮队的实践研究探析发现，妇女组织赋权历经组织建立、组织培育和社区参与三个阶段。其赋权实践强调关注妇女个体、群体和环境维度的权能障碍因素，通过提升妇女价值增强个体权能、发展伙伴关系和内部能力建设培育组织权能，并创建外部赋权环境，以实现组织培育和社区参与的赋权目标。在乡村振兴和社会协同治理过程中，赋权妇女参与社区治理的关键在于建立平等的伙伴关系，并强调其主体性与多维度整合式赋权。

关键词：妇女自组织赋权　组织培育　社区参与

一 问题的提出

在乡村振兴背景下，乡村社区发展的目标致力于推动人才、文化、产业等振兴。依据习近平总书记的"乡村振兴，关键在人、关键在干"指示，培养农村人才是重点。但随着人口不断外流，除了吸引优秀人才返乡以外，还需调动农村现有人员的内在动力，妇女群体是其中的重要力量。然而，农村留守妇女大都肩负双重压力：个人和家庭价值感低（汪淳玉、叶敬忠，2020），且受限于国家政策和市场机制，既无法享受资源获得发展，也无法发挥力量参与社区治理。这使妇女在农村处于更边缘的位置，呈现家庭、社区和社会的失权状态（袁方成、李敏佳，2023）。

为打破妇女失权的状态，实现培养农村妇女人才、建设妇女组织和促进妇女发展的目标，自 2017 年起，L 县 LC 街道的社工在 S 村培育了姐妹舞蹈队、女子醒狮队等妇女组织，并将女子醒狮队打造成当地响亮的舞狮文化名片。社会工作的赋权实践使一群农村留守妇女得到了发展，建立起妇女自组织，以推动乡村组织建设，让中国传统舞狮文化得到弘扬与传播，逐渐衰落的 S 村变成一个邻里关系融洽、文化活力充沛的美好乡村。作为集人才、组织和文化振兴于一体的实践，S 村女子醒狮队的培育具有特殊意义。因此，本研究尝试以赋权理论分析农村留守妇女组织培育和参与乡村基层治理的过程与策略，探索社会工作推动妇女发展与乡村振兴融合发展的可行模式。

二 文献综述与研究思路

（一）赋权理论与妇女组织赋权

1. 赋权理论

在社会工作研究领域中，赋权（Empowerment）理论被广泛探讨和应用。该理论最早由 Barbara Solomon 提出，她将其定义为社工和弱势成员共同参与以减少弱势群体无权状态为目标的行动。赋权与权能密切相关，权能

（Power）既指人们拥有的客观存在或主观感知到的能力，也包括个体掌握与其生活与发展有利的动力（转引自 Adams，2013：72）。这种能力或动力不仅增进个体的自尊（胡玉坤，1998），还促进个人与环境之间的互动，从而导致更多个人和人际的权能，最终达到提升其生活空间和机会的状态。因此，赋权也指的是增强权能。赋权实践受限于个体主观与环境客观之间的交互作用，Robert Adams 等人认为阻碍赋权的因素包括个体资源、能力和自信心的缺乏；团体或组织缺少伙伴关系和团队能力不足；环境物质资源、结构资源和社会价值不足等（Adams，2013：14-200）。

赋权理论的核心要素包括以下几个方面：关注弱势群体、强调个体潜能、促进社会参与、注重能力建构。研究者关注赋权理论在社会工作实践中的具体策略和方法，包括但不限于社会工作者与弱势群体共同制定目标和计划、提供技能培训和资源支持、建立社区合作伙伴关系等（Adams，2013）。在方法层面，社工可以运用个案工作、小组工作、社区工作、倡导工作等多种方法来帮助弱势群体获得权能（程玥，2018；李洁、杨汉梅、张永琪；2023）。现有研究结果表明，有效的赋权实践可以帮助个体和群体增强自我认同和社会参与意识，促进他们在社会中的权力和地位。在应用层面，赋权理论已经被广泛应用于社会工作的各个领域，例如贫困救助、儿童福利、老年服务、残疾人康复等（董瑞昶、万文凯、汪力斌，2022；金炼、卢玮、王媛等，2019）。在这些领域，赋权理论为社会工作实践提供了重要的理论指导，帮助社工更有效地支援弱势群体。

2. 妇女组织赋权

自 1980 年以来，赋权理论在社会工作领域得到了广泛应用，特别是在改善妇女等弱势群体权益方面。妇女赋权（Women's Empowerment）概念因此产生，并且推动了妇女个人、群体和社区方面的发展。妇女赋权主要分为社会式赋权和个体式赋权两种形式。社会式赋权侧重于消除压迫和剥削妇女的结构性因素，例如通过改革法律、财产权等制度来改变妇女的从属地位（胡玉坤，1998）。而个体式赋权则侧重于强调妇女的能动作用，包括改变妇女意识、增强自信心、获得控制资源能力等（陈松涛，2021）。

此外，一些学者指出集体赋权是妇女赋权的核心战略。当妇女赋权以群体或组织形式进行时，可以有效规避单一改变个体或社会的局限（李强、许松，2010）。同时，组织赋权也强调关注妇女组织的生成机制和社会功能（许彩丽、姜昕，2014）。基于社会组织培育理论和组织赋权的定义，本研究将妇女组织赋权定义为通过建立、培育妇女组织并推动妇女组织参与社区活动，从而增强妇女权能和促进妇女发展（唐有财、王天夫，2017）。

在实践中，妇女组织赋权强调将妇女组织作为核心，运用优势视角激发妇女自身或组织潜能，并促进妇女与社会环境的互动，实现妇女自助、群体互助和社区互助。社会工作者可以运用多种策略来促进妇女组织赋权，包括①能力建设：帮助妇女组织提升组织管理、财务管理、项目管理等方面的能力；②领导力培育：帮助妇女组织培养女性领导者，提高其领导和决策能力；③网络建设：帮助妇女组织建立和加强与其他妇女组织、政府机构、非政府组织和社会各界的联系；④倡导与宣传：帮助妇女组织提高自身的倡导能力，有效地发声，维护妇女权益（姜佳将，2018；海莉娟，2019；金一虹，2019）。这种综合性的妇女赋权理论和实践，不仅关注妇女的个体权益和能动作用，还注重组织层面的战略性布局和社会影响力，为妇女的整体发展和社会平等作出了积极贡献。

3. 妇女组织赋权相关研究

国内外关于妇女组织赋权的研究已经搭建了层次丰富的实践场域，例如政治赋权强调妇女参与政治决策和管理，提高妇女在政治领域的影响力（Lopez-Claros & Zahidi，2005），结构赋权关注社会结构对性别平等的影响，致力于改变不平等的社会结构（王国丽，2021），经济赋权重视妇女经济能力的提升，促进妇女经济自强（郭夏娟，2015），文化赋权倡导消除性别歧视的文化观念，促进男女平等的文化氛围（许欢科、韦安，2024），主体性赋权强调妇女自身意识的觉醒和主体地位的建构（丁瑜，2019；钱宁、王肖静，2020），心理赋权关注妇女心理健康和自信心的提升（王国丽，2021），组织赋权重视妇女组织能力的建设和发展（郭浩、陈雯璞、张和清，2022）。

依据妇女组织的属性，可以将其分为自组织和他组织两种模式（郭浩、陈雯璞、张和清，2022）。自组织往往是妇女自下而上自发组建，其关注点在于妇女自身主体性的发挥，例如广场舞组织（高万红、李晓娇、王硕，2023）。而他组织由外部力量自上而下推动而成立的，其重点在于在国家战略背景下对妇女的动员和改造（曾远力、闫红红、谢菲，2023），例如"赣南新妇女"在政府动员下参与公共事务中实现一定组织化（陈义媛、李永萍，2020）。

国内外关于中国妇女组织建设的研究已经形成了一定的积累，这些研究主要集中在经济、文化和生态方面，旨在推动妇女组织的发展、互助合作和社区参与。闫红红等（2017）在合作经济框架下进行分析，发现妇女组织与乡村旅舍项目的合作劳动有助于促进妇女经济赋权、集体认同和互助合作；杜洁等（2020）在内生性脱贫视角下对比了两个妇女合作联社，总结出自发形成的妇女合作组织以社会建设和文化建设为抓手，能更有效地激发妇女的内生动力；闫红红等（2019）研究发现，通过社会工作动员农村妇女建立广场舞组织和参与社区公共事务，有助于增强妇女的自信心和参与能力；陈义媛等（2020）通过动员妇女骨干组织化和参与公共卫生治理的实践研究，总结出地方政府、村庄社会、村级组织是影响妇女公共参与的因素。

此外，一些学者聚焦主体性视角，审视妇女个体、小组或社群的赋权行动，提出从日常生活需求出发，培育具有社群感的妇女小团体逐渐转化为自组织（丁瑜，2019；钱宁、王肖静，2020）。还有学者从赋权实践的主体、路径，衍生出"整体性赋权"（袁方成、李敏佳，2023）"合力赋权"（杨义凤、马良灿，2017）"双向赋权"（王晔安、潘莉、郑广怀，2023）"内源式赋权与外源式赋权"（邱琳、向德平，2023）等概念。

现有研究成果表明以农村文化资产为核心，通过提高妇女组织化程度，推动妇女组织的社区参与，有望实现对农村留守妇女组织的赋权，这一结论为中国妇女组织建设提供了重要的理论支持和实践指导。本研究在此基础上以一个农村女子醒狮队为案例，讲述在地妇女内在驱动力和外部社会工作者赋权共同发挥作用，实现自下而上自组织发展的民族志故事，也展现了在男性气质浓厚的醒狮运动中妇女能动性的发挥。

（二）分析框架

本研究在援引 Solomon（转引自 Adams，2013）和 Robert Adams（2013）有关赋权实践的论述基础上，形成"个体－组织－环境"分析框架。根据组织培育理论和组织赋权等概念，建构从"组织建立－组织培育－社区参与"的赋权过程（见图 1）：一是以妇女主体需求为导向的组织建立阶段（即，个体赋权）；二是发展妇女组织内部互助关系与能力建设的组织培育阶段（即，组织赋权）；三是以妇女组织为载体参与社区公共事务的阶段（即，环境赋权）。

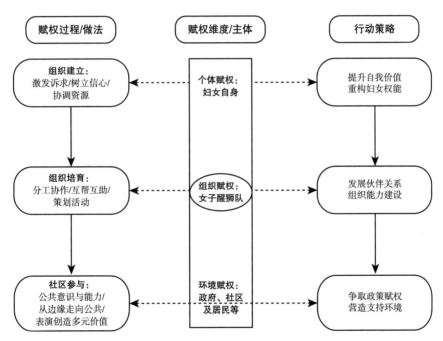

图 1 妇女自组织赋权实践分析框架

（三）研究方法

本研究以 S 村女子醒狮队为研究对象。S 村女子醒狮队作为 L 县首个由妇女组建的舞狮类社区自组织，在促进该村妇女发展的同时，惠及村居或县城，对培育社区社会组织工作具有借鉴意义。此外，女子醒狮队不仅在全国屈指可数，而且舞狮作为具有浓厚男性色彩的文化传统，妇女参与舞狮也能打破对女性的社会刻板印象。

本研究采用实践研究范式。实践研究（Practice Research）指"实践亦研究"，即研究者和实践者两种身份的结合（古学斌，2015），强调实践、教育和研究一体化，兼顾发现问题、提升社会工作的介入质量和服务民众的过程（古学斌，2017）。本研究以LC街道社工与农村留守妇女长达四年培育女子醒狮队的实践为始。其研究者是参与自组织培育的督导和社工。社工与妇女们一起行动，包括为自组织争取慈善资金，推动自组织的注册登记。除了工作记录等一手材料，工作团队还深度访谈了三位社工和五位妇女骨干，主要涉及组建妇女队伍和表演经历等培育过程。

实践研究不只是研究方法，也是社会工作者的助人工作手法。实践研究强调，研究者应在发现需求、制定计划、付诸实践和反思总结中不断循环往复。在本研究中，社工团队花费近一年时间走访村居，与村民建立关系，摸底妇女的需求，并使用工作坊等方式调动妇女开会，引导妇女们充分讨论、表达想法和参与制定实践计划。在日常服务和舞狮训练中，社工团队将参与式观察和非正式反馈所收集到的信息撰写成活动记录和田野笔记，形成第一手材料。为评估实践的效果，社工团队采取组织妇女们进行总结反思，并以成果汇报、网络推文、项目展示等方式向政府、基金会和评估专家等对象进行展示，采纳了前述群体的建议，并制定了下一步实践计划。

表 1　女子醒狮队妇女的基本信息

姓名	年龄	队伍职务	角色特点
何姨	59 岁	队长	退休女工，时间较为充裕
钟姨	42 岁	副队长	照料儿女饮食起居
枝姨	66 岁	副队长	本村外嫁女，平时带孩子

姓名	年龄	队伍职务	角色特点
邬姨	38岁	队员	外来媳妇，平时带孩子
兰姨	50岁	队员	村居保洁员
秀姨	50岁	队员	做散工兼照料孩子
单姨	56岁	队员	做散工兼照料孩子
华姨	43岁	队员	外来媳妇，照顾老人、孩子
王姨	45岁	队员	环卫工人
贞姨	39岁	队员	做散工兼照料孩子

注：表中"年龄"为女子醒狮队妇女在2019年组织备案成立时的年龄。

三 社工赋权妇女自组织的实践过程

自2017年LC街道社工站成立起，六名社工首先进驻S村开展专业服务。S村位于惠州市北部的偏远山区，是一个主要由留守妇女、老人等构成的自然村。经过一年的入户走访，社工发现S村120名女性中有86名成年妇女，留守成年妇女普遍面临以下问题：一是主要承担照料家庭、教育孩子等职责，长期与社会脱节，身心压力大；二是村中文娱活动少，妇女生活单调，社会交往范围狭窄；三是妇女在家庭中的直接经济收入贡献小，导致自我价值感低和家庭地位边缘化。因此，激活"她"力量参与社区，化解S村留守妇女的问题是社会工作介入重点。

（一）组织建立：实现妇女个体赋权

1.信任关系激发妇女建立组织的诉求

与妇女建立信任关系是社工赋权实践的前提。2017年，社工采用"同吃同住同劳动"①的工作理念，主动融入村民的日常生活中，通过一起跳广场舞、开展活动等方式，了解村中留守妇女的状况，并加强与她们的接触和交流，与她们建立起良好的信任关系。逐渐地，妇女们开始向社工表露内心的诉求，一次活动后，三位妇女向社工说起想要成立一支女子醒狮队。

> 这样可以把大家聚起来，也能去演出。（访谈资料，何姨、钟姨、枝姨）

2. 社区资产树立妇女建立组织的信心

如何有效地把村中留守妇女组织起来自我服务，以解决妇女困境和增强社区内在力量是社会工作介入的重点。社工获知妇女们有组建女子醒狮队的动力后，与三位较为积极的妇女制定了计划，共同分析了成立女子醒狮队的优劣势。经讨论发现，村中拥有成立醒狮队的优势资产。首先，领袖人物掌握醒狮技巧和具备领队经验，何姨身材高大且热爱运动，不仅掌握舞狮全过程各项技能，还有多年在工厂带领醒狮队的经验，是组建醒狮队的理想带头人。其次，L县重视乡村醒狮队等文化传承，该县某单位曾在2017年还向S村赠送了两个醒狮狮头。由于缺乏人员、资金和其他设备，"狮子头一直静静地摆放在农家书屋柜顶上"（访谈资料，钟姨）。再次，当地重要节庆活动和村中大事均有邀请舞狮的习俗，村民对醒狮文化的集体认同高，认为其有"消灾除害、求吉纳福"的美好意愿。经过梳理，社工与何姨等三位妇女更加坚定组建女子醒狮队的信心。

3. 内外行动协调建立妇女组织的资源

社工围绕建立女子醒狮队的目标进行介入。第一步是创造条件收集妇女的想法和组建筹备小组。社工以领袖人物何姨为抓手，通过肯定其多年志愿教授村中妇女舞蹈的付出，鼓励其担任女子醒狮队的发起人，并动员其他妇女加入。在社工和何姨的共同努力下，十余名身形及体能均符合条件的妇女表示愿意加入。第二步是解决成立醒狮队资金不足的问题。社工利用工作

---

① "同吃同住同劳动"指依据村民的作息时间开展工作，与村民建立关系，真正进入他们的日常生活情境的工作方法。

汇报、领导调研等机会向外游说，争取到一万元的社区社会组织扶持孵化资金，用于支持培育女子醒狮队。第三步是选出领袖，协商运作机制，形成组织雏形。资金到位后，社工积极协助筹备小组采购物资。

> 看着何姨和几个妇女骨干开车"杀"到佛山，我们感受到她们几个满满的责任感。（访谈资料，谭社工）

经过协商，队伍取名为"S村女子醒狮队"，何姨等三位妇女分别当选正、副队长，并约定了舞狮训练时间和频次，以及在"村晚"登台表演的目标。同时，响应当地培育社区社会组织的政策，S村女子醒狮队在政府备案，并确定"拜年、村庆、礼仪庆典等"为其业务范围。妇女骨干的发动、妇女们的共同经验与合作精神快速将她们凝聚起来，组建了一支女子醒狮队。社区社会组织的定位也使这支队伍获得了政策空间与支持。

在组织建立阶段，妇女的组建女子醒狮队和在村庄表演的内在诉求是成立组织的主要驱动因素，因此，充分创造条件催化她们的内在动力，激发她们的个体赋权是建立组织的关键。

（二）组织培育：实现妇女组织赋权

1.分工协作克服困难

舞狮分狮头、狮尾、打鼓和扛旗等布阵。因此，如何分工成了妇女组织培育的第一步。狮头沉重、狮尾要弯腰、打鼓有口诀，妇女们争先承担相对轻松的扛旗。为公平起见和保障队伍分工，队长何姨和妇女们协商并确定轮岗机制，即每个人都熟悉所有岗位，换言之，即使扛旗的角色也要掌握其他岗位技能。行动起来后，妇女们的心态从"不愿付出太多体力"转变为"积极主动配合其他成员"。

如何将大多数舞狮"小白"培育成一支全员全能的女子醒狮队是组织培育的又一挑战。作为队长和唯一能教授舞狮的何姨是关键，她根据妇女的表现与能力挑选出符合不同岗位的人选，再一一教授不同岗位的妇女掌握技能。在学习过程中，妇女们风雨无阻，每周五前来练习。其间，社工负责打印鼓谱、陪伴妇女们练习，并不断鼓励她们，帮助她们提高舞狮能力。

但保持长期训练并非一帆风顺，身兼家庭照顾和田间劳动双重角色的妇女们，在每周训练上存在诸多阻碍。何姨曾多次向社工诉苦，提到"我家婆年纪大，老公生病，儿子还没结婚，我要照顾好老公和家婆才能过来"（访谈资料，何姨）。面对何姨的难处，社工总是耐心倾听，给予情绪支持和鼓励，并利用社区活动探望她家婆和丈夫。在社工的陪伴下，何姨和其他妇女不仅坚持下来，还培养出互帮互助的精神，她们相互帮衬干农活、带孙辈、一起做饭，创造共同练习的机会。

2. 互帮互助紧密关系

如何构建组织凝聚力，消减妇女组织无权状态，是社工在培育组织过程中的重要目标。为此，社工在团队内部营造互助氛围，培养互助精神。

> 有一次队员青姨洗澡摔伤，我们买东西去看她。我们和妇女关系好了，彼此之间也会互帮互助。（访谈资料，谭社工）

随着关系的密切发展，找社工聊家常诉烦恼的妇女逐渐增多。

> 有一个阿姨向我们倾诉儿媳打她老公，她不希望展示给外人看，但想要找社工倾诉。（访谈资料，谭社工）

而社工总是充当着妇女们的陪伴者，努力塑造好社工与妇女、妇女之间的关系。

> 后来，她们有喜事也会分享给我们，村主任儿子娶媳妇、钟姨搬家等都叫我们去参加，感觉我们真正融入了。（访谈资料，黄社工）

随着队伍互动日益紧密，群体矛盾也随之而来。有妇女私底下向社工透露对队长何姨的不满，例如有妇女舞狮时想站在队伍的前面，何姨却让她换到后面，这种做法让个别妇女心生不满。为此，社工组织了团建活动让大家相互交流解除误会，在团队互动游戏、妇女之间坦诚交流后，她们的互动更加开放和有效。外出参访学习也成了培养团队关系的载体。如在T村走访交流活动中，当妇女们看到其他村庄妇女融洽协商"村晚"活动时，她们会反思自身团队的矛盾问题，并商量如何协调好团队关系。随着表演机会增多，妇女们又在如何分配人员上台和表演经费上有了分歧。队员认为，应下发所有经费，而队长认为应留下部分再平均下发。在农桌吃饭之际，队长何姨向队员解释留下部分是为了团队建设等，获得队员们的理解。由此可见，消减团队矛盾和塑造团队凝聚力是增强组织权能的正向举措。

3. 策划活动展现能力

为消减妇女被动参与的无权状态，社工还发起了提升组织策划能力的活动。经调研发现，妇女们具备手工制作、人际协调等优势，却很少参与公共事务。有鉴于此，社工向某基金会申报了妇女赋权项目，希望通过培育妇女互助组织，团结村内的妇女，以提升她们的能力与自我价值，并推动其积极参与社区建设。

以S村的隆重大事"村晚"为例。为调动村民参与积极和发挥社区社会组织的作用，社工在筹备活动时，有意识地邀请热心村民和姐妹舞蹈队、女子醒狮队等自组织商议"村晚"的筹划，讨论活动时间、场地和节目。其用意是通过妇女和其他村民共同策划来提升他们的沟通协调与组织策划能力，并进一步激发其社区主人翁意识。在筹备期间，只要有闲暇时间村民都聚集在社工站策划"村晚"活动。

> 在整个筹备过程，妇女们不仅参与其中谋划，还拉动了身边的姐妹、孩子等参与，而我们社工也体验了一把协助的角色，把村中的内生力量激活，把妇女、老人和小孩聚齐起来。（文书记录，201901）

随着妇女们参与意识、动机和能力的提升，其主体性越发显现，表现为主动向社工提出要自主开展中秋节活动。

在中秋节前，她们就前来询问。我们本来不打算开（活动），但她们很热情，拉了资金和物资，还自发准备了舞蹈和舞狮节目，我们就同意了。社工牵头，但各个环节开放给阿姨们策划和统筹，比如活动通知、人员招募等。（文书记录，201908）

历经训练后，妇女们从纯粹的参与者转变为熟练的策划实施者，参与意识和能力得到大幅提升。

在组织培育阶段，主要关注妇女组织的管理与运营。女子醒狮队作为自组织，即使妇女们有强大的动力，也面临自身能力和外部资源有限的局面。因此，在充分发挥妇女主体性实现个体赋权的同时，还要以外部力量介入进行组织的能力培育、资源链接等来推动组织赋权。

（三）组织参与：实现妇女环境赋权

1. 培养公共意识与能力

社工坚守"依靠村民内生力量，自己的村庄自己建设"的理念，引导妇女们做好组织互助和社区互助。面对起初旁观的妇女们，社工采用座谈会的方式推动她们去发现自我需求、积极表达诉求和参与社区活动，以此唤醒她们的主人翁意识。

一开始让她们投票选择喜欢的活动，选定什么社工就开展什么。期间大家共同讨论，方案由社工撰写，各个板块逐渐放开由妇女们承担。（访谈资料，陈社工）

在2018年12月的第一场"发现自我——需求与发展方向"座谈会上，社工通过播放妇女能力建设的案例视频，引导妇女们积极表达，就自我成长、村居发展等议题进行深度思考，调动她们参与其中。逐渐地，妇女们更加主动参与。

社区活动她们随叫随到，成了参与主力军。队长也给力，只要和

队长讲，她就会组织妇女参加，如果队员说没空不能参加，队长就会说"没空也要去，也要去支持社工"。（访谈资料，黄社工）

随后，社工向妇女们输入社区公共参与意识，进一步引导妇女们从关注自我转向关注社区、服务村居。

> 我们从优势视角出发挖掘妇女们的潜能，在座谈会上聊每个人的特长，也引导她们关注村里的弱势群体，如副队长枝姨的婆婆腿脚不便，此前她们很少关注，社工就牵头和妇女们一同看望她婆婆。像枝姨、钟姨（家中）都是有独居老人，钟姨家婆患了癌症，我们就说队员的家属都在村里，要营造爱老助老氛围，醒狮队也要服务自己的村居。（访谈资料，谭社工）

后续开展了一系列面向本村弱势群体的服务，妇女们积极自愿参与，包括妇女们自制艾糍，上门慰问老人；妇女们入户为老人提供居家清洁、安全排查和安全改造等服务；学习医疗知识和身体检查技能，上门为老人传授知识和健康检查。

> 现在她们都很积极，一看到志愿者岗位空缺就主动报名。有一次她们去隔壁村做志愿者，对比其他村志愿者，她们自豪地说："她们志愿者那么被动，你看我们多能干。"（访谈资料，陈社工）

妇女还关注村口逐渐老化的舞台背景架，主动向村小组长提议拆除，并获得了"为村里着想"的赞许。

有了公共服务意识，还得具备公共服务能力。

> 我们开展志愿者培训，讲授什么是志愿者、探访技巧等，也促进志愿者们相互交流。在服务能力上，刚开始妇女们比较依赖社工带领入户，有了探访技巧后，妇女们就得心应手多了。（访谈资料，谭社工）

社工建立志愿服务管理机制，通过注册志愿者账户、颁发志愿者证书、记录服务时数与推行优秀表彰，以此提升妇女对志愿者团队的归属感，让她们体会到社区服务是有意义的事情，从中产生获得感与价值感。妇女们参加完志愿者活动后，常常自豪地发朋友圈，在得到家人和村民的肯定后，她们也会带动姐妹、家人前来参与志愿活动。例如，一位队员曾带19岁的孙女一同参加活动，其孙女向社工感慨"奶奶参加了活动以后，变化很大，我也想来看看"（访谈资料，谭社工）。后来，其孙女还运用自己汉语言专业的优势，教授其他小朋友写作文。

2. 促使妇女从边缘走向公共

妇女是农村中的边缘群体，她们鲜有站在台前表演或参与村中公共事务的机会，女子醒狮队的成立逐渐打破这一传统。妇女们的日常训练吸引了众多村民的围观，让村居生活更加热闹之余，还让年轻后辈了解到醒狮这一传统文化。

> 敲锣打鼓的声音振奋人心，引来村民关注，有老板主动为醒狮队制作队旗，村里的老人、小孩等纷纷前来看舞狮话家常，聆听老一辈讲解舞狮文化历史，家长鼓励小孩学舞狮。（访谈资料，陈社工）

女子醒狮队的出现给凋敝的乡村重新注入活力，也让村民正视妇女们的"另一面"，她们不仅是会照顾家庭和田间劳作的"家庭主妇"，还能扛起舞狮，走向社区公共舞台。妇女们感受到外界对她们的认知变化，自豪感油然而生，更加自信投入舞狮训练。

女子醒狮队首次登台并顺利完成"村晚"的演出，极大地激发了妇女们的自信心和展示自我的动力。在坚持训练的同时，妇女们和社工积极寻找表演的机会。恰逢S村即将举办第一届外嫁女回娘家活动，社工与活动负责人接洽，争取到女子醒狮队参与表演的机会。活动当天，女子醒狮队在村口敲锣打鼓以表欢迎，并从村口一路舞狮将外嫁女迎接到祠堂。村民拍下了当天活动的视频并在网络上发布，立马引起较高的关注，助推本地兴起举办外嫁女回娘家活动之风，也让女子醒狮队声名大噪，走出村庄走向县城。而后，L县电视台对女子醒狮队的采访，也大大扩散了女子醒狮队在县城的知名度，进一步增强妇女们对舞狮的自信心，使得妇女从家中走向村庄、县城乃至社会公众，改变了附近民众对女性的单一印象，也对醒狮以男性为代表的观念实现了"祛魅"。

3. 链接表演创造经济价值

随着女子醒狮队"声名远扬"，妇女们被邀请参加义演的机会增多。除了每年固定"村晚"演出，社工还争取到其他机会，如本县扶贫宣传日、禁毒宣传等大型官办活动，附近社工站邀请女子醒狮队参与丰收节活动，邻近村庄邀请女子醒狮队助兴外嫁女回娘家活动。在义演活动中，每位妇女通常可获得 10~20 元红包。经过当地媒体、社工站和队员与群众的宣传，女子醒狮队被众人更加熟知，知名度越高。

义演增加了妇女走向公众的机会，极大地增强了妇女们的信心和效能感。后来，义演逐渐发展为商演，创造了更多的经济与个人价值。有一位商家老板邀请女子醒狮队为商店开业表演，他安排了车辆接送，还为每位演出妇女准备了一百元演出费。演出费虽不高，但给予了队员极大肯定。她们非常兴奋，计划将演出费用于添置服装和道具。随着商演增多，妇女们的自我价值感越发提升，不仅有机会表演，还能创造一定的经济收入。其家属的态度也从观望转变为支持，他们感受到妇女们从闲暇打牌到舞狮锻炼的身心变化，也体会到妇女们发自内心的快乐和自豪感。截至 2023 年初，醒狮队共计参与公益演出 8 次、受邀商演 6 次，其中商演收益约 1.2 万元。

四　妇女自组织的赋权障碍及社工赋权策略

在组织赋权中，妇女个人、组织和环境都面临诸多障碍。LC 街道的社工通过提升妇女的个人信心以实现妇女个体赋权，激活妇女群体间的互助关系实现妇女的组织赋权，以及创建支持网络来塑造有利于妇女发展的外在环境。简而言之，赋权妇女是以激发个体的内在发展为核心，以妇女的组织建设为载体、以外在环境的助推为辅助的动态互动式实践。在女子醒狮队逐渐成熟后，队伍均由妇女自发管理和运营，无须社工过多介入。LC 街道社工的赋权实践还得到了正式组织的肯定和支持。

（一）个体赋权

1. 个体赋权障碍因素

首先，妇女自我价值感低。妇女因处于第二性从属支配地位，丧失在政治、经济等重要领域的控制权，被禁锢在家庭私领域（陈松涛，2021），其主体意识也被局限在家庭内部。在当地，受社会环境、家庭结构等影响，农村留守妇女大多被限制在家庭领域，她们通常顺应"男主外，女主内"的社会性别劳动分工，主要承担照顾家人、家务劳动和田间劳作等私领域职责，而私领域背后的经济价值、个人价值往往被忽略或不被承认。

> 村内妇女在家庭的话语（权）弱，一是农业生产无法创造太多经济价值；二是妇女主要照顾家庭，且县城兼职机会少，很难拓展其他经济来源，导致妇女只能依靠丈夫或子女，她们在家庭结构中处于弱势地位。（文书记录，201812）

其次，除了家庭价值感低，妇女的公共价值感更低。她们被局限在私领域，很少出现在公共领域，很多妇女因害怕别人的看法而不敢在公共场合"抛头露面"，参与公共生活和政治活动则更稀缺。缺乏家庭支配和公共参与的现状，一定程度影响了她们的"无权感""无能感"，使她们自信心和自我效能感遭受削弱。

最后，妇女获取资源有限。在城乡二元化发展背景下，农村地区资源有限，而处于弱势地位的农村留守妇女能获取的发展资源更加有限。妇女在公共领域处于缺权的状态，导致妇女难以从中获取相应资源来满足个体或群体的发展。即使像何姨这种拥有一定社会网络、备受政府、工厂和村居认可的妇女，也无法获得成立队伍的启动资源，而其他处于"无权""弱权"状态的妇女则更另当别论。

综上，妇女因社会性别不平等在个体赋权层面存在自我价值感低、自信心缺乏、发展资源不足等障碍。社工相信妇女具有自身的潜能与价值，具备处理个人和社会问题的能力，而关键在于如何给予机会或资源以激发其内在潜能，使妇女的价值得以被看见与获得发展。因此，个体赋权强调培育妇女的自我效能感、价值感和行动能力，而促进妇女在个体意识、生产经济和公共参与等方面的提升是改变妇女权能匮乏的重要策略。

2. 个体赋权策略

（1）提升自我价值，激发自我倡导

挖掘妇女潜能，提升自我价值。社工从优势视角出发，发掘妇女具备手工等技能，不断鼓励和肯定她们，依托广场舞组织培养妇女的自信心，妇女们从"不敢穿裙子"到利用舞蹈队平台"敢穿裙子"，也敢化妆展示自己，社工的鼓励和培养提升了她们的自信心。妇女们的自我价值感和效能感是一切行动的缘起，它为妇女提供内在能量，也为后续妇女加入女子醒狮队和走向公共领域奠定了基础。此外，何姨作为队伍领袖和骨干，其自信心和潜能被妇女、社工和政府人员等认可后，催生出成立女子醒狮队的内在动力。

提供交流平台，激发自我倡导。妇女们有了自信，在做出行动前还需自我倡导，为行动争取相关资源与支持，比如成立女子醒狮队所需的政策空间和资源支持等。除了在日常沟通中鼓励妇女表达，社工还组织妇女座谈会，鼓励她们为自己或他人表达，发现村民服务诉求，也为增强个人权能协调更多外界资源。

对妇女个体的赋权实践把增强妇女的自我价值感和自我倡导纳入前置环节。自我价值感催生妇女个体的内在动力，进而推动妇女自我倡导，并形成与外部环境的互动，拓展增强个体权能的外部赋权环境。

（2）提升行动能力，创造多元价值

提升妇女们的行动能力也是个体赋权的重要方面。社工通过培育妇女的舞狮技能、参与公共服务和表演能力等，不仅提升了她们的行动能力，过程中还创造出经济、个体和公共价值促使妇女的自信心和自我价值感进一步提升，进而拓展妇女们的个体赋权。

首先，培育舞狮技能，提升个人价值。通过大家的共同努力，舞狮技能大幅提升，她们从舞狮"小白"变成舞狮能力精湛的专业队伍，不仅打破了人们对女性舞狮的传统看法，还突破了地域的限制，走向县城、媒体等公众视野，让更多人目睹女性舞狮的风采，舞狮技能的提升和步入公共领域增强了她们的自信心和自我价值感。

其次，参与公共服务，展现公共价值。社工发挥妇女的潜能，组织妇女开展老人居家安全排查、"村晚"等活动，不仅让妇女以舞蹈队、醒狮队成员身份在公众表演，展示妇女舞蹈、舞狮等技能，还让妇女参与活动策划，在提升妇女多项行动能力的同时，使妇女有更多机会出现在公共领域，利用自身潜能发挥公共价值。

最后，链接多种资源，突显经济价值。社工积极拓展妇女发展的资源与平台，例如鼓励妇女制作美食，利用微信群、现场摆摊等方式提升妇女的经济收入；链接展示妇女舞狮的公共平台，随着表演次数增加，妇女在公共领域出现的机会增多，不仅增强妇女个体及群体的自信心，还因商演创收逐渐改变妇女在家庭、村居集体中的形象和地位。妇女家人从不支持到支持、从忽略到看见妇女的价值，女子醒狮队在外嫁女回娘家活动中的表演也激发了其他村庄开展类似活动，改变了村民对妇女的看法。

（二）组织赋权

1. 组织赋权障碍因素

人际关系是一种社会资本（冯华，2004），一是通过与他人互动获得社会关系网络，并从关系网络中获取社会资源以实现赋权；二是在与他人互动过程中提升自我形象、改变社会的不利评价等，从而达到争取改变社会环境实现赋权。因此，建立激发人际关系的组织或社群以实现妇女的组织赋权是重要策略。当妇女建立组织时，不仅能够突破妇女个体赋权的限制，将众多"她"力量凝聚起来，化个体力量为群体力量，还能推动妇女群体从私领域走向公共领域，在更大范围助推赋权增能。阻碍组织赋权的因素有缺少伙伴关系与组织能力不足。

缺少伙伴关系。组织中的权能并非静态的，而是存在于群体成员之间的人际互动，依托与他人合作促成问题解决或权能提升，因此合作伙伴关系是组织赋权的重点，社工应尽力消除内部成员的个人界限或人际互动障碍，通过良性的人际互动与通力合作来实现赋权增能。同在村居的妇女，早已通过共同的生活网络、长期跳广场舞和舞狮训练，建立了良好的团队关系与人际互动，但在日常工作中总会面临消减团队赋权的因素，比如队长与队员的矛盾、队员之间的矛盾、妇女因家庭劳动无法出席训练等，这些都不利于团队合作与凝聚。

组织能力不足。组织赋权的另一要素是保障团队能力。组织建立后，有组织目标、架构和成员关系等，为保障组织的正常运转和争取更多外部支持，需要进行培育并逐步发展为组织自主管理。女子醒狮队为农村妇女自组织，受限于妇女能力与农村发展现状，其组织化程度低，团队较为松散，组织管理、外界联络等能力都需加强。

在赋权实践中，社工培育妇女的主体意识、自我效能感和行动能力，但这些都聚焦在个体层面，单纯的个体赋权未必能带来群体乃至社会层面的改变，因此如何打破单一的个体赋权，使妇女群体形成互助网络、共享成员间权能和增加组织内部权能更为关键。

2. 组织赋权策略

（1）发展伙伴关系，推动内部互助

社工在早期就意识到组织化对赋权妇女群体的作用，因此，一直致力于培养妇女自组织。社工期望从培育个人开始逐渐形成组织或社群，以发挥妇女群体在社区的主体作用，当社工退出后，自组织或村民可自主运营和自我管理，实现村民自治的局面。因此，推动组织建设和发展内部互助是社工的着力点。

实施先培育个人后发展互助组织的策略。首先，社工聚焦支持队长何姨，引导其利用已有的社群基础将妇女们聚集起来，成立女子醒狮队，同时对何姨进行团队领袖培力，帮助其更好地管理妇女自组织，比如，共同谋划如何做好团队分工、制定训练计划等。其次，社工注重团队文化建设和发展伙伴关系，采用团队建设、沟通协调等方式化解团队内部矛盾，利用外部学习和交流机会加强彼此间的伙伴关系，以此提升妇女组织的凝聚力和归属感，也推动了妇女们形成互帮互助的共同体。

拓展组织与社区的互动网络。城镇化发展大大地削弱了乡村原有的邻里关系和社区互助体系，使得村民越发原子化，这对成立组织或形成紧密的关系网络而言更具挑战。社工通过走入妇女群体，发展妇女内部互助关系，成立了姐妹广场舞、女子醒狮队等互助型自组织，使妇女形成关系更为紧密的社群网络，激发妇女之间产生更多的互动交往。同时还推动妇女与社区互动，尝试将伙伴关系拓展至社区层面，这不仅将众多妇女从家庭私领域拓展到社区公共领域，开拓妇女的参与空间，还激发了妇女与其他村民的互动，吸引更多村民参与其中，这些都更有利于拓展妇女个人、妇女之间、妇女与村民乃至整个村庄的关系与权能变化。

（2）组织能力建设，实现社群赋权

社工以不同的策略应对女子醒狮队的不同能力建设需求。在提升妇女们的舞狮、组织关系与管理等能力方面，社工充分运用妇女自身的潜能，由自组织内部进行自主管理，当团队出现问题时，社工再予以及时介入，做好协调角色。在提升自组织的活动策划、社区参与和联络沟通等能力方面，社工起主导角色，采用开展座谈会和筹备会议等方式，给予妇女平台和机会；开展志愿者服务培训提升妇女们的社区参与意识与服务能力，向外寻找正式与非正式资源，进一步拓展女子醒狮队的展示平台与支持资源。在这过程中，社工为妇女组织提供了情绪支持、陪伴成长等表达性资源，还链接了资金、社会网络等工具性资源。如L基金会项目、妇联项目、争取农庄免费赞助等，使得妇女们的舞狮及组织策划能力得到培育，实现了组织内部成员间的赋权。

（三）环境赋权

1. 环境赋权障碍因素

环境赋权指社区或社会等外在环境对个体或组织进行赋权，因为只有妇女发展的外在环境发生改变时才能实现真正意义上的赋权。而想要实现妇女组织的环境赋权，需要应对妇女的社会地位低和社会结构中资源分配不公等问题。

妇女的社会资源分配少。作为留守农村的妇女，她们往往被局限在家庭私领域，从政府、社区乃至社会层面获取的支持有限，而在农村资源相对匮乏的背景下，环境赋予妇女发展的资源与机会更少：一是妇女在公共领域的话语权很弱，二是面向社区社会组织特别是女性组织的资源很薄弱。在组织培育的早期就遭遇了即使具备丰富社会网络的何姨也无法寻找到成立队伍的外部资源，直到县委领导支持才有了启动资金。

妇女发展的环境支持弱。相比其他地区，当地妇女有一定社会地位，能进祠堂拜神、参与村中要事商量，但仍面临诸多发展环境障碍。如在家庭分工中，强调妇女要先扮演好家庭角色，完成家庭分内事后参与公共事务，女性舞狮受到质疑，几乎没有发展资源等。

2. 争取政策赋权，营造支持环境

争取社会资源分配，实现政策赋权。社工利用其民政社工身份，主动向政府争取资源，包括采用了由舞狮队妇女现身说法的方式说服当地领导，助其获取当地政府的资金与政策支持。在获得资金后，社工还利用国家政策文件，在当地政府的支持下申报项目，争取孵化培育社区自组织经费等资源。

> 2019年10月，L县民政领导鼓励社工站成立基层社会组织联合会，在辖区内孵化社区自组织，并为他们提供规范化管理培训。乘着政策东风，社工站策划项目来积极推动。（文书记录，201910）

当地领导的首肯和组织的成功注册为社区社会组织实现政策赋权，政府的资金支持则为成立组织提供启动资金。此外，在社工和妇女们的争取下，村委还多次赞助数千元费用支持醒狮队添置设备和参与表演，一定程度上改变了妇女在当地社会资源分配的被动局面。

提升妇女社会地位，营造支持环境。S村女子醒狮队在当地街道第一届乡村振兴擂台赛中获得优秀，登上当地官方媒体平台，还多次被邀请参与妇联、老年协会等比赛，获得政府不同部门的关注和认可。同时，社工积极推动醒狮队在本村表演，并向周边村庄延伸，致使醒狮队从村庄走向

县城，在社会层面塑造妇女口碑，提升妇女社会地位，也为妇女营造政府推广、社工培育、村民认可的外部赋权环境。自此，妇女的社会形象与地位迈向了更广泛区域，为实现改变妇女社会地位营造了更大的环境空间。

五　结论与讨论

组织赋权是促进妇女发展和参与乡村振兴的有效路径之一，组织化形式不仅能有效推动妇女形成互助团队，激发妇女自身潜能和内在动力，提升妇女个人及社群的主体性，还能培育妇女组织的能力，实现妇女与环境的良性互动，达到改善妇女社会地位、推动性别平等和振兴乡村的终极目标。社会工作赋权农村留守妇女自组织，是以文化建设和组织建设为抓手，在妇女的内在动力和外部力量的推动下，历经组织建立、组织培育和社区参与后取得显著成效。其重点在于关注妇女自组织在个体、组织及环境层面的赋权障碍及行动策略：一是个体赋权，面对妇女自我价值感低、获取资源少等障碍，社工采取鼓励妇女自我倡导、培育公共参与的能力和链接符合妇女发展的外部支持等方式来推动妇女重塑自我效能感，帮助妇女增强自我权能。二是组织赋权，面对缺少伙伴关系和组织能力不足的障碍，社工通过激发妇女骨干的内在动力，形成妇女的社区互助网络，发展妇女的团队伙伴关系，解决妇女自组织的内部矛盾来削减组织赋权障碍，加强组织能力建设以增强组织互动的权能。三是环境赋权，面对妇女地位低导致的社会资源分配少、发展环境支持弱等障碍，其策略是推动妇女个人及组织与环境互动，自主链接外部支持，搭建与正式、非正式组织的联络路径，为妇女自组织的发展争取社会资源，在提高妇女社会地位的同时形成多元的支持环境网络。总之，妇女自组织为农村留守妇女提供了与政府和社会联结的机会，促进了乡村自治和基层治理的融合，推动了妇女关注社区公共事务和参与决策，增强其在社区的话语权和对生活的掌控感，使妇女形成多元社会治理中的重要力量，促进乡村文化、人才和组织振兴的同时，推动当地性别平等的发展。

作为自组织的女子醒狮队，虽打破了以男性为主的舞狮文化，但在性别平等、制度赋权等方面仍有诸多局限，如缓解妇女家庭照顾压力来解决无法出席训练的问题，并非从性别分工视角引导妇女思考与行动；自下而上的赋权实践主要从妇女个体、组织层面介入，在环境乃至制度层面推动较少，对于弱势群体的农村留守妇女，仅仅从妇女自身及群体的改变是不够的，还必须依托制度所赋予的地位改变、资源变化等来保障妇女的权益。

社会工作赋权农村留守妇女及组织，是社会工作参与乡村振兴的重要方向，也是积极响应国家发展性别平等的战略，能有效改善女性在社会结构、社会权益等方面权能失衡的现状。但赋权并非静态的权能和资源的输入，而且社工也并不拥有直接赋予妇女的权力和资源。基于社工的实践经验，赋权取向的社会工作实践应坚持以下几点：一是构建社工与妇女的伙伴关系。不仅妇女自组织内部要发展伙伴关系，社工与妇女也应是平等的伙伴关系。社工不应是单纯提供支持或资源的给予者，也不应是与妇女对立的解放者，而是要与妇女一起在社区或社会层面建构属于她们的话语权，成为激发她们潜能的陪伴者。二是强调妇女个人及群体的主体性，妇女发展离不开妇女自身及群体的努力，而且妇女本身也具有其潜能和优势，社工应充分发挥其潜能，以激发其内在动力，同时也要发挥妇女的社群力量，形成社群主体。三是整合式与动态式赋权实践。妇女发展也需要环境赋权，因此要从个体、组织和环境等多层面破除权能的障碍因素，并且动态评估不同层面权能的交互作用，在整合资源的基础上，采用社会工作专业策略增进妇女及组织的权能。

参考文献

陈松涛，2021，《孟加拉国的妇女赋权：认知及实践》，《南亚东南亚研究》第 6 期。

陈义媛、李永萍，2020，《农村妇女骨干的组织化与公共参与——以"美丽家园"建设为例，《妇女研究论丛》第 1 期。

程玥，2018，《赋权理论下个案介入再婚妇女人际关系研究》，华中师范大学社会工作学系硕士学位论文。

丁瑜，2019，《妇女何以成为社群主体——以 G 市 L 村妇女自组织营造经验为例》，《妇女研究论丛》第 4 期。

董瑞昶、万文凯、汪力斌，2022，《赋能理论视角下农产品电商与农村女性发展》，《中国农业大学学报》（社会科学版）第 5 期。

杜洁、宋健、何慧丽，2020，《内生性脱贫视角下的农村妇女与合作组织——以山西 PH 与河南 HN 两个农民合作社为例》，《妇女研究论丛》第 1 期。

冯华，2004，《网络、关系与中国的社会地位获得模式》，《广西社会科学》第 1 期。

高万红、李晓娇、王硕，2023，《乡村振兴战略中农村妇女参与基层治理的路径研究——以云南楚雄彝族自治州 W 村妇女组织建设为例》，《社会工作》第 6 期。

古学斌，2017，《道德的重量：论行动研究与社会工作实践》，《中国农业大学学报》（社会科学版）第 3 期。

古学斌，2015，《为何做社会工作实践研究》，《浙江工商大学学报》第 4 期。

郭浩、陈雯璞、张和清，2022，《三重行动逻辑下 A 社区老年协会的生成研究》，《社会建设》第 5 期。

郭夏娟，2015，《女性赋权何以可能？——参与式性别预算的创新路径》，《妇女研究论丛》第 2 期。

海莉娟，2019，《从经济精英到治理精英：农村妇女参与村庄治理的路径》，《西北农林科技大学学报》（社会科学版）第 5 期。

胡玉坤，1998，《赋予妇女权力—来自行动的新概念》，《妇女研究论丛》第 1 期。

姜佳将，2018，《流动的主体性——乡村振兴中的妇女意识与实践》，《浙江学刊》第 6 期。

金炼、卢玮、王媛等，2019，《空间与赋权——基于"深圳市儿童医院·Vcare 关爱空间"的实践研究》，《社会工作》第 1 期。

金一虹，2019，《嵌入村庄政治的性别——农村社会转型中妇女公共参与个案研究》，《妇女研究论丛》第 4 期。

李洁、杨汉梅、张永琪，2023，《为母职赋权：产育期妇女"参与式社区支持系统"的搭建》,《妇女研究论丛》第2期。

李强、许松,2010,《走向增权的妇女发展——西方妇女增权理论研究述评》,《南京人口管理干部学院学报》第3期。

钱宁、王肖静,2020,《主体性赋权策略下的少数民族地区妇女扶贫研究——以云南省三个苗族村寨为例》,《社会工作》第2期。

邱琳、向德平,2023,《乡村振兴中的赋权及其可持续效应——以宁波滕头村为例》,《贵州财经大学学报》第5期。

唐有财、王天夫,2017,《社区认同、骨干动员和组织赋权:社区参与式治理的实现路径》,《中国行政管理》第2期。

汪淳玉、叶敬忠,2020,《乡村振兴视野下农村留守妇女的新特点与突出问题》,《妇女研究论丛》第157期。

王国丽,2021,《电子商务赋权乡村妇女发展——以贵州"侗族七仙女"为例》,《中国经贸导刊(中)》第9期。

王晔安、潘莉、郑广怀,2023,《双向赋权:乡村弱势女性与草根社会组织之间的共生机制》,《妇女研究论丛》第3期。

许彩丽、姜昕,2014,《农村女性劳务组织的生成机制与社会功能研究——基于对山东省戈村女性劳务组织的考察》,《华中农业大学学报》(社会科学版)第3期。

许欢科、韦安,2024,《乡村振兴背景下少数民族农村妇女参与乡村治理研究——基于赋权增能的视角》,《云南农业大学学报》(社会科学版)第2期。

闫红红、郭燕平、古学斌,2017,《合作经济、集体劳动与农村妇女——一个华南村落的乡村旅舍实践案例》,《妇女研究论丛》第6期。

闫红红、张和清,2019,《优势视角下农村妇女组织与社区参与的实践探索——以广东省M村妇女社会工作项目为例》,《妇女研究论丛》第2期。

杨义凤、马良灿,2017,《合力赋权:社会组织动员参与有效性的一个解释框架——以NZ康复服务项目为例》,《福建论坛》(人文社会科学版)第3期。

〔英〕Robert Adams,2013,《赋权、参与和社会工作》,汪东东译,上海:华东理工大学出版社。

袁方成、李敏佳,2023,《整体性赋权:乡村振兴背景下妇女发展路径创新——以"留守妇女共富学堂"项目为分析对象》,《华中农业大学学报》(社会科学版)第4期。

曾远力、闫红红、谢菲，2023，《广场舞与农村妇女组织建设——以广东省 TL 村、CH
村广场舞队为例》，《重庆科技学院学报》（社会科学版）第 6 期。

Lopez-Claros A. & Zahidi S. 2005. "Women's Empowerment: Measuring the Global Gender
Gap".Geneva Switzerland World Economic Forum.

本土化社会工作行动研究：
实务流程、知识创新与关键环节

张和清

　　广东社会工作"双百计划"（以下简称"双百"）[①] 根植于解决社会工作区域发展不平衡、政策实践"最后一米"无法通达、社会工作专业性不强等问题，起源于 2017 年广东省民政厅启动的"双百镇（街）社会工作服务站"建设运营示范项目。2017~2021 年，广东省民政厅连续五年资助粤东、粤西、粤北地区建设运营了 200 个镇（街）社工服务站，采取省统一招聘、镇（街）直聘的方式购买了 940 个社会工作岗位（以下简称"双百"社工），由第三方社会工作专业机构组建专业督导团队深入提供协同督导和专业培训，以保障专业服务质量。随后省民政厅又购买了第二批"双百"社工岗位 800 余个，并逐渐形成了"项目办－地区中心－社工站"三级网络。

　　"双百"社工始终遵循"做中学、学中做，实践出真知"的行动研究精神，扎根村居社区，深度理解老百姓日常生活的情景脉络与资产优势，促进兜底性社会救助与社区共治协同发展的同时，推动本土化社会工作知识的生产。本文以

张和清，中山大学社会学与社会工作系教授、博士研究生导师，教育部新世纪优秀人才。主要研究方向为社区为本整合社会工作理论与实践、农村社会工作、灾害社会工作。

[①] 广东社会工作"双百计划"已于 2020 年 11 月升级为"广东兜底民生服务社会工作双百工程"（简称"双百工程"）。

"双百"的行动实践为例，简述本土化社会工作行动研究的实务流程、知识创新的主要内容与关键环节。

一 本土化社会工作行动研究的实务流程

根据广东"双百"行动研究的经验，从具体操作的角度而言，笔者将中国特色本土化行动研究的实务流程概括为"做得好－写得好－讲得好"之循环往复实际操作的三个阶段。

第一阶段，必须行动并"做得好"。"双百"要求社会工作者必须经历深入实践的完整过程。所谓"深入"就是期望社会工作者作为行动研究者必须以"局内人"的身份不断融入社区民众的日常生活，与服务对象共同经历专业实践之"目标－计划－过程－跟进－管理－评估"的完整过程，并在行动过程中不断反思自身实践的经验教训，提出值得研究的深刻的经验性问题。

第二阶段，必须书写并"写得好"。"双百"要求行动研究者一方面书写实践案例并提出深刻的经验性问题，另一方面依据经验性问题梳理相关概念理论文献，并将经验性问题提升为理论性问题。当确定研究问题和主题之后，行动研究者必须对案例进行理论分析，最终书写出基于实践经验案例的理论分析性结论。

第三阶段，必须传播并"讲得好"。"双百"行动研究知识生产的目的是促使更多的社会工作者成为理论联系实际的本土化专业知识的传播者和践行者。因此，作为科学的行动研究者，"双百"要求每一位行动研究者必须讲授及传播行动的专业知识体系，促使更多的社会工作者做得更专业、更深入，以便更好地解决社会问题。

二 本土化社会工作行动研究的知识创新

根据"双百""做得好－写得好－讲得好"实务流程，笔者将本土化社会工作行动研究知识创新的重点内容归纳为下列相互关联的三个方面。

第一，基于行动过程的经验反思，提炼值得深入研究的经验性问题。笔者认为，与实证研究遵循假设验证的逻辑提出研究问题根本不同，社会工作行动研究的问题意识首先来自研究者对自身实践过程的反思。具体而言，就是要求行动研究者基于社会工作的实践过程，深刻反思自身行动过程的成败得失、经验教训，并提出值得研究的经验性问题。

第二，以经验性问题为主题，对行动历程进行"过程－事件"的案例书写，从而梳理总结实践过程的经验性知识。社会工作者作为本土专业知识生产者，首先应该对自身实践进行"过程－事件"分析，从而发现深入的值得研究的经验性问题并书写行动案例。很显然，当行动研究者以局内人身份对自身行动过程进行深刻反思并提出的经验性问题，那这个经验问题不仅是深入而独特的，而且是值得深刻反思和研究的。与此同时，行动研究者以经验性问题为主题或主线深层描述行动过程，从而归纳出深刻的经验性结论。这就是本土化社会工作行动研究经验性知识创新。

第三，基于经验性问题及其结论梳理相关概念理论，将经验性问题提升成为理论性问题，然后再借助概念理论视角或理论框架并采取归纳或演绎的逻辑分析行动案例，从而得出或者是专业方法策略，或者是专业实务模式，或者是专业理论等方面的研究结论。

需要强调的是上述经验反思、案例书写和知识创新及传播并非严格按照"做－写－讲"的逻辑顺序推进，在具体实操过程中，本土化行动研究的实务流程应该是"做得好－写得好－讲得好"之理论与实践的循环往复的过程，三个实务流程是不可分割的，它们是科学的本土化社会工作行动知识创新之理论与实践循环往复螺旋式上升的过程。

三　本土化社会工作行动研究的关键环节

在"双百"行动研究"做得好－写得好－讲得好"的实操过程中，书写案例是其中的关键环节。因为要想做得更好，必须将实践结合理论的行动知识书写出来，从而更好地指导实践过程。"双百"强调要想"做得好"（实践）和"讲得好"（传播）必须在书写行动案例的基础上，对实践过程进行概念理论分析，从而书写出有力度的理论性结论。

通过案例书写提出经验性问题是行动研究的关键环节。根据笔者的经验，一篇优秀的行动研究作品是行动和书写，实践与理论相结合的结晶。因此，行动研究的关键环节就是在行动者将行动案例书写出来的前提下，书写出值得研究的经验性问题，这就意味着行动研究已经完成了一半。

从书写这个关键环节而言，笔者认为一篇优秀的行动研究论文必须完成以下三方面的书写过程。

首先，通过书写案例提出值得研究的经验性问题。如前所述，行动研究者要想提出值得研究的经验性问题，必须对自身行动过程进行案例书写。只有将杂乱无章的行动过程依据归纳或演绎的逻辑书写清晰，研究者才能理性审视自身的行动逻辑和经验教训，从而提出深入的值得研究的经验性问题。

其次，通过书写相关概念理论文献提出值得研究的理论性问题。如前所述，行动研究者要想提出值得研究的理论性问题，必须依据经验性问题和研究主题梳理相关文献。只有对浩如烟海的理论文献依据研究范式、研究主题及研究问题做好文献回顾，研究者才能提出与经验性问题相匹配的理论性问题，并梳理出研究的理论视角或概念理论框架。

最后，基于经验性问题和概念理论框架（视角）书写正文，即行动研究的主体和论证部分。一篇完整的行动研究的论文应该包括：标题、摘要、研究缘起（背景）与问题提出，文献回顾与概念理论框架（视角）、研究的方法论与方法、行动案例的"过程－事件"分析，行动案例的理论分析，及其结论。

人类学视角下的公益文化

富晓星

我从学术角度进行公益实践，并在公益实践中对学术进行认识论和方法论的反哺。

一 从"无心插柳"到行动研究者的转变

《从行动到行动民族志：青年志愿服务研究》① 是我最近出的一本书，描述我在打工子弟小学志愿服务的案例。我们用了十几年的时间完成了若干篇论文并且写成了一本书，这本书序言的第一句话是"始于无心插柳"。我本不从事志愿服务研究，没想到一次偶然的经历让我和学生一起走了12年，成为一个非常用心坚持的行动历程。我从最初的行动者转变为行动者背后的研究者，从行动转向对行动过程的研究。

这个"无心之柳"实际上是2011年我带学生去中国台湾游学，其中一项任务是和当地大学生一起为台北的弱势家庭儿童提供志愿服务。当时在我心目中志愿服务只是一个名词，我从未亲身参与过。我当时觉得活动非常有趣，就在那里观察。组

富晓星，中国人民大学社会学院人类学系教授，博士研究生导师。主要研究方向为影视人类学、行动民族志、医学人类学等。

① 本书于2023年3月由社会科学文献出版社出版发行。

织方把整个服务营取名叫"花花世界"，来的小孩都是我们需要珍爱的"小花""小草"；志愿者哥哥姐姐将自己的真实姓名和来源地全部隐去，变成"椰树哥哥""七色花姐姐"——各种花花草草的名字。我以前在大陆从未做过这种活动，恰好带去的学生都是社会学、社会心理学和人口学专业的，我就交代他们每人关注一个小孩，进行细致的观察。我们每个学生都给孩子制作了一个档案，例如行为表现、志愿服务实践的总结和建议。最后，我们写了一份台湾志愿服务经验的总结报告交给对方，他们很惊讶，并表达了诚挚的谢意。

实际上，我认为这次活动受益最大的是我们的学生。他们问："老师，我们为什么不能把在台湾学到的知识和反思应用到北京的孩子身上？"于是我们找到了行知实验学校，一所为外地务工人员随迁子女开办的民办小学。他们很愿意支持我们的志愿服务，并问我们能否给孩子们上英语课？我们答应了。2011年3月，我们开始了志愿服务，至今仍在这所学校进行着。

我们主要从二年级到三年级找一到两个班，一个班有十几个志愿者参与，我们就跟随这两个班，从二年级、三年级一直陪伴孩子毕业。大学生从加入我们的志愿者组织，就陪伴一批孩子；孩子小学毕业，他们大学毕业，做这种陪伴式的志愿服务。

我们最初探讨的是非常朴素的人类学问题——服务对象的需求如何在志愿实践中体现。我从事研究性志愿服务工作之前，已经进行了一些研究梳理。志愿服务在社会学领域是一个非常显性的问题，材料非常多。从研究角度而言，鲜有创新价值。可是在如此卷帙浩繁的志愿服务文献中，我发现最严重的问题是没有探讨服务对象的需求，很少有以人为单位或者以人为对象的志愿服务研究，很多是以"事"为主。关于研究对象，过去的志愿服务研究关注的是管理者，从组织学的角度出发：我应该如何管理好团队？如何运用工具理性和价值理性来激励志愿者？如何让他们不能中途退出，并且建立规范？很少在文献中看到服务对象的声音。

二 从主位需求到主位诉求

我有一套方法论作为研究的起点和基础，主位诉求是我的核心概念。主位是人类学概念，是站在他者的生活脉络和世界观里来理解其个人的行为和观点。在身体的体验中，就是我蹲下来与孩子平视。这不是行为上的问题，而是心理上的问题。你的行为只是一种外化的显现，从学理的角度来看，实际上主位的视角是指所有的理论产出和模式建构，你的服务对象都是你的合作者，这才是主位和平视。

主位需求，简单来说是我们需要了解服务对象的需求，并站在他们的视角分析他们的需求，不是你认为他需要什么，就给他什么。在过去十几年里，我们与孩子打交道，给他们东西他们当然开心。可是他们真正喜欢的是什么？这需要我们走进他们的内心去探究对象到底需要什么，而不是站在伦理制高点去建构他们需要什么。

主位诉求比需求更进一步。我们在发现需求后，引导他们讲出来，寻求策略干预实践，它是一种介入的姿态。这里分为两类，第一类是隐含的需求，例如我们发现这些小孩特别想与你交往，但他又远远地看着你，我们需要将其需求引导出来。还有一类是他确实有需求，但是这种需求必须阻断。例如我们以前给孩子做完活动，年底会送志愿者准备的小礼物。志愿者由于经费有限，就买20元的书签以鼓励孩子好好学习。有些孩子可能要求更昂贵的礼物，比如iPhone手机。我们告诉他们，可以有这样的需求，但我们不能满足，鼓励他们通过自己的努力去获得。

当我提出这个概念后，需要有一套方法来实现它。这套方法是人类学的方法，分别从"主位"和"客位"来获取。在操作层面，客位是站在局外人的视角做观察笔记；主位是由小孩直接提供材料；我们根据这些材料设计志愿活动帮助他们建立或改变某种观念，即为客位引导下的主位。这三方面彼此互补，形成三角验证，保证主位诉求的准确性。

另外，我们每次活动的内容都是衔接的，我将其称为"递进策略"。我们目前熟悉的志愿服务是夏令营模式，全都事先设计好行程。但我们仅设计主题，例如这一学期我将讲解规范规则，每次活动的设计都围绕这个主题展开，根据我刚才提到的主、客位材料收集分析，再来设计下一次活动。每次活动都与上次活动保持呼应，发现新问题并持续推进。同时，还有历时层面的递进。不同孩子在成长的相同阶段会遇到相似的问题，如亲子沟通，以前的志愿者会做相关工作，随着志愿者毕业而轮换，新的志愿者可在服务过程中的同样时段继续做相似主题。他们会基于前辈志愿者积累的材料发展工具，在调研过程中再发现新的问题。因此在历时层面，在纵向时间发展中，同一主题也在不断递进。

三 互为中心：志愿者与服务对象的关系

2014~2015 年我发现一个很有趣的新问题，即志愿者与服务对象之间的关系。我开始转向幕后，将我的志愿者视为研究对象。我将他们之间的关系总结为互为中心，这是我发明的一个中层理论。什么是互为中心？志愿者在以服务对象为中心进行活动的同时，发现服务对象也以志愿者为中心，希望获得志愿者的喜欢和认同。互为中心又分为几个阶段：

1. **"自恋期"：理想自我的呈现。** 志愿者加入初期，他们的心态很紧张，如会考虑"孩子们会喜欢我吗？我足够有趣吗？我能否胜任这项任务？"当他们到达课堂后发现这些小孩以看"男神／女神"的眼神，目光灼灼地看着他们。志愿者立刻就自信心爆棚——"原来我可以"！孩子也通过志愿者看到了与平时老师眼中不同的自己的形象，因为老师对他们都非常严厉，突然出现一群青春活泼可爱的大学生，把其当成天使一样看待，孩子也非常开心。他们互为镜像，彼此双向奔赴，但实际上是镜子里的"你"、理想的"你"，而不是真实的"你"。

2. **"蜜月期"：情感共同体的构建。** 自恋期与谈恋爱相似，它分泌多巴胺。在分泌多巴胺之后，我们会发现在接下来的一段时间里，双方就像度蜜月一样，还是理想自我在起作用。孩子会为志愿者送各种亲手做的小花篮、小折纸和小卡片；志愿者也很开心，觉得孩子们把他们当作朋友。这个时候还是理想自我，"我"会尽量满足对方的愿望和需求，并通过情感来夯实双方的信任关系。

3. **"考验期"：服务双方主体意识的觉醒。** 服务到学期中段，孩子开始发生变化。志愿者突然发现孩子眼中的光消失了，他们的活动已经不能吸引孩子的注意，孩子开始写自己的作业，与其他小朋友说话，不理他们了。志愿者受不了，陷入迷茫。在这种情况下，我们需要考虑如何解决问题。首先，我们是站在他人的角度还是自我的角度？其次，站在他人的角度如何调整志愿服务策略？我们的志愿者在关系"破裂"后开始思考问题，重新调整策略、设计活动，引导这些孩子。坚持之后孩子出现了困惑："以前的志愿者可能会失去耐心离开，你们怎么还在这里？"慢慢地，孩子也会觉得这些志愿者与其他的不同，似乎的确在"为我们想问题"，并且想要"帮助我们成为更好的自己"。因此志愿者的主体化也带动了儿童的主体化。

4."融合期"：主体双方互为中心的实现。到这个阶段，才是打破镜像、真正的互为中心。服务双方从主体意识出发，彼此为对方着想，我将其称为共享的主体性。这种共享的主体性，简单地说是他们分享了共同的成长路径，这样才能构建异质且平等的关系。

我发明了互为中心的中层理论，建构了4个阶段，核心概念是"dividual"。大家都知道个体（individual），我们每个人都是individual。社会学、社会工作都是以individual为单位进行研究。这里的"in"表示不能分开，例如invisible看不见和visible可见，"in-"表示不能。个体是一个整体，不能分开，这是最小的单位。但从人类学的视角来看，这个"in"可以去掉，可以有"dividual"；换句话说，个人可以分开。它基本上是指"我"与某种东西联系在一起，可能是自然，也可能是他人。我们会发现志愿者和服务对象也是dividual。志愿者心理或者某一个部分已经被服务对象占据了，服务对象某一部分也被志愿者占据了。他们在互为独立个体的同时，有一块交叉的部分可以分开，被另一方占据——你中有我，我中有你。这套东西就是共享主体性；只要有这套东西，才可能存在"我带动你、你影响我"的情况。这套理论从内在反思性入手，是社会学强调外在的"镜中我"和强调文本符号和秩序的精神分析不能涵盖的，是人类学的理论贡献。

四　非嵌入式组织何以延续？

我研究的第三个问题是组织化问题。从2011年到2018年，我对这个没有资金和权力却存活下来的组织感到疑惑。要知道，虽然现在的志愿服务蓬勃发展，但是大学生的功利性计算比 10 年前更甚。大学生参与志愿服务或者担任组织负责人的经历是保研和出国的重要参数。但是我的志愿组织无法提供保研资格，最初也没有时数，后来才通过挂靠院团委获得志愿时数。我们每次开展 30 分钟的活动需要花费十四五个小时准备，这对争分夺秒的大学生来说太"浪费"时间了。我的志愿者们却认为这个东西非常好，开始自己实现传承。第一代志愿者的名字是以水果命名；第二代时水果名已不够用，他们换成了"愤怒的小鸟"中的角色名；第三代时变成了以主食命名；第四代时变成了以坚果命名，每一代都会出现新物种，最新物种是以奶茶配料命名，如布丁、抹茶等。每一代都有自己独特的命名方式，他们已经开始形成自己的组织文化。

我后来思考这个组织究竟算什么？它不模仿其他组织开展工作，而是有自己的方法。它没有与政府、企业等组织实体互动，几乎不产生运营成本。换言之，它不从系统和制度环境中获取任何资源，生存不依靠外部。那它如何坚持下去？我认为应该回到组织的日常生活和内部，依靠内部的精神性和价值性。因此，必须审视组织中人与人关系的搭建、价值与情感的维系、结构与边界的界定，以规范和伦理指导这些组织生存要素。

传统的组织研究框架关注实体组织与环境中其他实体组织的关系，因此它是横向的，研究单位是一个整体组织。我们这个组织不受行政化指标的约束，相对比较自由。这种自由并不意味着我不与外部制度环境发生互动，它产生的互动是一种依附在人身上的互动，一种内部力量，它不是自循环，而是依靠文化来实现组织与制度环境的互动。

我们的志愿者拥有多重身份。首先是组织的成员，即志愿者，他 / 她可能是某个宿舍的，来自不同省份城市，等等。因此他们的属性决定他们会有不同的圈子。他们在与他人互动时，会运用不同的身份。人与人的互动变成了身份与身份的互动，身份与身份的互动代表了群体文化与群体文化的互动。组织是依靠人之间的互动实现背后的文化互动，而非刚才所讲的组织实体之间需要金钱、资源和协议等理性、刚性、硬性条件的互动，我们的组织是软性的。那制度与组织之间如何发生互动？例如大学生群体都想参加志愿活动，很多人要获得时数，要老师的推荐信，选上组织的主席或者副主席还可以获得保研资格。我们这个志愿者组织不提供也不需要这些东西，可以说是反功利的，要求纯粹做公益，因此在组织层面会产生非功利的组织文化。组织每年都会招新，现在招新制定了许多甄别题和情景测试，做得像入学考试一样，非常专业、有趣。这是固定的流程，任何东西都不能动摇组织的非功利文化。招新这一人与人的互动情境实际上是非功利组织文化与带有功利性的制度文化的对抗，这是制度与组织的互动。

圈子与组织如何互动？我们组织的理性化程度不高，基本依赖初级社会关系。什么是初级社会关系？即老乡、同学、舍友。舍友这种社会关系形成表示有人参加了这个组织非常有趣，很可能会带动其他舍友。同学、同乡、同宿舍的圈子的重要作用是凝聚和协调，也帮助组织形成扁平化的结构，而不存在复杂的科层结构。这套组织方案受到初级社会关系和圈子文化的影响，它们会嵌入组织文化中，对其产生影响。组织固定的对外的边界是非功利性，对内的流动边界就是不同代际对于主位诉求这套专业方法的理解。不同代要提高专业性组织内涵，对专业性理解的边界和掌握程度也在不断变化。

另外一个方面是组织的运营和持续。我们有自己的工作坊，志愿者会反思公共性，认为公共性不是用绩效来评估的，而是化约在人的心理和日常生活中。志愿者会用我们理解的公共性来回应或者回击制度性的绩效评估文化。组织每一代都有自己的成果：第一代是"主位诉求"服务模式，第二代和第三代是"互为中心"关系理论，第四代和第五代调研了义务教育经费"钱随人走"的政策实效和流动儿童的教育机会，第六代跟随已毕业的流动儿童回家，观察他们的再社会化。组织运营均是围绕上述充满特色的活动进行维系，且在不同代际的激励和比较中向前发展。

从组织伦理和文化层面，人与人之间关系的搭建也非常有趣。不同代际行动背后具有各自的精神价值和信念，会传承，代际文化也会上升到组织文化。有一个非常有趣的例子是第二代和第三代乘坐公车过站后，在回学校的路上发现了一段铁轨。年轻人将其视为浪漫的象征，因此有时候甚至故意坐过站，回来走这段铁轨，使之成为传奇。后来的几代人将其演化成组织的"成人礼"仪式，每次带领新的一代志愿者开展服务时都会去走铁轨，赋予这个仪式以走前辈的路的意涵和象征，而后第九代和第十代又创造了旨在增强组织熔炼的"骑自行车"仪式。每一代都有凝练精神价值的符号，这是文化情境的生产过程，将代际价值观上升到组织价值观。它呈现的是互动与传承过程中共有意义的认同，是一种向内的精神关切，通过精神性和感召性的方式来实现组织的团结与凝聚。

五　走向行动民族志

志愿服务是一个线性发展过程，在同一个田野中，随着时间发展不断发现新问题，并随着新问题的提出不断扩展服务方法。我用三角验证发展了"主位诉求"的方法和模式。发展"互为中心"时，增设志愿者的反思性笔记。我们在遇到制度困境时开始进行政策分析，同时我发明了一个新的方法，名为"生命地图"。生命地图借鉴了社会学人口学的方法，探讨了一个孩子与他家庭的流动路线，并结合他现在的生活环境以及存在问题在一份档案里呈现。组织的存续，需要对不同代际群体进行深入访谈。同时，我们所有的志愿活动都有影像同步记录和经验示范。这正是我所讲的如何将一个行动转化为一个行动过程的研究。在这个"田野容器"中，我工作了十几年，不同的研究问题叠写在同一个"田野容器"里。所有问题都在同一个田野中产生，和而不同，彼此补充。问题生发出的理论又可以通过长期田野工作进行验证。

此外，我们也会发现多元的对话关系在"容器"中激荡。我是志愿者和研究者，同时也是学生无法解决问题时的评估者，还是追溯组织发展的观察者和回望者，多元对话关系在田野中生长。因为田野的不间断性，我一直在场，才能看到问题的生长，也使问题成为可证明的真研究问题，这也是整体性成果产出的重要因素。

我最终提出了行动民族志，它是我工作了十几年对行动过程进行综观的研究产出。我认为它具有渐进成长的整体性，是从行动入手，逐渐发现服务双方关系建构、组织化、教育政策和教育机会等问题，一个个加以分析解决生成的整体性，而非传统人类学假设的先在整体性，是行动出来的整体性，是后知后觉的行动地景，而不是发现先在的东西。因此行动民族志是长期动态的，也是深度参与的。它是多点产出，融合了如我所举的影像、工作坊在内的可以展开想象力的多种"产品"。行动民族志的实质是在地求变，这个变化与我的介入密切相关。通过介入与合作关系，重塑行动者的角色并拓展实践，最终建立多点文化解释和整体行动意义上的知识产出。这是学术贡献，或者说是对行动取向的人类学的贡献。

生命史

【编者按】

在本期"生命史"栏目中，我们有幸收录了两篇极具启发意义的文章，分别展现了两位成长背景截然不同，但都与公益结缘的主人公的生命史。这两篇文章不仅是个人经历的陈述，更是对公益救助和行动研究背后故事的深入探索和思考。

第一篇文章是资深社工王连权对残疾"职业"乞讨者阿明所做的口述史访谈，通过阿明的故事，我们得以了解像阿明这样的"城市隐者"是如何走上街头乞讨这条路的，以及他们如何看待这份"工作"。而与王连权的相遇不但改变了阿明自己的认知，也让我们看到公益慈善温暖人心的力量。

第二篇文章是独立研究者许辉的自述，他从参与2008年汶川地震志愿者服务开始，逐步接触公益活动，最终落脚在农民工社区服务，积累了丰富的实践经验。之后他选择去海外留学，将过去的行动经验转化为研究素材，在持续的学术训练中把行动融入研究，为公益人的职业发展提供了有益的参考。

这两个生命史故事相互呼应，展现了公益慈善工作的多样性和深远影响。无论是从被救助到帮助他人的个体经历，还是从行动实践到独立研究的职业转换，都体现了公益慈善的价值和意义。我们希望这两篇文章能够给读者带来启示和思考，也期待更多公益人能够在日常工作中发现意义、精进思考，在不同的职业轨道上实现自我价值。

我用自己的生存方式活着：
一名残疾"职业"乞讨者的口述实录[*]

王连权

认识阿明^①十年。十年里，我和团队去过他位于不同地点的暂住地。他的住处具有相似的特点：位于偏僻的城中村，房租和生活成本较低，出行便利。

每逢周六，阿明上午休息，下午"开工"。为了不影响他"开工"，^②我把与他进行的第一次访谈约在周六的上午。

自2015年起至今，我作为一名专职社工，专注于流浪乞讨人员救助服务工作。阿明是我所接触的第一批残疾"职业"乞讨者之一。早出晚归、骑电动三轮车、生活无法自理、高

---

* "职业"乞讨者属于一种约定俗成的称谓，指在某一区域内有固定居所，但无法（因病因残）或不愿（身体正常，却没有就业动机及就业动力）通过自身劳动来获得足够的生活来源，而长期通过示弱、示残等方式进行有规律的乞讨行为，来获取较为稳定经济收入的个人或群体。但在救助管理工作领域，并无"职业"乞讨者的相关准确概念。
本研究分别于2023年10月21日上午、2024年2月6日下午、2024年2月14日晚上、2024年3月7日晚上开展四次访谈，访谈地点分别位于南州市内某城中村出租屋、某钟表城商铺前、某会展中心广场、某城中村出租屋。南州市为化名，位于南方某经济发达城市，因经济发达、气候宜人和人文关怀传统浓厚，流浪乞讨人员较多。
① 阿明：化名，男，36岁，残疾"职业"乞讨者，户籍地为中部某省某县，先天性软骨病患者，生活无法自理，需要他人长期照顾。自2007年起，在南州开始"职业"乞讨生活至今。
② "开工"："职业"乞讨人员对于自己乞讨行为的昵称，即开始外出乞讨。

王连权，心理咨询师，社会工作师，广州公益慈善书院2016级MPS班学员，广州市社会工作协会资源链接委员会副主任，广州市鼎和社会工作服务中心总干事，梅州市梅江区鼎和社会工作服务中心理事长。

度自我保护、一聊天就走人是阿明的行为特征。在相当长一段时间里，他以各种借口为由，从不拿出他的身份证或残疾证，因此，他的服务档案里仅有他的名字。我和他之间的信任关系，需要漫长时间去建立。

2017年盛夏，一个大雨滂沱的下午，我坐车外出办事，出租车被堵在路上，寸步难行。焦急万分之际，我接到阿明的电话，他询问我是否有时间聊天。我表达了有时间并正在路上堵车。他说，他正独自躲在银行ATM机室里避雨、发呆，想找人聊天。

我原以为他只是像我一样在打发时间，跟我简单寒暄几句，但他谈兴正浓。我担心他会心疼话费而中断这次交流。因此，在电话通话的中途，我跟他表示我需要挂断电话，向其他人回复电话，稍后再回拨过去。后来，我们通话了一个多小时。放下电话后，雨过天晴。我第一次了解到他的人生历程：从出生、先天性残疾、第一次外出乞讨，到现在的生活现状、生命感悟，以及未来设想等。

在那以后，我们互加了微信。在见面后，我问他是什么原因，驱动他在那个大雨滂沱的时刻，给我打出那个电话。阿明表示，他早就将我的电话记在手机里，只是从未拨打过，经过三年多观察，他感受到我们的团队算是认真做事的。这个电话成了我们之间关系的分水岭。自此，我经常到他的租住地入户探访，彼此交流越来越多。

后来，我与阿明顺利地约定了访谈。在电话中，我向他讲述了有关访谈的想法和初衷。虽然阿明不太理解我所讲述的边缘群体口述史①事宜，但他还是马上答应了。阿明说他会全力支持我。在拟好访谈提纲后，我提前发给他。

就口述史最初的立场而言，自下而上、普通人与底边人群的生活史应是其核心，至少是之一（黄盈盈，2023）。选择阿明作为口述史访谈对象的原因是，自2007年开始，阿明在南州乞讨17年，试想一个人能够在陌生的城

---

① 口述史在发展进程中呈现三种路径：对重要的军政、经济与学术文化名人所做的口述史；对过去被政治或社会意识形态淹没、遗忘的史事所做的口述史；对那些在主流历史中失去声音的女性和底边人群所做的口述史。参见孔雪《对话王明珂 在反思中剥茧历史》，《新京报》，2016年7月2日，第B10版。

市里生活或者生存 17 年，他必定与这座城市产生了很深刻的联结。这种联结，蕴含着阿明作为个体所承载的时光烙印，体现着社工和志愿者助人自助的专业践行，也展现着政府救助部门多元化救助服务的社会担当，更彰显着南州包容、接纳与关爱的城市文化。

一 感恩：父母一直没有放弃生病的我

1988 年，我出生在中部省份一个县城，父母都是普通工人，在国营工厂上班。那时，父母两人的工资一个月加起来不到 200 块钱。可想而知，日子过得紧紧巴巴。

我是家中长子，弟弟比我小 7 岁。你一定会感觉很奇怪：在"只生一个好"的计划生育政策下，我们家为什么会有两兄弟呢？是的，这样特殊的家庭组合，都是因为我的病——先天性软骨病，也就是人们常说的佝偻病。

在 8 个月大的时候，我四肢无力，不会翻身，不会爬，连哭声都不那么洪亮，跟其他孩子完全不一样。父母抱着我去了好几家医院检查，我被确诊为先天性软骨病。医生说这个病会严重影响发育，会导致我身体变形，长不高，也长不大。

一家权威医院的主治医生说我已没有了治愈的可能性，只能靠吃补钙类药品维持，医院可以开具相关诊断证明，叫父母拿着医院诊断证明，去跟单位申请一个生二胎的指标。但我的父母一直没有放弃生病的我，坚持长期带我去医院。

直到我五六岁时，我才意识到自己有病，跟别人不一样，身体有些畸形，比同龄人矮一大块，更无法像其他人一样跑和跳。我住在爷爷奶奶家里，父母定期过来送药，其实就是龙牡壮骨冲剂之类的补剂药品，奶奶每天定时给我喂药。

父母虽心有不甘，最终只能选择妥协。1995 年，我 7 岁，我弟弟出生了。弟弟出生之后，我也回到父母身边生活，家里有了欢声笑语，父母不再整天愁眉不展。然而，有喜就有忧，弟弟出生后不久，父母双双下岗，只能自己做点小生意养家糊口。父母下岗时，俩人都没到 40 岁。我时常会联想：是不是父母长期请假带我去看病，导致他们的下岗。这么多年，关于父母下岗的原因，我从来没有开诚布公地与他们探讨过。因为我清楚父母尽了全力，为我付出太多，我没有勇气去触碰父母内心深处的沉重与艰辛。

我只读过2个月幼儿园，没上过小学。10岁时，我跟着3岁的弟弟一起上幼儿园。幼儿园一开始拒绝收我，说我超龄，不符合入园要求。妈妈的中学同学是幼儿园里的老师，经过妈妈的软磨硬泡，加上我家的特殊情况，我被特批入园。幼儿园里让我印象最深刻的事情是学儿歌，歌名想不起来了，但歌词我记得一点点：

门前大桥下，

游过一群鸭，

快来快来数一数，

二四六七八，

嘎嘎嘎嘎。①

我当时走路很吃力，只能骑着一台儿童三轮车上学，弟弟在后面使劲推着我，才能勉强骑到幼儿园。我跟幼儿园小伙伴们玩过打玻璃球之类的游戏，但总是拖别人后腿。因此，当人数不够时，小伙伴会叫上我参加，而人数足够时，我只能当个看客。除了弟弟之外，幼儿园里其他小伙伴都认为我是个累赘，我难以融入正常群体生活。在个别家长眼里，我是个特殊的存在，并正在"严重"影响着其他小伙伴，所以不停地投诉我。

后来，我不再去幼儿园上学了。妈妈曾在家里辅导过我一段时间。但家里小本生意需要妈妈投入更多精力，导致她没时间辅导我，我开始自学弟弟幼儿园、小学的课本，遇到不懂的地方我会去问弟弟。所以，我还认识很多字，现在能够正常与人使用QQ和微信交流，只是打字比较费力，所以我习惯电话或语音交流。

2007年5月，我离开了家乡，一个人来到南州，过着乞讨生活至今。我生下来就是一条命，我不能自我放弃。活着是一种责任，所以我用自己的生存方式活着。

---

① 儿歌名为《数鸭子》。《数鸭子》是一首创作于20世纪80年代的儿歌。这首歌的作词者是王嘉祯，作曲者是胡小环。它以其简单的节奏和朗朗上口的旋律，成了一代又一代儿童喜爱的经典歌曲。参见百度百科，https://baike.baidu.com/item/%E6%95%B0%E9%B8%AD%E5%AD%90/5895170?fr=ge_ala。

二 包容：我现在的一切都是别人给的

2007 年 5 月，我来到南州。这是我独自一个人，第一次出远门，离开家乡，离开家人。

抵达南州的第一站，是火车站附近的钟表城。车来车往，让我感到新奇，更感到害怕。因为害怕与担心，我辗转到了客运站。没钱住宾馆，晚上在的士通道附近准备睡觉，正赶上工作人员过来检查，看到我，说你不能在这里睡觉，你可以去救助站，[①] 那里可以免费吃住。在救助站里，我遇到高人"指点"：在南州乞讨收入高，完全能够养活自己，乞讨不是什么丢人的事情，放下"身段"，"自力更生"没有任何问题，搞好了还可以"发财致富"。

我不敢奢望发财致富，只要能养活自己就行！于是，按照那位高人的悉心"指点"，我回到火车站附近钟表城，开始乞讨生涯。第一次乞讨，浑身不舒服，感觉如芒在背，我不敢与人直视，低着头，盯着路人脚面，去判断是男是女。遇到给钱的人，只小声地说声"谢谢"，不好意思抬头。第一天乞讨，收入有四五十块钱。

2007 年 5 月到 2013 年冬天，我一直定点"蹲守"在钟表城，白天乞讨，晚上露宿（住）在钟表城保安亭旁边，保安亭有保安 24 小时值班，在保安亭旁边住的几年，我没有被偷过。2013 年底，有了一些积蓄，我开始租房居住。这么多年以来，钟表城都是我固定乞讨的"老巢"，在这里熟人多，有安全感。租房居住后，因为需要找人照顾我的生活，生活成本高了，经济压力大了，每个月差不多需要四五千块钱开销，但生活舒适度大大提高，在南

---

① 《城市生活无着的流浪乞讨人员救助管理办法》是为了对在城市生活无着的流浪、乞讨人员实行救助，保障其基本生活权益，完善社会救助制度制定。由中华人民共和国国务院于 2003 年 6 月 20 日发布，自 2003 年 8 月 1 日起施行。按照《城市生活无着的流浪乞讨人员救助管理办法（国务院令第 381 号）》相关规定，县级以上城市人民政府应当根据需要设立流浪乞讨人员救助站，救助站应当根据受助人员的需要提供下列救助：（一）提供符合食品卫生要求的食物；（二）提供符合基本条件的住处；（三）对在站内突发急病的，及时送医院救治；（四）帮助与其亲属或者所在单位联系；（五）对没有交通费返回其住所地或者所在单位的，提供乘车凭证。

州找到了"家"的感觉。

这期间，来自政府救助部门的关心，让我久久难忘。2020年9月17日，我记得是八月初一。每月初一，我都会到寺庙附近乞讨，那天香客多，乞讨收入多。因为临近国庆节，那天我在寺庙旁边乞讨同时，也卖些手拿的小国旗。那天中午，有相关部门过来检查工作，我分不清楚是救助站的，还是街道的，带队领导买了一面国旗，给我扫了88元，还俯下身跟我聊天，问我的生活情况。他跟我聊天时候，旁边工作人员并没有拿出来手机大拍特拍，而是很自然地站在附近，我知道这肯定不是在"作秀"。我一下子感觉很温暖，那位领导的关爱，让我感受到没有高低贵贱之分，没有被排斥感。

从2007年5月开始，我一直在南州乞讨、生活，至今17年。从19岁到36岁，我的青春岁月都是在南州的大街小巷里度过的。之所以能在南州待这么多年，是因为南州的包容，让我甘于放弃尊严去乞讨的同时，也深深感受到了爱和关怀。我现在的一切都是别人给的。我现在的一切都是南州给的。

三 接纳：慢慢感受到公益团队的善意

这些年里，我接触到各式各样的公益团队。对于来自公益团队的关怀，我经历了一个较为长期的接纳过程：从陌生到熟悉，去伪存真，从抗拒到接受善意，逐渐形成了一种依靠或是"依赖"。

2013年，我开始接触到零星的公益团队，大多是几个人一组，只是派发食物，很少与他们有过交流。2015年，关怀流浪乞讨人员的公益团队越来越多，但整体表现不一，以我个人的观点，大致可以分为以下四种类型：一是驱赶型公益团队，一赶了之，没有任何沟通交流，比较生硬；二是派发型公益团队，以派发生活物资为主，主动关怀不多；三是关怀型公益团队，嘘寒问暖，提供长期的关爱，能够帮助解决一些实际困难；四是宣传型公益团队，频频发照片、发视频、发新闻，来"标榜"自己。

对于宣传型公益团队，我很气愤。动不动就是最美什么什么、中国什么什么，让我感到就是在通过展示我们这个群体的"苦难"，来营造自己的"人设"。我觉得，作为残疾人，不到万不得已，谁会选择靠着乞讨过活？如果再去拿着我，或者我们这样残疾乞讨人员的"苦难"，去标榜、去宣传，实在叫人难以接受。

所以，对于各个类型公益团队，我的个人认知和判断里面，有着一个去伪存真的心路历程。我觉得我自己认可的团队，我就多接触多沟通，对于自己不认可的团队，我常常敬而远之。当然，对于我自己认可的公益团队，彼此相处过程中也会有些小插曲。

2017年9月，我无意间看到一篇公众号文章，是关于公益团队揭露"欺骗式"乞讨现象的相关报道，里面有我乞讨的一张大照片，虽是远远的侧面照，但我还是有些难受。这个公益团队是我非常认可的团队，这种情况下，我更加感觉自己受到了某种"伤害"。

我马上联系上这家公益团队负责人，愤怒地质疑这件事情，态度很不友好。那位负责人我比较熟悉，总会见面，他很诚恳地讲述了他的立场：作为公益团队，主要职责是关心关怀流浪乞讨人员，但也有社会倡导的职责，要敢于披露"欺骗式"乞讨行为，比如装病、装残、强讨强要等等现象，更需要提醒广大市民理性施舍，在表达善意同时，防止上当受骗。

他很真挚地跟我道歉，并对我说："阿明，你没有欺骗别人，你是真正的身体残疾，你的情况我们团队都很清楚，一定会采取'亡羊补牢'的措施。"在后续的新闻媒体报道里，我没有看到我的照片。虽然我因这件事情而心存芥蒂，但随着时间累积，我真正感受到了这家公益团队的韧性，我又恢复与这个团队的密切联系。我觉得，人必须有感恩之心。懂得感恩，才能珍惜生活。

四　助人：为流浪精神病人找到回家的路

源于感恩之心，我无数次幻想，如果身体正常，我一定会去做帮助流浪乞讨人员的事情，去关心他人，去温暖他人。有志者事竟成。后来，我真的参与了一位流浪精神病人的救助工作。

2018 年初夏，天气特别炎热，那段时间我没有力气开电动车到距离更远的老地方去乞讨，而是固定到离我住处不远的一家医院门口乞讨。

医院是我们乞讨人员经常去的地方，每次"开工"所得收入通常会比其他地方高。人在医院里，在疾病、生死前，自然会把健康看重，反而把钱看淡，这是我多年乞讨的"心得"。

一次中午吃饭，我拐进巷子里的快餐店，点了一份盒饭，我自己下不了车，老板把盒饭送到我车上，我坐在车上吃着。因为经常来，我的电动车和乞讨的水桶让人过目不忘，老板知道我是乞讨的，跟我较为熟悉。老板一边打理生意，一边告诉我一件"奇闻轶事"：前面有个空闲的商铺门口，躺着一个年轻小伙子，好几天啦，他口齿不清，走不了路，每天都是蒙头睡觉，大小便都是在原地解决，看着好可怜。店老板不清楚怎么去帮助他，只能每天给他送份盒饭和水过去。

吃完盒饭，按照店老板指引，兜兜转转，我终于找到蜷缩在角落里的那个小伙子。他蓬头垢面，目光呆滞，无法清晰表达，无法独立行走，对于问话没有任何反应，只是直勾勾地盯着我，精神似乎有点问题。我马上联系了长期从事流浪乞讨人员救助服务的社工，说明情况，并按照社工的嘱咐，拍照片、录视频、发送地址门牌号和位置定位。我问社工，我要不要在现场等待。社工说不用，叫我自己去忙吧。我明白，社工是担心影响到我的乞讨收入。

当天下午，社工联合救助部门赶到现场，经过多方协调，将其送到定点精神病院诊治，并妥善安置。这些救助情况，都是参加现场救助的社工当天晚上给我反馈的，看到那个小伙子被抬上救助车、送进精神病院的照片，得到社工"已经妥善安置"的回复，我的内心充满了难以名状的自豪与喜悦。

经过这件事情，所有的过往与委屈，所有纠结与无奈，烟消云散。我隐隐觉得，我的人生也是有意义的，我的生活也是有价值的，我也在需要帮助的他人的人生里，注入了自己的一点光。

五　家访①：主动打开自己生活的一扇窗

在南州，我虽然时常跟其他残疾乞讨人员租住在同一个城中村，大家一起聊聊天、吃吃饭、打打牌，形成一种抱团取暖式的伙伴关系，但缺少真正意义上的"朋友"，就是那种无话不谈的人，没有任何顾虑或者担心，能够彼此分享和共享。所以，孤独感和无力感，时刻包围着我，随时会淹没我。这时候，公益团队给了我一种精神上的支撑。

通过多年的接触和了解，我也终于同意，让社工、志愿者到我的出租屋家访，主动打开自己生活的一扇窗。因为我只读过2个月的幼儿园，老师没来得及到我家里进行正式的家访，我便被劝退，所以我特别期待公益团队的家访。2020年开始，公益团队曾经有过几次家访。社工、志愿者过来家访前，我会充当起中间人的桥梁作用，提前通知住在附近的其他乞讨人员，集中大家伙的各种意见，确定好家访时间与地点，再把信息进行反馈。

印象最深刻的一次家访是2022年9月，中秋节前夕，当时还是疫情防控期间，大家每天出门都戴着口罩。社工、志愿者再次让我联系好租住在一个城中村的乞讨人员，我们集中在交通较为便利的地方，等待社工、志愿者过来。而过了约定的时间很久，我还没有收到任何信息，我不清楚社工、志愿者是不是不来了？还是路上塞车？如果不来了，我怎么跟其他人交代呢？我焦急地给带队社工发去微信：哥，走到哪了？社工马上回复我，说已经到了，在巷子里迷路了，正在按照导航找呢。

我马上开着电动车过去，在前面带路，社工、志愿者拉着板车，装着几箱月饼，跟在后面。板车轮子声音很大，引来很多街坊好奇的注视。那次家访，我们几名残疾乞讨人员和社工、志愿者集中在村里的草坪上，大家坐下来，摘下口罩，吃月饼，喝可乐，欢快地聊天，像兄弟姐妹一样无拘无束。

那一次，我第一次带着社工、志愿者去到我的家里，第一次把自己的生活毫无顾虑地展现在他（她）们面前。我也跟社工、志愿者讲了自己近期的

---

① "家访"是指社工、志愿者到乞讨者租住地开展入户探访关怀服务，了解其生存现状，宣传救助政策，链接社会资源，为其提供物资支持和情绪疏导、情感抚慰、救助寻亲、就业帮扶等服务。

苦恼：因为疫情，我的乞讨收入越来越少，生活压力越来越大，常常失眠，很焦虑，很烦躁。社工、志愿者鼓励我放下包袱，说我已经做得很好了，每个人都不是万能的，我不要给自己太大的压力。

六　求助：午夜遭遇一言难尽的车祸

当然，我在南州也经历过无助的时刻。2023 年 10 月 24 日晚 23 点 18 分，我经历了一场严重的车祸，严重不是指我的受伤程度，而是指给我造成了沉重的心理负担。

那天晚上下小雨，我开着电动三轮车冒雨回家。在距离出租屋不远的转弯处，我被一台逆行的轿车撞倒，摔下车，额头受伤，血流不止。交警到场后，给肇事者做了酒精测试，并确定他没有酒驾、醉驾。村里的治安员也赶了过来，不清楚是不是认识开车的司机，我听到治安员跟他聊了几句，还告诉司机没事，叫司机回去。交警开具了交通事故裁定书，判定肇事方负主要责任，我负次要责任。我的电动三轮车属于私自改装类型的，没有任何手续，所以我要负次要责任。而肇事方却认定我故意"碰瓷"，拒绝履行交警裁定，放下一句话"有事找保险公司"，扬长而去。

凌晨时分，交警将我送到医院。我一个人孤零零地躺在医院急诊室的床上，等待各种检查。我马上微信上给熟悉的社工留言：刚刚出了交通事故，我好无助啊！因为时间太晚，社工没有回复。我马上拨过去电话，也没有人接听。第二天一大早，那名在外出差的社工给我打来电话，问询我的身体状况，还帮助我咨询保险赔付手续，并联系了志愿团队中的专职律师，那位热心的专职律师，又给我介绍法律援助中心的公益律师，公益律师免费帮助我处理后续问题。

那次车祸当晚，我只给社工打了电话。我不敢给弟弟打电话，害怕家人挂念。第三天，看到无法尽快解决车祸的事情，我给弟弟打了电话，弟弟赶到南州照顾我。一周之后，我出院了，我跟着弟弟回了一趟老家。2024 年 1 月初，爸爸护送我回到南州，他照顾我的生活起居，陪我过完春节之后才走。回来后我马上"开工"，想着尽快把之前因为住院和回家的收入"损失"补回来。因为回老家前不知道什么时候能回来南州，我把之前的房子退掉了，想尽量省点钱。现在，我又重新租了房子，社工、志愿者又给我送来新的御寒物资，有棉被、棉衣和毛毯。

那几个月，我经历了悲喜两重天的境遇。悲的是因为车祸，额头上留下深深的伤痕，肇事方不履行相关裁定，我只拿到了保险公司赔付的费用部分，肇事方应该支付的费用部分还没有拿到一分钱，公益律师已代为提起诉讼，法院已受理。喜的是也是因为车祸，弟弟来到南州照顾我，我跟着弟弟回到老家，时隔四年之后，在亲人身边待了两个月，见到了奶奶、外婆、父母和1岁大的侄女。在亲人身边的两个月，是我最快乐的时刻。我情不自禁地跟公益团队分享我的感受，发送我和奶奶、外婆的合影。

这次车祸，在公益团队的陪伴与开导之下，我对于肇事方的态度也发生了极大的转变：对于肇事方能够赔付多少钱，我已经不在乎啦，我只是想证明我不是"碰瓷"。我也明白了人生当中会遇到好的人，也会遇到可能"不好"的人，不能因为遇到可能"不好"的人，而去否定其他好的人。只有张开双臂，去拥抱社会，才能得到社会的爱。（以上根据阿明口述访谈资料整理）

2024年3月6日晚上七点半，在阿明的新家里结束第四次访谈。阿明爸爸已返回老家半个多月，阿明还没有找到照顾他的人。因此，他此时还要到原来租住的地方，接一位盲人大叔。大叔会帮助他冲凉、上床、脱衣，第二天上午阿明再把大叔送回去。这样周而复始的安排，让阿明看上去有些疲惫。

阿明的新家，一室一厅，空间狭小，电动三轮车无法在屋子里掉头，每次出门时，车子需要倒着出来。阿明把车子倒出来后，我帮他把晾在屋檐下的裤子收回去，锁好房门。穿过城中村的巷子，我和阿明往村口走。附近的夜市开始红火起来，各种路边摊的美味气息浓郁地直往鼻孔里钻。

走到路口，车流人流减少，我和阿明在路边停下来。阿明还要开30分钟电动车才能到达目的地。夜色阑珊深处的灯火，照在他宽阔的额头上，他的额头因为车祸缝合了几针，留下明显疤痕，让他沧桑的面容又多了一份独特的"纪念"。

我问阿明，你接触公益团队时间比较长，对公益团队能够提供的帮助和支持，有什么建议或者思考？阿明仔细地想了想，说希望公益团队最好能够成为残疾乞讨者群体生活中的"110"，像生活管家一样，残疾乞讨者遇到棘手的困难，可以及时联系公益团队，得到他们的一些指点，他们能帮助乞讨者群体拿拿主意。因为这个群体与社会隔绝太久，很多人虽然生活阅历丰富，但文化水平有限，遇到事情不知道怎么处理。比如，阿明的这次车祸，如果不是公益团队帮助，他并不知道还可以找法律援助中心的公益律师全程协助。

"关于你的个人经历，你想给别人传递出什么样的价值观？"正在看微信的他好像没听见，或者没听明白，我又补充了一句："就是想给别人带来什么？"

他的回答是：

不舒服的时候，看看我。

没有什么比活着更有价值。

不能只看到苦，更要看到背后的爱。

没有什么大不了，没有过不去的坎。

迷茫的人、颓废的人，需要重新站起来。

启迪人生？

我把阿明的想法总结了一下，问他是这个意思吧，阿明说是的，大概就是这个意思。

阿明收好手机，把手机严严实实地绑在车架上，他准备选择逆行一段路。我劝他绕一圈，不要逆行，很危险。他说没事，每天都是这么走的，开得慢一点。阿明急匆匆地走了，一路逆行，转瞬间消失在街角。

每一个生命都需要被尊重。每一个故事都值得被倾听。每一次访谈，都不是我一个人完成的，而是我和阿明共同创造的一次相遇，我在他的生命历程中，感受到了强烈的爱，感受到了对于生命的尊重，对于生存与生活的别样诠释。

参考文献

黄盈盈，2023，《缘何"口述"，何以成"史"——口述史的立场、问题意识与明暗线》，《妇女研究论丛》第 5 期。

从行动到研究
——一名公益人的职业转换自传

许　辉

一　行动的理论与自传方法

2014 年我负笈欧美，求学问道，至今刚好十年。在博士学位论文即将完成之际，幸得机会，回首往事，觉察自我，不禁感慨。想来我走过的路，与众人不同，时常在艰险中奋进，得失寸心知，好在有一本即将出版的博士学位论文，且作聊慰。过去十五年我从一名公益行动者转向行动研究者。人生有不同的可能性，在追求美好社会的道路上，热情的行动和理性的研究都是不可或缺，又相辅相成的。希望我的讲述能够给正在思考职业发展与转型的公益人带来一些启示：在不同的阶段分别增强行动能力和研究能力都有助于公益慈善事业的发展进步。

在正文之前，我简要介绍多年来一直鼓励和指引我开展行动研究的理论信念与实践方法。首先是法国社会学家阿兰·图海纳的行动社会学与社会学干预。图海纳（2012）认为，社会变革并非单纯由社会结构因素决定，而是个体和群体的行动推动和影响的结果，因为行动者具有主体性和主动性，能够采取多种形式来推动社会变革，并且对自己的行动

许辉，德国耶拿大学博士候选人。主要研究方向为产业、工作与经济社会学、社会转型与公益慈善。

目标、手段和后果进行深入思考和分析。

在《行动者的归来》（图海纳，2008：244）中，图海纳提出了"社会学干预"的行动方法，他写道："社会学介入的起点就在设立这些小组，而这些小组是由具社会学意义的行动者，或更准确地说，是由那些为脱离其行动场域，但又以行动分子（activist）身份投入分析工作的人所组成，因为分析的目标主要是去发掘行动中最深刻的意义。"具体来说，社会学干预包含四个基本原则，分别是：与社会运动本身建立面对面的直接接触；超越意识形态话语；将运动置放在一个情景中，通过与运动双方对话，突显所争夺的社会和文化目标；研究者承担"激励者与秘书"的功能，将对行动者的观察和理解转化为社会行动理论范畴，以增强行动者的能力（沈原，2006）。

布迪厄在20世纪80年代末的主张跟图海纳接近，他认为面对社会大众的苦难，社会学如若不想变成"社会巫术"，就必须深入社会，传达底层的声音。在《实践与反思》（布迪厄、华康德，1998：260）书中，布迪厄对自己社会学研究的期许是，研究结果可以提供给研究对象"像上诊所求医问药那样地来为自己服务"；1996年，布迪厄以"社会科学家、经济的科学和社会运动"为题致辞，他说："我们的梦，作为社会科学家，也许是我们研究的一部分能够为社会运动所用。"（布迪厄、华康德，1998：58）。这一声明强调了研究者和行动者之间的关系，他宣称"因为社会分工，有些人比别人（理论）武装得更好，因为这就是他们的职业"，因此，"（经济专家）那个权威效应必须用另一个权威效应来对抗"，社会学家就是工人应该依靠的"以士制士"的另一个权威（布迪厄、华康德，1998：54，57）。

图海纳和布迪厄当年的思想并不是社会学界的主流，更遭受不同层面的学术批评，但这却是我一生悬命的价值。这篇生命史故事会体现这种相信的力量，我采用自传的形式写作，就是想探索一个公益行动人如何变成并持续认同自我是一个行动研究者。从方法论上讲，自传成为社会学的重要研究方法之一，与"叙事转向"，特别是其中的"生命故事／传记转向"息息相关，芝加哥学派的经典著作《身处欧美的波兰农民》就是传记取向的（托马斯、兹纳涅茨基，2000）。

在1960年代美国民权运动的风起云涌中，一些带着现实社会关怀的研究者发展了许多有关传记的质性研究方法，比如口述历史，它本身甚至成为一种社会运动（汤普逊，2000）。夏林清鼓励的"叙事的行动研究"呈现了社会工作者、知识分子行动者、公益志愿者等行动者回观的个人生命故事（夏林清，2006；侯务葵，2007；赖香伶，2010），他／她们在社会现实中提问，试图生产对社会变革实践有用的知识，而不是仅仅"理解社会"的知识。

从可靠性上看，自传虽然是研究者研究自己，但作者必须将自我客体化，等于在写"他／她"——那个以前的我。因此，自传作者将书写对象的"我"给予客体的地位，尽管材料依赖记忆，但自传不应被视为可能过度主观（李有成，1990）。秉承这一原则，我在正文中尽量以旁观者的视角梳理自己过去十五年的行动经历，选取一些有代表性和转折性的事件和场景进行重描，并以讲述这些个体经历的社会性意义作结尾。

二 抗震救灾公益行动中的生命转折

2008 年 5 月 12 日下午，大学三年级的我正在广州科学城的移动通信公司兼职工作，突然感觉到办公椅的靠背在摇晃，头也有点犯晕。一开始，我以为是午休没睡好，就把椅子靠背稳定住，继续工作，但很快靠背又开始摇，我不禁用手按住。这时一位同事说："是不是地震？"办公室的其他人才反应过来，往楼下一看，已经有不少其他公司的人聚集了。原来真是地震了。于是我开始在网上追踪实时动态，综合比较不同的消息，当天下班回到学校后就开始考虑要不要去灾区。

接下来的 3 天，我整个人的状态都受到抗震救灾信息的影响，情绪激动，无心学习和工作，于是下定决心要去灾区，并开始做前期准备，包括寻找在成都的志愿者联络人，以及购买食物和生活用品。最后，这些物资装满了一个 70 升的登山包，我当时想着等自带的干粮吃完了，就回广州，不占用灾区资源。

我在震后第 7 天从广州飞到成都，在郫县 ① 与一个户外组织碰头，并

---

① 2017 年 1 月，郫县正式更名为郫都区。

跟他们一道开车前往周边的灾区了解村民的物资需求，这是我第一次在现实中看到房屋成片倒塌的场景。在给村民送物资的同时，我还联系上来自北京的一支抗震救灾志愿者团队，他们是富有激情的乡建支农大学生。我觉得他们跟我的背景相仿，又有组织支援，能做的事情也更多，于是决定加入他们。我从成都辗转坐车去了彭州，一路所见，满目疮痍，道路中断，涉水渡河，最终在村民的帮助下坐摩托车到达小鱼洞镇，跟乡建团队会合。就是在这里，遇到这样一群人，我的命运齿轮开始转动，改变了我后面的人生。

我在小鱼洞镇参与的工作主要有三项。一是开设帐篷学校，为当地的中小学生提供一个安全的活动场地。因为原来的校舍都遭受不同程度的毁坏，无法使用，而且灾区到处是危房，孩子们到处跑存在安全隐患。临时的帐篷学校可以让他们有一个聚集地，互相照应，志愿者还能组织一些活动，缓解他们的紧张情绪。我当时在帐篷学校辅导一些初中学生备考，这一幕被《中国教育报》的记者拍摄下来，并做了相关报道。二是帮忙村民做灾后清理和物资卸载的工作，由于房屋损毁严重，亟需拆卸，还需要搭建很多临时住处，工作量大，有一部分志愿者就挨家挨户帮忙。而且每天有很多救灾物资从各地运送过来，卸载也需要人力，我印象很深的一次就是晚上十一二点来了一卡车大米，每袋都是50公斤重，当时也不知道哪来的体力，我们三四个志愿者就不知疲倦地一袋一袋扛下来。三是做入户访谈，了解村民的受灾和需求情况，我当时遇到一位老人家用四川话跟我说当时"吓惨了"，自己一辈子的心血在十秒钟内全没了。这句话当时给我很大的冲击，使我意识到像住房、汽车等物质在遭受地震这样的自然灾害袭击时会在一瞬间化为乌有，而只有坚韧的理想信念才能让生命永续发展。

在小鱼洞每天的所做所见所闻都让我思考人在遭遇这么惨重的自然灾害后该如何坚强地生活下去。直到有一天，我去一户村民临时用彩条布搭的棚子探访，临走的时候我看到棚子外面用三块砖垒砌的灶上有一锅粥在冒着腾腾热气，顿时豁然开朗，心想这锅热粥不就是给人带来源源的力量吗？因为地震之后，大家在很长一段时间内每天只能靠干粮和方便面充饥，这时能有一碗现煮的粥实在是再幸福不过的事了。

　　我在小鱼洞当了近一个月的志愿者，在这期间遇到了不同的公益慈善组织和志愿者团队，像无国界医生和韩红带队的公益团队。[①] 之前只看过一些关于 NGO 的媒体报道，但线下的接触交流让我对这些组织和志愿者产生兴趣，因为我在大学里正处在迷茫期，人生没有方向，但参与抗震救灾使我意识到，在学校之外有更广大的天地和更有意义的事情等着我去发现。于是，我从灾区回到学校后就打算持续参与公益志愿活动。

　　2008 年暑假，我参加了乡建团队组织的大学生灾区支农活动，组建了一个团队再次来到彭州小鱼洞镇，开展支教支农工作。当时政府主导的灾后重建工作已经开始，我们发挥自身特长，以支教为主要任务，同时进行村庄调查，为后期的社区建设做准备。我们组织的最有意义的活动就是模拟奥运火炬传递。为了迎接 8 月 8 日北京奥运会开幕，我们组织学生模仿设计"祥云"火炬，在重建的板房社区规划传递路线，选拔小小火炬手，鼓励学生积极参与，最后，还举办了一场别开生面的火炬传递，给孩子和村民带来久违的欢乐。

　　暑假的支农活动结束后，我下定决心休学一年参加北京梁漱溟乡村建设中心农村可持续发展青年人才培养计划项目（以下简称乡建中心"人才计划"），这是我脱离正常的大学教育轨道，转向由 NGO 组织提供的赋能项目的开始。我在农村出生成长，对农村的各种现象有所见闻，但缺乏思考，而在四川灾区几个月的经历点燃了我追求别样人生的激情，乡建中心的平台恰好给我一个机会。于是，我从小鱼洞的灾后重建开始，学习乡村建设和社区发展的理论与实践，了解不同类型的 NGO 和社工组织，这是我成为一名公益人的起点。

　　朱健刚等人的研究认为，NGO 参与 5·12 抗震救灾及灾后重建对整个中国公益慈善事业的发展有着深远的影响，公益行动的规模效应、社区扎根、多部门的联合行动，以及普遍的社会责任意识表达都是前所未有的（朱健刚等，2009）。因此，2008 年可以说是中国公益慈善事业的"元年"。据不完全统计，有近 300 万志愿者介入全国各地的抗震救灾工作，而我正是这

---

　　①　彼时韩红的基金会还没有正式成立。

三百万分之一。尽管只是做了一些拾遗补阙的事情，但它所象征的理念和意义预示着中国公益慈善事业如潮涌至，绵延至今。

三　以农民工公益行动为志业

2008年10月我从四川来到北京，参加乡建中心的"人才计划"培训，开始了一个新阶段。北京的公益慈善和研究资源非常丰富，我通过乡建中心的平台既能听到不同教授学者的讲座，也能了解各个公益组织举办的培训交流活动，大大开阔了眼界，激发了思考，而我对农民工问题的关注和研究也是从这里出发。一开始，我只是作为志愿者参加几位北大清华老师发起的建筑工人宿舍探访活动。由于老家有不少亲戚都是建筑工人，我对工地并不陌生，但从一个志愿者的角度走进工人宿舍还是第一次。通过宿舍探访、文化活动、下乡调研等，我开始理解社会学意义上的劳工问题，因为建筑工人遭遇的不少问题都是结构性的，仅靠志愿活动根本无法解决。

在当时的时代背景下，媒体和学界都很关注建筑工人的欠薪问题，公益组织和大学生志愿者也开始介入，并进行专业化、日常化的运作。我参与其中，了解到关注农民工议题的NGO的发展历程和工作方法。在此期间，我参与了几次有影响的建筑工人权益倡议行动，触动非常大，就决心在这个领域发展。也许是冥冥中注定，当时有一家公益慈善基金会主办了企业社工的赋能培训，劳工NGO的运营是培训内容之一，我就申请参加。于是我从机构资源丰富的北京回到了草根组织生长的广东，住进了工业区，关注点也从建筑工人转向工厂工人。

自20世纪90年代初，深圳就有公益组织为农民工提供社区服务，内容包括康乐活动、图书借阅、文学诗歌创作、法律咨询、工伤探访等。我在工业区里首先接触的活动就是工伤探访。当时由于企业生产活动密集，但机器设备老旧，工人在长时间夜班后很容易发生工伤事故，这导致珠三角的医院里外科病人很多。我们就每周前往不同的医院探望这些工伤工友，了解他们受伤以来的状况，给予心理支持，并且帮助他们申请工伤认定，拿到应得的补偿。我觉得这是一件很有意义的事，能帮到这些工伤工友，但一开始我在心理上有很大的不适，每次进入医院的病房都不敢直视工人的断指残肢。

有一段时间我经常想象自己的大拇指要是断了会有什么反应，能接受自己成为一名残疾人吗？还有勇气面对接下来的人生吗？这些问题一直萦绕心头，甚至我还用胶带把自己的大拇指绑住来模拟受工伤后的生活。后来，一位名叫唐冠军的工伤工友对人生的信念鼓励了我。他的手臂被机器砸中，只能截肢，在医院住了很久。我们在医院相识，他康复出院后就常来城中村里的工友活动中心，我们时常在一起交流。他生活和工作上要面对的困难很多，但他身上却没有那种我以为的悲观消极，反而积极地面对人生，每次工伤认定有了进展就跟我分享。我在这个过程中慢慢地敢直面他的残肢，而且探访工伤工友的次数多了，也开始敞开心胸跟他们交流，希望我和同伴的出现能够为他们在不幸中带来一些温暖和希望。

我在不同的农民工服务机构做过志愿者，深知从事这类公益活动的不易。很多组织的创办人都是农民工，本身就遭遇过工伤，他们能获取的资源很有限，只能依靠有限的几家基金会的资助生存，工作人员的工资不高，但要面对的压力却不少。跟他们在一起工作的经历影响了我的人生选择，在休学结束回到学校后，我决定开始研究劳工问题。当时最想了解历史上产业工人的处境是怎样的，于是就在广州的各个图书馆搜集资料，最后用这些史料写了一篇本科毕业论文，讲述 20 世纪 20 年代广州工人的工作生活状况。

2010 年我大学本科毕业，人生的又一个转折，我没有立刻进入就业市场，而是在北京大学社会学系一位教授的帮助下以进修的名义住进北京大学畅春园的地下室宿舍，并且每天在不同的教室旁听社会学系的本科和硕士课程。在这期间，国内外的社会学者开始关注新生代农民工问题，我也想了解珠三角的劳工问题状况，于是参加了海峡两岸暨港澳社会学者组建的调研小组，在深圳的工业区进行问卷调查，这应该是我接受的最基础的社会学调查方法训练。我们每天在工人居住的城中村里找工人访谈，了解他们的工作生活情况，试图挖掘对他们的行为有社会学意义的解释，而不是企业方宣称的心理或感情问题。

通过这个调查项目，我们了解到全球最大的电子代工厂的工作条件恶劣，工人加班时间超长，管理方式也简单粗暴，工人不得不在高压下工作，这些问题揭露后引起社会各界高度关注。但是对我来说，工人内心深处的感受还是没有得到表达，于是我在2011年跟随北大社会学的老师来到重庆调研，并独自以普工的身份应聘进厂，体验真实的流水线工作。初入工厂，每一个经历都是新奇的，但也是劳累的，身体和心理上都承受不同的挑战，于是我开始做田野笔记，在休息的间隙把当下的发现和感受全都记录下来。

　　流水线的第一天，纯体力劳动，简单而单调，产线速度快了就有点手忙脚乱，排了很长的队买饭票，又排了很长的队打饭，一个小时的时间就这样流逝。二十多个人窝在车间角落的一排椅子上休息，还剩十分钟时间，只有在这里我们才能说几句话，眯一下眼，虽然很短暂，但却是值得珍惜的。旁边的一个女孩说，她不会去跳楼的，不会拿自己的生命开玩笑，虽然饭难吃，但吃饱了就行。

　　流水线作业，从接到物料到放出，我一共要做八个动作，一气呵成，每个动作一秒左右，整个作业过程大约十秒，我们的时间就这样被切割成一段一段，循环往复，一条生产线有十三个人，从拆到装，一台半成品电脑就在我们的手上发生着神奇的变化。"打工是没什么意思，但不干这个又能做什么"，一个工友跟我说，我们的工作完全体现不出我们的价值，当你把一台电脑从板架搬到流水线，重复这个动作五六百次，那意义什么的都是浮云。第一次感觉到意识已经昏昏欲睡，而手脚还在不由自主地做动作。

　　由于今天上午产量和品质都完成得比较好，线长让我们提前三分钟去食堂吃饭，作为奖励。千万别小看这三分钟，因为它可以让我们减少排队过安检，排队买饭票和打饭的时间，增加休息的时间，因此今天中午我可以休息半小时。在车间里，每分钟都是被安排好的，短暂的休息时间是需要珍惜的，一分钟不短，十分钟是天堂。

　　流水线作业要遵守很多规矩，每个工人之间要间隔一到两米，车间内不准讲话，不准听音乐，不准玩手机，不准串线串岗，不准乱丢垃圾乱放东西，没有线长的允许不准休息和下班，所有的这些构成了规训的方式。一个工人跟我说："如果不让说话，我们真就变成机器人了。"

在工厂里的前两周是很难熬的，需要适应工厂里的生活环境、工作内容、机器节奏、管理制度等方面，这个过程会快速让工人身心麻木。由于我是一个带有社会学问题意识的观察者，在繁重的工作之余还需要密集地思考，这一特殊的角色使我避免被很快异化。反过来我也在观察工厂规训工人的机制，其中有两个问题印象深刻，第一个是农民工的原子化状态，比如我住在宿舍里，但不知道下铺是谁，因为我永远看不见他：他跟我分在不同的厂区，上不同的班次，这样安排的结果是一个宿舍住的六七个人，大部分是互相不认识的。第二个是对时间的感受，每天的工作时间大概有十一二个小时，这么长的时间里我们都在一个密闭的厂房里工作，几乎导致我的时间概念消失了，这是因为在厂房里看不到外面，无法感受到时间的流逝，不知道是天亮还是天黑。

至此，我体会到了这里一些年轻工人的状态与选择，因为我在坚持了一个月的密集劳动后也失去了对生活意义的感知，每天一睁开眼睛就要准备上流水线工作，下班后拖着疲惫的身体只想倒头就睡。相比于困在流水线的农民工，我的幸运之处是还可以选择离开，毕竟我是来参与式观察的，而不是遭遇生活的宿命。

我在工厂里总共待了近两个月，除了写下自己的心理感受外，还把跟其他工人交流的内容记录下来，这些民族志材料很丰富，其中最重要的内容是我发现一起搭档的这些同事，他们很多人年纪非常小，不满18岁，是职业学校安排过来实习的，甚至有些人刚收到录取通知书就被学校要求来工厂。我就把自己掌握的这些情况撰写成文发表在《南方周末》头版。这篇文章当时也引起很多关注，"学生工"问题一直延续至今，成为媒体和学界讨论的焦点，而我也受益于这篇文章，开始转向研究性的工作。

四　在行动中研究的角色融合与转换

2011年5月我重新回到广州，在中山大学一所农村研究中心担任研究员，协助项目主持教授开展社会调查、收集分析资料，以及组织会议论坛。

由于工作是围绕农民工问题展开的，我得以发挥前几年在建筑工人和工厂工人调研中积累的经验，广泛地跟聚焦这一领域的公益组织和专家学者交流，并帮助全国各地的硕博士研究生从事个案调研。在这一阶段，我的自我定位只是一个研究支持者，为学生学者提供珠三角工业区的信息资料，介绍他们进入合适的田野点，联络工人访谈或发放问卷，以及组织暑期劳工研究讲习班等。在帮助他们搜集论文研究资料的过程中，我也在学习这一领域的知识，了解不同学科的问题意识与研究取向，这为我之后独立开展研究打下了深厚的基础。

我在中大工作期间也从广州当时较好的公益慈善氛围中获益良多。在2012年前后，有不同的社会组织、志愿者与行动者在广州落脚，尽管大家关注的领域和议题不同，但是交流频繁，有利于互相了解与合作支持。在这些活动中，我也扩大了视野，了解到其他组织和行动者的关注点和工作方式，同时我也希望在这些交流中引入劳工议题，增强它的能见度。因为农民工的问题大部分是发生在工业区里，表现形式往往比较沉重，不易在公共空间里广泛传播，只能通过小范围的交流分享才有机会得到理解和支持。

另外，我也参与搭建大学生关注劳工问题的平台。通过每年暑假举办讲习班，为关注和研究农民工问题的青年学生提供平台，使他们有机会学习劳工研究的理论，并且能够进入农民工服务机构或者工厂里参与式观察，发现农民工真实的工作、生活状况，理解他们面临的结构性挑战，并在此基础上撰写调查报告或研究论文。这项工作我做了三年，总计招收过数百名学生参加，其中有一些人就是从这里开始走上劳工研究与服务的道路。

到2013年暑假，我发现自己进入了一个瓶颈期。一方面，是因为工作内容开始重复，每年做的事情都差不多，自己很熟悉过程，感觉不到能力的进步；另一方面，是在支持别人做研究的同时，自己的思考和困惑也增多，但由于缺乏理论指引和写作指导，这些思考和困惑只是在心中隐隐浮现，无法表述成文。于是我就想换个环境，提升一下自己的文字表达能力。一开始我打算去做记者，这是一个靠文字谋生的职业，很锻炼写作能力，可是在我面试了广州一家媒体的评论编辑岗位后，并没有如愿入职，只能另作他想。

恰好这年10月，清华大学社会学系的沈原教授组织劳工研究研讨班，找了国内年轻一代的劳工学者报告他们的研究成果。当时我在四处云游，知道这个消息后就去围观学习。在研讨班期间，我觉得我对劳工问题的一些观察和观点与学院派出身的研究者还是有所区别，或许可以表达一下，于是在沈原老师的鼓励下，我决定出国读书。但是考虑到实际情况，我虽然有丰富的田野调查经验，但理论基础薄弱，加上已经 7 年没有学过英语，要过申请这一关非常困难，更为重要的是，我没钱，这一点是大部分公益人的困难，即使申请到学校也负担不起学费和生活费。

命运这时眷顾了我，因为刚好有两位德国教授在中大访学，做农民工研究，需要找一位助理协助他们做访谈。在朋友的引荐下，我顺理成章地成为他们最好的选择，最后我们一起顺利完成了课题的调研工作。在了解到我有计划出国读书后，他们给我推荐了德国的一个英文授课的劳动政策与全球化研究硕士项目，认为我是非常适合的候选人，而且德国留学不用学费，还另有奖学金作生活费。我在了解和比较后觉得我被这个项目录取的可能性最大，而且也不用担心学费和生活费问题，于是就开始认真准备。

申请留学的第一个障碍毫无疑问是语言，由于我在大学期间放弃学习英语和考四六级，要考雅思就必须从高三的基础开始学，挑战非常大，但别无选择，只能硬顶上，从背单词开始，关关难过关关过。而且在备考期间，我还要经常去工厂做调查，记得有一次我在苏州一家苹果代工厂工作，晚上八点下班后在宿舍背单词做题，别的工友都觉得我这人很奇怪，下班了怎么还学英语。就是在这样的环境中，我成功通过了雅思考试，过了第一关。之后就是准备研究内容，由于我有很丰富的劳工调查资料，研究计划书很顺利就完成了，而且之前合作的德国教授和美国学者分别给我写了推荐信。最终，我提交了所有申请材料，做好进入研究阶段的准备。

五 独立行动研究者的成长

我在 2014 年 8 月收到德国卡塞尔大学和柏林经济法律学院的录取通知，随后便开始办理赴德签证。德国的冬季学期开学时间是 10 月 1 日，我如期抵达后，很快就进入学习阶段。研究工作的过程就是读文献、课堂讨论、做汇报，以及写论文。刚开始因为语言不过关，读文献的速度很慢，课堂讨论不敢说，做报告时很紧张，论文也写不好，这些都是海外留学的必经阶段，需要花很大的毅力、经过很大强度的锻炼才能慢慢提升。我的办法就是每天早上用半小时大声朗读文献，既寻找语感，也吸收内容。坚持了三个月后，自己感到有明显的进步。德国的硕士项目一般需要两三年时间，但我这个硕士是受奖学金资助的，需要在一年内完成所有的授课，以及毕业论文，所以整个课程安排非常紧凑，每天都有大量的文献要读。对我来说，这就是一个集中的理论补课阶段，用一年的时间读两年的文献，功不唐捐。

由于我们的专业是劳动政策，我过去参与的各种劳工调查的经历帮了很大的忙，不但在课堂上跟老师同学分享，而且把每一个案例都转化成课程论文。我想这就是行动者转型做研究的优势，不用再做太多的调查就已经有丰富的田野资料。更重要的是，我在课堂上学了一个新的理论，意识到它可以用来理解和分析广州环卫工人的劳动抗争，于是我就把这个题目作为我的硕士学位论文内容，由于我对案例很熟悉，只要跟新学的理论结合起来应用就好。最后，我的这篇论文获得了很高的分数，帮我拿到硕士学位，而且我还跟导师合作把它改写成期刊论文，在不同的学术会议上报告，并在一本 SSCI 期刊上发表，这就是我自己独立完成发表的第一篇高质量的论文。

我记得在写硕士学位论文的时候，时间非常紧张，当时硕士项目负责教授说过一句话，"做研究就是要少睡觉"，我基本就是这样走过来的，日夜颠倒地写，经常好几天看不到太阳，但是这个酸爽的感觉让我欲罢不能，在完成硕士学位论文后就开始考虑读博的事，因为沈原老师跟我说过要一鼓作气把博士学位拿下来，不然人生再没有第二次机会了。这时我的论文指导老师刚好在耶拿大学获得了招博士的资格，我就自然地决定申请这个大学的博士项目，但由于存在时间差，我在准备申请期间去了美国旧金山，希望了解美国劳工问题的状况。这里发生了一个有意思的插曲，我申请的是商务及旅游签证，但签证官在知道我去美国的具体计划后，在签证上加注了"独立研究"字样，这四个字或许就是我的宿命。一直到现在，我都认为最适合我的定位就是独立研究者。

我在旧金山的工作是给唐人街的工人中心做志愿者，帮助华人新移民融入社区以及争取加班费，这跟我在国内的 NGO 做志愿者类似，不同的是这里大部分情况下只需要按部就班地遵照法定程序执行，不需要想太多"弱者的武器"的办法。同时，我也去湾区不同的公益组织和研究机构交流，了解他们的关注群体、业务模式以及发展情况，这对而言我是新的领域，也学习到很多。

在美国的半年时间，我完成了博士项目申请，并顺利收到录取通知，但奖学金需要另外申请，于是在导师的指导下，我又向德国的公益基金会申请资助。作为一个不会德语的外国人，申请德国国内的博士项目资助很难，竞争也激烈，我在提交完所有资料后也惴惴不安，生怕失败。但是经过面试后我竟然拿到了奖学金，而且排名比较靠前，这让我非常惊喜，导师询问后告诉我，评委们对我在工厂的调查经历非常感兴趣，也很欣赏，所以给我很高的评分。后来我还入选億方公益基金会的"菁莪计划"，获得了三年的经费资助，使我可以安心推进田野调查而无后顾之忧。

先后入选国内外两个基金会的资助项目真是意外之喜，因为我在做这些调查的时候根本没有想过它会给我带来不菲的奖学金，更能使我获得不同国家不同领域的人的认可。这也说明，行动者坚持做有实际意义的事情，一定是有价值的，总有一天会被人看到。

在博士阶段，我的研究是一个从零开始的独立研究。德国的博士训练跟美国体系不一样，它有不同类型的博士项目，有一种是工作合同，在导师的研究项目中完成，也有一种是全靠自己完成的，不需要在学校上课学习，有需要的时候找导师指导一下，我的研究基本上是这种状态，全靠自我驱动。澳大利亚学者陈佩华老师曾经说过我比较适合德国这种模式，因为我已经在劳工研究领域积累了足够多的田野经验和理论知识，可以自由灵活地发挥我的能力，而不需要在美国那种博士培养模式下花很多时间学习读文献。

我的研究主题是农民工如何受到机器人自动化的影响，在这个框架下，我需要研究企业是如何推进机器人自动化的，它对工人产生了什么样的影响，以及教育培训体系如何来回应这个影响。这篇博士论文的理论建构、田野设计以及资料搜集都没有先例可循，更没有现成资源可用，得想尽一切办法去接触与论文主题相关的企业、工人和教育培训机构，这样才有机会找到合适的田野对象，所以一开始几乎就是大海捞针。

我的田野调查有一个戏剧性的转折，在东奔西走，进退无门之际，我心情不佳，遂联系一位在广州华严寺出家的中大博士朋友，希望能到寺庙里住一段时间，让内心平静一下，因为健康的精神状态对完成博士学位论文至关重要。这位法师人很好，理解我的处境，毕竟他也是过来人，在中大做博士后阶段发现自己因缘到了才出家的。在他的安排下，我在华严寺的图书馆做志愿者，每天负责打扫卫生、擦拭图书、洒水扫地，这些工作很简单，但在暮鼓晨钟里内心开始变得非常平静，摒除杂念，安心思考，把博士研究的一些思路逐渐理清楚，整理成文，作为论文的初稿。

更神奇的是，在寺庙居住的这段时间，好运光临，我顺利地找到了田野调查点和关键联系人，使论文进展拨云见日，一气呵成。这个田野点是一家机器人技能培训机构，定期举办培训班，为刚毕业的职业学校学生以及想从事这个行业的工人提供脱产培训，这里的人和事正是我博士研究的重要组成部分，所以我离开了华严寺，来到这家培训机构做预调查。前期的访谈资料让我如获至宝，但总觉得还不够深入，于是我决定自费参加这家机构提供的培训课程，把自己当作一个没有任何工作经验的农民工，观察培训能否让我掌握相关的技能。

这个过程非常有意义，我既学习了机器人领域的技术知识，又在跟老师和同学的交流中得到了更多的行业发展信息，并且把老师和同学转化为我的访谈对象。在此基础上，我又采用滚雪球的抽样方法，让这个培训机构的人介绍、联络他们的各种合作伙伴，使我得以进入珠三角地区不同的企业和职业学校里做访谈。就这样，我的第一轮田野调查很顺利地完成。到今天为止，我还跟这个田野点和联系人保持密切的联系，他们阶段性为我更新资料，让我整个研究项目更丰富和完整。

在获得了大量的一手资料后，我就回到德国进行初步的分类整理，并从中构思出几篇论文的主题、框架、内容和结论。但是把想法落地成文并不容易，因为想法不一定成熟，要转化成学术语言，更需要持续地积累和训练。我就每天在办公室写作，来来回回修改，写得差不多了就找朋友帮忙看看，不行的话就重新来过。这个过程对行动者来说可能是一种折磨，因为在习惯了日常事务性的工作后，行动者往往没有条件进入不受干扰的安静的思考与连续的写作状态，而且写作是建立在惯常的阅读和思考基础上，有一定的规范性要求，行动者在缺乏日常积累和专门训练的情况下经常执笔难书，词不达意。

最后，我逐渐习惯了这样的写作状态，多思考、多写作、多修改，把已经搜集的田野资料充分利用，形成了多篇中文学术论文，并顺利在不错的学术期刊上发表，而且相比于同阶段的其他人，我已经算高产的作者了。除此之外，我还经常把一些零碎的思考写成文章在不同的媒体平台上发表，这些思考虽然构不成学术论文，但对于启发公众讨论或企业决策都有一定的意义。我在专栏写作中意识到学者不能故步自封，在这个信息爆炸的年代，输出有效、深度的观点是公共责任之一，更是践行公共社会学的重要方式，对我个人而言，也是弥补了当年想做评论编辑未成的遗憾。

六 最后的话

这篇文章简单回顾了我过去十五年的职业转换经历，从一名行动者逐步成长为研究者，这不是庸俗的攀登职业阶梯而上岸的过程，原因在于本文强调的研究者并不是脱离了行动的纯学院派知识人，而是布迪厄所说的作为工人依靠的社会学家，这是我的自我定位与期许。

同样，我希望自己的经历能够为有志一同的公益人带来鼓励。现在做公益实为不易，需要面对各种挑战，但在不同的阶段，公益人的发展可以有不一样的侧重点，合理分配自己的生命任务对自己以及所热爱的事业都有益，因为行动和研究的角色会交替进行，贯穿始终。

对我来说，行动研究不是体制内的一份稳定的教职，而是扎根于社会现实、服务于底层民众的知识生产。即使我以后的职业是农民、农民工，或者成了"三和大神"，我都会持续进行研究工作。我相信基于这样的研究，我写出的文章才有旺盛的生命力。

参考文献

阿兰·图海纳，2012，《行动社会学》，狄玉明译，北京：社会科学文献出版社。

阿兰·图海纳，2008，《行动者的归来》，舒诗伟等译，北京：商务印书馆。

保尔·汤普逊，2000，《过去的声音——口述史》，覃方明等译，沈阳：辽宁教育出版社。

侯务葵，2007，《踏上未竟之路：发展教师专业社群的行动研究》，辅仁大学心理学系硕士学位论文。

赖香伶，2010，《走自己的路！一条台湾左翼工运路径的回看》，世新大学社会发展研究所硕士学位论文。

李有成，1990，《论自传》，《当代》第 55、56 期。

皮埃尔·布迪厄、华康德，1998，《实践与反思》，李猛等译，北京：中央编译出版社。

沈原，2006，《"强干预"与"弱干预"：社会学干预方法的两条路径》，《社会学研究》第 5 期。

托马斯、兹纳涅茨基，2000，《身处欧美的波兰农民》，张友云译，南京：译林出版社。

夏林清，2006，《在地人形：政治历史皱褶中的心理教育工作者》，《应用心理研究》第 31 期。

朱健刚等，2009，《责任·行动·合作：汶川地震中 NGO 参与个案研究》，北京：北京大学出版社。

成都社会企业可持续发展报告

夏 璇

摘　要： 基于对成都市社会企业发展的长期观察，本报告描述了成都市社会企业的发展脉络及成效，从中提炼成都社会企业的培育经验，发现社会企业发展存在的挑战，并展望未来的发展方向。分析发现，成都社会企业的良好发展依托于社区发展治理的基础、市级层面的顶层设计、多部门联动为社会企业保驾护航，以及坚持育管并重的举措。然而，成都市社会企业还存在概念未形成共识、宣传推广力度不足、发展规模较小、生态系统有待完善、社会属性监管难度大等挑战。展望成都社会企业未来的发展，本报告提出坚持社会属性和市场发展"两手抓"、构建社会企业生态系统、支持社区社会企业发展、继续坚持服务与监管并重、加大社会企业传播力度、探索金融支持体系、坚持城乡协调整体发展格局等建议，以促进成都社会企业高质量发展。

关键词： 可持续发展　社会企业生态体系　社会治理　高质量发展

夏璇，社创星社会企业发展促进中心创始人／主任。

引　言

　　社会企业作为世界现代社会治理创新的载体，在世界各国已经蓬勃发展，其以"社会目标""解决特定社会问题"为宗旨，以"市场化"为手段的特征，在解决社会问题、服务特定弱势群体、改善社会治理等方面发挥了独特作用。近年来，中国社会企业发展迅速，各个地区涌现了不同特色的社会企业。从 2017 年开始，四川省，特别是成都市基于城乡发展综合治理，结合国际与国内城市的先进经验，探索将社会企业纳入了城乡社区发展治理多元主体，探索由社会企业作为多元主体提供公共服务。

　　成都市培育发展社会企业是立足于当地的历史背景和现实之需，顺应了时代发展潮流。首先，发展社会企业顺应城市转型发展的需要。成都市自 2003 年启动统筹城乡综合配套改革以来，着力推动社区"还权、赋能、归位"，加之 2008 年大地震后大量的社区自治组织和社会组织应运而生，为成都市社会企业的培育发展奠定了良好基础。为此，成都顺应国家中心城市及特大型城市发展治理的基本需求，以培育发展社会企业助推城乡社区发展治理，加快建设全面体现新发展理念的城市。其次，发展社会企业满足群众多元生活需求。截至 2023 年，成都市实际管理人口达 2100 余万，城市的空间结构、经济结构、社会结构发生深刻变革，各类主体利益诉求复杂多样，老龄化、青少年发展、儿童教育、弱势群体的社会融入、农村发展、物业服务等成为当前及未来社会发展面临的巨大挑战。为了鼓励社会多元力量参与到社会问题的解决，减少各级政府财政压力，社会企业作为一股新兴的社会治理力量应运而生，既能丰富完善政府所提供的基本公共服务，又能以商业运营手段实现"自我造血"，解决政府做不了，市场不愿做，公益慈善做不好的社会需求。最后，社会企业有助于增强社区发展治理的活力。相较于传统的社会组织，企业一般具有更强的市场敏锐性、行业前瞻性和创新能力，但纯商业运作方式的企业在社区和小区开展服务和经营活动，需要相对较长的时间与居民建立紧密联系和深度信任，因成本高、投入多、产出慢等，少有企业愿意长此以往地投入。而社会企业在理论上兼具社会属性与商业属性，且对环境为正向影响。在实际工作中，会更容易得到社会、社区、政府和居民的认可和支持。

基于此，2018年4月成都市政府办公厅率先出台了《关于培育社会企业促进社区发展治理的意见》（成办函〔2018〕61号），成为全国首个在市级层面以政府发文形式推动社会企业培育发展的城市。2019年12月《中共四川省委关于深入贯彻党的十九届四中全会精神 推进城乡基层治理制度创新和能力建设的决定》明确提出："积极发展社会企业，探索社会企业工商登记和行业认证制度。支持物业服务等企业转为社会企业，促进公益性优质社会组织转型为社会企业。探索社会企业、社会组织托管政府和社区公共空间开发无偿和低偿收费的公益项目。"2020年，四川省市场监督管理局办公室发布《关于在成都市等地探索培育社会企业的通知》（川市监办函〔2020〕40号），在成都、泸州、绵阳、内江和宜宾五市的市场监管局开展探索培育社会企业试点。2022年《成都市"十四五"城乡社区发展治理规划》中出现了15次与社会企业相关的内容。由此成都市也成为全国首个在社会企业领域，实现社会企业从企业登记、章程备案、评审认定、政策扶持、监管服务，乃至摘牌退出的全生命周期政策保障的城市。

通过对成都社会企业发展的长期跟踪调查，本报告将描述成都市社会企业的发展脉络及成效，从中提炼成都社会企业的培育经验，发现社会企业发展存在的挑战，并展望未来的发展方向。

一　成都社会企业的发展脉络

（一）政策制定阶段（2014~2018年）

2014年，成都市人大代表和政协委员联名向市政府提案，建言发展社会企业。市政府交由成都市市场监督管理局（简称市监管局）答复。当时市监管局认为，"社会企业"所描述的是兼具社会目标和商业目标的组织，这种属性的组织可以通过注册为企业或非营利组织的法律组织形态来运作，无须再出台针对社会企业的政策。2017年3月，新任市委书记上任后非常重视社会治理工作。同年5月，时任市委书记在锦江区水井坊街道锦官驿社区调研时，认识到社会企业这一新生事物对于缓解财政压力、改善社会组织造血功能不足、促进社区发展治理、调动居民参与社区治理、改善社区环境具有积极意义，因此对社会企业高度重视。时任市委书记立即指示市监管局和市民政局结合职能，开展社会企业培育和发展工作计划的专题研究。经过一段时间的调研，成都市监管局经调研形成了《关于新型社会组织—社会发展调研情况的报告》（成工商专报〔2017〕16号），受到成都市委、市政府的高度重视。

2017年9月，成都市城乡社区发展治理大会发布的《关于深入推进城乡社区发展治理建设高品质和谐宜居生活社区的意见》《成都市社区发展治理"五大行动"三年计划》，明确将"鼓励社区探索创办服务居民的社会企业""制定扶持社会企业发展的办法"相关牵头工作交给了成都市监管局。因此，成都市监管局组建调研专班专门到北京、深圳、顺德等地学习调研，并开始起草政策文件。2018年4月，市人民政府办公厅正式出台了《关于培育社会企业促进社区发展治理的意见》，作为发展社会企业的纲领性政策。同年6月，成都市监管局发布《关于发挥工商行政管理职能培育社会企业发展的实施意见》，围绕工商部门的职责提出发展社会企业的方略。成都市监管局作为牵头部门率先在全国建立了社会企业全生命周期政策保障体系，确定了培育发展社会企业的"3323"保障机制。自此，成都市创新性地将社会企业纳入城乡社区发展治理多元主体之中，成为全国首个在全市层面以政府主导推动社会企业培育发展的城市。

（二）政策实施阶段（2018年至今）

2019年初，成都市委城乡社区发展治理委员会（简称"市社治委"）发布《关于改革公共服务供给机制加快社会企业培育发展的通知》，明确了开展试点示范、加快孵化培育、探索建立项目库、科学开展认证、加强场地支持、促进专业化管理、壮大扶持基金、促进社区参与、探索财政扶持、加强宣传引导等十大工作任务。同年6月，市监管局出台《成都市社会企业评审管理办法》，开展社会企业评审认定工作。成都市的社会企业实践甚至引起省级政府的关注。2019年12月6日中国共产党四川省第十一届委员会第六次全体会议通过了《中共四川省委关于深入贯彻党的十九届四中全会精神、推进城乡基层治理制度创新和能力建设的决定》，其中对四川省社会企业的整体发展提出了指导性意见。即在党的领导下，以发展社会企业为切口，进一步推进四川省城乡基层治理制度创新和能力建设，坚定不移地推动社会企业深入社区服务，参与弱势群体帮扶，推动新经济发展与绿色生态环保工作的顺利实施。继续保持在全国范围内的领先优势，构建"人人有责、人人尽责、人人享有"的社会治理共同体。

2022 年 5 月，市委社治委将社会企业作为城乡社区发展治理主体写进了《成都市"十四五"城乡社区发展治理规划》。2022 年 6 月成立的成都市社会企业发展促进会，为成都、德阳、眉山、资阳等多地方的各类社会企业提供专业支持。2022 年 7 月全国首个社会企业投融资交易平台——"天府股交社会企业板"也在成都挂牌开板。同时，成都市相关政府部门支持促进会等行业组织在"天府市民云"建立"成都市社会企业专栏"，并赋予 45 家社会企业"优质商家"标志、参与社区商业好项目展演、搭建社区社企对接平台。截至 2023 年底，成都市有 10 个区市县陆续出台了落地社会企业政策。

根据上述进程总结而成的成都社会企业发展脉络见图 1。

二　成都社会企业的发展成效

据成都市社会企业发展促进会统计，截至 2023 年 12 月，成都市认定的各类社会企业共有 228 家，其中成都市认定的社会企业且在有效期内的共有 157 家（有 10 家成都市社会企业在各种原因之下摘牌），双认定[①] 的社会企业 157 家。这些社会企业 2022 年度营业收入总额超过 8.27 亿元。从业人员合计 6804 人（含兼职人员），平均每家社会企业提供了 38.66 个就业岗位。这些社会企业服务各类城乡社区累计超过 900 余个，受益人群超过 250 万人次。这些社会企业活跃在养老服务、就业促进、青少年教育、医疗健康、无障碍服务、社区经济、物业服务等多个社会服务领域，为成都市城乡社区发

---

① 分别指成都市社会企业认定与社会企业行业认定。

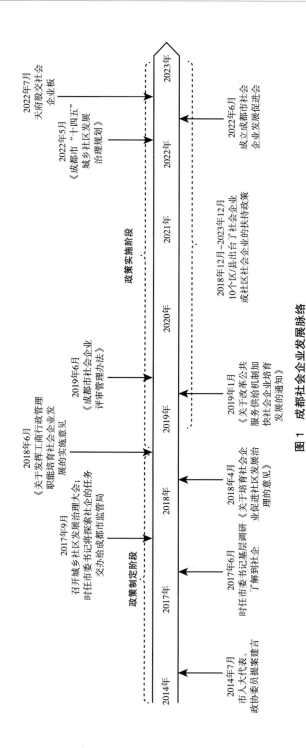

图 1 成都社会企业发展脉络

展治理和社会服务供给多元化发展增添了动力。[①] 这些社会企业活跃在社区服务、养老服务、助残扶困、就业促进、儿童教育、医疗健康、无障碍服务、社区经济、物业服务等多个社会服务领域，为成都市城乡社区治理和公共服务供给多元化增添了新的来源。

内江市作为一个内陆城市，在学习借鉴成都市社会企业发展的基础上，以持续深化商事制度改革，创新市场主体参与基层治理，探索社会资本依法参与公益事业新路径为目标，积极发展"以服务社会或创新公共服务供给为目标，以商业模式解决基层治理问题为手段，并取得明显社会成果的企业"为定义的社会企业。明确了社会企业兼具社会目标和商业运营的属性；内江市出台了《内江市社会企业登记管理办法（试行）》（2020 年 9 月），重点培育领域涉及医养康养、早教教育、家政服务、室内装修维修和物业管理等 5个行业的新设立登记社会企业、非营利社会组织转型为社会企业和市外社会企业到本市设立分支机构的社会企业。内江还明文规定社会企业应在其公司章程中明确其生产经营产品（服务）价格低于市场价的 10% 或公司收益（税后）用于公益事业的占比不低于 10%。并将该占比将作为社会企业评价的重要指标之一。

泸州市市场监管局联合泸州市委城乡基层治理委员会办公室联合出台了《泸州市培育社会企业促进城乡基层治理创新工作方案》，方案着重在涉及民生的社区生活性服务和服务农村农业等方面，鼓励、扶持和发展社会企业。聚焦社区居民迫切需要的家庭服务、就业援助、扶贫帮困、养老助老、助残救孤等基本民生服务项目，以及扶持面向农民的农业经济合作服务等服务农村经济发展的社会企业。

绵阳市人民政府办公室《印发关于大力培育发展社会企业的实施意见（试行）的通知》（绵府办发〔2020〕43 号）提出对社会企业实行"申请承诺＋评审认证"制度，凡投资创办社会企业的市场主体，应向登记机关申请承诺投资创办社会企业的宗旨和目标，承诺企业回馈社会的利润留成比例，并以章程约定的形式固化应履行的职责和义务。据统计，截至 2022 年 8 月底，绵

---

① 信息来源于社会企业服务平台，http://cd.socialenterprisechina.com/。

阳全市共有社会企业 32 家。从注册方式上看，既有直接登记注册的情况（如：绵阳市绵州春天居民服务社会企业有限公司、绵阳市花开居民服务社会企业有限公司）、也有公司认证转型的情况（如：江油市龙泰居民服务社会企业有限公司）；从股权结构上看，有纯社会资本登记的情况（如：绵阳市新创享居民服务社会企业有限公司），也有社区以闲置资产入股的情况（如：四川美舍宜居居民服务社会企业有限公司中韩家脊社区占股 51%）。从区域分布上看，涪城（14 家）、游仙（4 家）、安州（2 家）、江油（4 家）、经开（3 家）、仙海（2 家）、梓潼（2 家）、科技城新区（1 家），但仍有以农业为主的三台、盐亭和山区县平武、北川以及园区中的高新区还没有社会企业。①

2023 年 6 月，《自贡市沿滩区社区社会企业培育支持暂行办法（征求意见稿）》出台，从鼓励社区经济发展，推动城乡社区治理体系和治理能力现代化入手，由社区居民委员会作为基层群众性自治组织特别法人单独出资成立，以创新商业模式、市场化运作为主要手段，积极发展服务于社区居民，参与社区治理的新型社会企业形态——社区社会企业。截至 2023 年 5 月，自贡市已注册成立 12 家社区社会企业，其中有 10 家位于自流井区。②

宜宾市社会企业政策尚不清晰，但创新十足，宜宾市可直接在工商行政登记注册带有"社会企业"字号的公司，这也是除目前成都市、绵阳市外，全国为数不多的可以直接注册登记为社会企业的城市。据不完全统计，截至目前，宜宾市目前已有注册为"社会企业"的公司 5 家。

从上述城市的社会企业发展路径可以看出，各地市均明确关注社会企业的"身份识别"。基本上都明确了社会企业是企业登记注册并需认定；以解决社会问题、改善社会治理、服务于弱势或社区利益为企业创立的宗旨，以创新商业模式、市场化运作为主要手段，所得部分盈利按照其社会目标再投入自身业务、所在社区或公益事业，且社会目标持续稳定的特定企业。对中国社会企业的定义、定位有重要的促进作用。同时，我们也发现，各地的社会企业发展明显呈现不均衡、不充分、不系统的发展弊端，对发展社会企业

---

① 参见《关于绵阳市社会企业参与基层治理的情况报告》，2022 年 9 月。
② 《自贡自流井："三举措"助力社区企业开办》，中国新闻网，2023 年 5 月 8 日，最后访问时间：2024 年 5 月 31 日，https://baijiahao.baidu.com/s?id=1765306171824090924&wfr=spider&for=pc。

的意义、作用与价值认识不足，社会企业本身作为小微企业为主的形态，对政策过度依赖，自身经营能力弱，社会价值评估不足，大众认知缺乏是这些问题存在的主要原因。

以成都市为例分析。成都从社区发展治理、市场、政策设计和支持体系有机统一的角度设计，制定并实施了一系列专业针对社会企业的支持政策和培育体系，社会企业的认定、培育、发展和监督工作取得了明显的成效。

第一，初步构建起认定规范、政策完备、育管并举的社会企业发展培育制度体系。市级层面，成都在全国首个出台了《关于培育社会企业促进社区发展治理的意见》，制定了《关于改革公共服务供给体制机制加快社会企业培育发展的通知》《关于发挥工商行政管理职能培育社会企业发展的实施意见》《成都市社会企业评审管理办法》等涵盖顶层设计、认定、服务、培训、孵化、监督、信息透明等 7 个方面的重要配套文件；区县级层面，武侯区、成华区、金牛区、温江区、郫都区、简阳市、大邑县、新都区、青白江区等10 个区市县结合辖区居民需求、本地产业优势与社会企业发展路径，制定了具体支持社会企业发展的政策体系，在社区建成微型孵化基地 18 个，征集观察社会企业 600 余家，且呈现增长趋势。

第二，切实促进了社会企业产业链条的加快形成，契合了社区居民的多样化需求。社会企业已在各区市县实现基本覆盖，并重点集中在社区发展，养老，普惠教育，环保，无障碍等重点民生领域。涌现出朗力养老、中和农道、五星启扬、智乐物业、童萌等一批国内外知名的社会企业，基本形成品牌社会企业发展趋势。从 2018~2023 年申请参加成都市社会企业评审认定的机构来看，80% 以上申报机构关注领域集中在社区发展、乡村振兴、青少年（儿童）教育、医疗健康、养老等社区服务类项目，有效弥补了公共服务社会主体不足的问题，不断适应群众的多元化生活需求。

第三，有效探索了运用社会力量解决社会问题、促进社区发展、促进集体经济有效转型，成为成都推动社会治理创新的新路径。从成都市社会企业发展数据来看，社区是社会企业发挥作用的主阵地，社区潜藏着巨大的服务需求，为社会企业的发展带来了广阔空间，吸引各类优质社会主体和资源汇聚到社区发展治理领域。成都市社会企业综合服务平台作为成都市社会企业的认定服务平台，在近年组织了各类社会企业活动超过 360 场次，组织社会企业社区对接会 10 余场，发布社区需求项目 1500 余个，超过 200 个社会企业和市场主体报名响应，吸引了来自国内外各类社会企业超过 90 余家社会企业参与，其中 10 余家社会企业落户成都。在全国业内形成了强烈反响和良好示范。成都已成为全国社会企业最多的城市。

第四，社会企业提供了一定的就业岗位，实现了市场收入与社会目标的平衡。社会企业已经成为调动社会资源参与社会治理的有效路径，成为保民生、促就业、新经济、新发展的新生力量。

三　本土化社会企业的培育经验

成都市作为全国社会企业发展的高地，其社会企业培育与实践工作对各地发展社会企业具有启示意义。自 2018 年至今，成都市社会企业工作一直走在全国前列，具体经验梳理如下。

（一）社会企业发展内嵌于社区发展治理政策体系

成都市围绕社区治理开展了一系列举措。2017 年 9 月 2 日，成都市召开城乡社区发展治理动员大会，提出构建 "1+6+N" 社区发展治理政策体系。其中的 "1" 为 2017 年 9 月发布的 "城乡社区发展治理 30 条"——成都市城乡社区发展治理的纲领性文件；"6" 指社区发展治理的 6 大配套文件，主要囊括乡镇（街道）和村（社区）优化调整、转变街道（乡镇）职能、社区专职工作者管理、社区总体营造、社区发展规划、高品质和谐宜居生活社区标准体系等 6 个方面；"N" 指具体的指导工作配套文件，包括 "五大行动" "一核五体系"、社区志愿服务、政府购买社会组织服务、提升物业管理水平、改革社会组织管理制度、培育社会企业、社区工作者职业化岗位薪酬体系等方面。2020 年 10 月发布《成都市社区发展治理促进条例》，2021 年 1 月颁布《深化城乡社区减负提能增效的若干措施》，2022 年 5 月发布《成都市 "十四五" 城乡社区发展治理规划》等。这些社区治理创新为社会企业发展奠定了深厚基础。譬如，培养了一批使命感与创新性兼顾的优秀干部。

城乡社区居委会（村委会）积极探索运作市场思维通过设立社区社会企业来整合、运营社区的公共资源，改善社区环境、社会秩序，提升公共服务水平，营造良好营商环境，提升社区居民幸福感；同时各类社会组织在转变经营思路、改变运营模式，积极向社会企业转型。

总而言之，在国家层面尚未对社会企业专门立法和出台政策之前，在现有法律法规的框架下，成都市构建了社会企业的全生命周期政策保障体系，是目前国内领先的政策制度创新。

（二）保障社会企业发展的"3323"制度设计

首先，成都市制定了社会企业发展的三大原则，包括坚持社会目标导向、市场机制驱动的原则；坚持党委政府引导、社会各方参与的原则；坚持创新思维、提升发展能力的原则。

其次，明确由成都市市场监督管理局作为业务主管部门。该局仅以登记注册、市场监管、推动市场主体信用体系建设等职能来支持社会企业，不干涉其内部管理。"有为政府"则是指市监管局构建了三大体系，即培育发展体系、政策支持体系、监管服务体系；建设两个平台（系统），即综合服务平台和信用公示平台；建立三项制度，即评审认定制度、信息公开披露制度、退出（摘牌）制度。这一点与北京、深圳、顺德等地区由当地社工委、民政系统管辖培育传统社会组织转型社会企业有明显不同。2018年，《成都市人民政府办公厅关于培育社会企业促进社区发展治理的意见》（成办函〔2018〕61号）出台，并配套出台了《关于发挥工商行政管理职能培育社会企业发展的实施意见》（成工商发〔2018〕25号）等系列文件。从制度上确定了成都市培育发展社会企业的路径与战略方向，即"成都3323社会企业保障"机制，包括成都发展社会企业的三个原则，社会企业培育的三大体系，社会企业服务与信用公示的两大平台与成都市社会企业认定的三项制度。

最后，明确成都社会企业由企业认定产生，而非登记而产生（与绵阳、宜宾的承诺制不同），明确认定前、认定中及认定后全流程公开透明，杜绝暗箱操作，同时明确认定期限为3年，并非永久认定，对不符合要求的社会企业有退出摘牌机制，杜绝劣币驱逐良币的情况，保证成都市社会企业健康的生态。

（三）多部门合作共推社会企业科学发展

成都市多部门联动，共同推进成都市社会企业支持体系建设。成都市委社治委、各区市县社治委、各区市县市场监管局积极行动，结合辖区产业优势与社会企业发展路径，以负责任的态度，专业的调研，科学的设计，为成都市各类社会企业、观察社会企业提供了明确、有效的社会企业政策支持体系，极大促进成都市的社会企业发展。依托于成都市委社治委、成都市市场监督管理局等各部门，成都在社会企业方面实现了"七个第一"，即：社会企业支持政策全国第一；社会企业服务空间与专业服务机构全国第一；社会企业申报与认定数量全国第一；第一个以全市之力推动社会企业参与社区服务的城市；第一个从全市角度推动社会企业发展的城市；第一个明确社会企业不因登记而产生，需要评审认定而产生的城市；第一个将社会企业作为经营特点标注在企业登记注册名称中的城市。

（四）影响力评估体系实践视角的育管并重

成都市自 2023 年提出社会企业育管并重的发展目标。成都市联合北京大学等科研院校设计了成都市社会企业影响力评估体系 2.0 版，引入专业社会企业服务机构，在全市层面开展社会企业影响力评估工作。通过影响力评估及时发现社会目标不稳定的企业，给予其预警或摘牌，以保障社会企业的品牌价值，防范社会风险。同时，在信用中国（四川）开设社会企业专栏，建立季度信用积分动态提示机制，常态化开展影响力评估。截至 2023 年 12 月，由于企业经营模式调整导致社会属性降低、社会使命漂移，已被摘牌的成都市社会企业有 10 家，占已认定成都社会企业数的 6.3%。

四 本土化社会企业发展面临的挑战

（一）基础概念未形成共识

社会企业作为一种新型组织形态，兼具社会属性和经济属性，能够通过市场手段解决社会问题，促进社会建设、激发社会活力、调动社会积极性，助力解决公共服务需求和供给不充分之间的矛盾，对促进社会治理能力现代化与共同富裕有重要的现实意义。从成都市及周边城市社会企业发展的情况来看，一是目前社会企业缺乏专有的法律身份。国家层面尚未出台有关社会企业的法律法规，省市出台的社会企业政策无据可循；二是社会企业商业属性和社会属性之间的界定标准和尺度难以判断、衡量，而且社会使命随着企业的发展可能产生漂移；三是社会对社会企业的认知度和关注度较低，对社会企业概念和功能不够了解。理论界、实务界和政府部门对其与社会组织、传统企业社会责任的边界认知不够统一，对社会价值目标、治理模式、利润分配、资产锁定、责任承担、绩效评价等核心要素的评价标准尚未形成共识。不过，从已有实践案例来看，四川各地大多以依法登记的企业为主体，以社会企业认定为引导，以提供政策扶持为支撑，以履行社会责任为目标，推动社会企业发展。

（二）社会影响力不足

以成都市为例，虽然成都市社会企业发展处于全国领先，但相较于我国香港、台湾等地，社会企业的宣传推广的支持力度明显不足。现实中，社会公众、基层干部、居民均不了解社会企业，这使得社会企业在进入社区为居民提供服务时，遭受不被认可甚至是质疑的状况，也为社会企业的业务拓展增加了无形的障碍。同时，社会企业有效的宣传渠道稀少。尽管部分主管单位、社会企业综合服务平台中有关于社会企业的宣传，但是在传统媒体及影响力大的自媒体渠道鲜有报道。

（三）组织发展规模小

截至目前，四川各地的社会企业的发展规模较小，多属于小微企业，并且与传统企业一样面临组织化程度不高、人才流失严重、财务管理不规范等问题。相比于普通企业，社会企业具有明显的社会、市场和环境的三重属性，其经营难度更大，因此对社会企业家的综合要求更高。同时，社会企业在实际运营过程中也比传统企业经营背负着更多的"道德挑战"压力，面临着比社会组织运营要具备更加创新性、市场性甚至是"侵略性"的运营能力与方法论，使得部分社会企业陷入"使命"还是"活命"的二分选择，远未达到社会企业发展的理想状态。

（四）生态系统有待完善

从构建社会企业生态的角度上来说，成都市是目前四川省，乃至全国较少建立起良性运转的社会企业生态系统的城市之一，但相对英国、美国和我国香港等社会企业发达国家和地区，成都市社会企业生态系统亟须完善，尤其是缺乏赋能型孵化机构。社会企业要从传统企业或社会组织转型到向善企业再发展到社会企业，单靠社会企业家自身的力量远远不够，除了需要更多的支持性政策，更需专业的赋能型孵化机构根据各类社会企业发展的不同阶段，有针对性地为社会企业和社会企业家们提供赋能支持。此外，四川省还需出台社会企业支持政策，加大社会企业人才培育，吸引更多的利益相关方加入社会企业生态系统，包括但不限于各级各类政府、社区、居民、员工、社会组织、企业、影响力投资者、重要的合作伙伴、中介支持机构、独立评估方、研究机构、智库和学者等，建立起完善的社会企业生态体系，方可有效解决社会企业行业缺少交流、交易的痛点。

（五）社会监管难度大

社会企业监管体系在国内尚无先例可借鉴，四川省目前仅有成都市、绵阳市、内江市等城市设置了从认定到服务再到监督的管理体系。其中成都市作为社会企业发展高地，采取了先行先试的方式，委托专业机构，并参考行业专家意见提出了"轻触式"的社会企业监管原则，将社会企业的监管工作划分为经济属性监管和社会属性监管，即在依法实施经济属性监管的同时，以影响力评估、社会企业复审等方式创新开展社会企业的社会属性监管。但是，由于社会属性监管不具有法律约束力，监管效果依赖社会企业自觉自愿性，因此监管效果难以保障。其他地市的社会企业监管目前还主要以自觉、自律为主。国际认可的社会企业影响力评估体系如 SROI、GIIN、BIA 等在国内还属初步探索阶段，未来应加强对社会企业的影响力评测，鼓励将认定与服务与影响力评估有效结合，推进社会企业评估高质量发展。

五 中国社会企业发展的政策建议

（一）兼顾社会属性与市场化发展

社会企业是容易标榜的，社会企业家是凤毛麟角的，但社会企业家精神是应当普及的（毛基业等，2020）。尽管社会企业概念是舶来品，"社会企业家精神"却根植于中国传统文化，其内涵与"达则兼济天下、穷则独善其身""后其身而身先，外其身而身存"等传统价值理念一脉相承。四川社会企业的发展一直以坚持服务社区、参与社会治理为初心，在此基础上应加大各类企业、社会组织、社创项目、青年人才向社会企业转型的支持力度，降低社会企业注册运营难度，各地应提供便捷的社会企业登记通道，加大各类社会企业培育力度，促进社会企业数量与质量均衡发展，确保社会属性与经济发展"两手硬"。

（二）构建健康良序的生态系统

进一步坚定"社会目标导向、市场机制驱动，党委政府引导，社会各方参与"的社会企业发展原则。在发挥党委和政府的引导作用的基础上，撬动更广泛的社会力量参与和支持社会企业生态体系构建。以社会企业价值理念为纽带，推动社会企业培育发展工作向纵深发展，以求真务实之精神助力社会企业家成长和社会企业规范、健康发展。社会企业作为创新主体已经逐渐超越了传统的政府部门职能边界，为此亟需构建一个由政府部门、研究机构、社会组织、社会企业、社会公众、其他商业机构、专业组织等多元主体共同参与的中国社会企业发展生态系统，为包括政府相关部门、国有大中型企业、行业龙头骨干企业、各类创业投资基金、创业创新人才在内的各类社会力量参与社会企业事业提供明确的定位和指向，培育孵化更多具备创新意识、具备社会企业家精神、具备创新商业模式的社会组织、传统企业转型社会企业，满足各地社会、经济、生态环境发展。

（三）支持社区社会企业发展

成都市、绵阳市、自贡市等城市正在探索的社区社会企业是符合中国社会治理与发展的实际需求，具有中国特色的社会企业发展之路。截至 2023 年 6 月，仅成都一地，就有 226 家社区成立的企业成立运营，① 为成都社区治理现代化、创新公共服务供给、盘活社区资源提供了大量的成功案例。建议在未来，各地应以成都为样板，积极支持符合条件的社区成立社区社会企业，在政府力所不及、传统企业不愿做、部分社会组织做不好的社会领域发挥积极作用。

（四）继续坚持服务与监管并重

以多元主体为基础，积极构建从省、市、区到街道的社会企业立体支持体系，以社区为场景，以人民为中心，以需求为导向，打造定位精确、社会目标清晰、运营标准化、服务专业化的社会企业服务与产品。实时开展社会企业经济属性监管与社会属性监管。建立相对统一的且符合中国国情的社会企业影响力评估体系，根据社会企业服务质量按成果付费。对于不符合标准要求的社会企业坚决摘牌，确保社会企业队伍良性发展。

（五）加大社会企业传播力度

大力弘扬社会企业家精神，培育发展有中国特色的社会企业，是解读新时代背景下企业家精神、创新企业社会责任、构建符合新时代背景的现代公司制度的重要载体和有效形式。树立重要的社会企业典范，让社会企业始终被政府、企业、社区和人民看见，可以在一定程度上发挥社会企业的行业影响力、区域影响力、社会影响力和环境影响力。为此，建议省、市、区各级政府宣传部门积极参与，积极拓展有效的宣传渠道，落实社会企业支持政策，加大社会企业典型案例、商业模式及产品服务的宣传推广力度，营造良好的社会企业生态体系。

---

① 信息来源于成都市社会企业发展促进会，《成都市社区社会企业调研报告》，2023 年 3 月 29 日。

（六）探索金融体系参与社会企业发展

依托天府股交社会企业板这一核心基础设施，在现行法律法规的基础上，科学探索社会企业与各类金融工具相结合，在有条件的区域试点 ESG 投资、影响力债券、慈善信托、DAF（捐赠人指定基金）、社会企业小额信贷等公益金融工具，通过金融工具放大社会企业影响力与可持续发展能力，合理提升社会企业经营品质与规模。同时，鼓励各类市场资本了解社会企业，探索创立社会企业风险投资基金助力社会企业融资。

（七）坚持城乡协调、类型多元的整体发展格局

成都市作为国家中心城市的社会企业发展路径与绵阳、内江、宜宾等城市的发展路径明显不同。建议有意开展社会企业发展的各地应结合实际制定相应的社会企业培育发展政策。如内江市重点将专注于农业产业发展、农村文化振兴以及服务农村社区发展治理的农民专业合作社纳入社会企业评审认定范围，以满足远郊区县城乡社区发展治理需要。同时应加大引导社区社会企业发展，鼓励支持各类社会企业参与社区发展服务。探索信托制物业社会企业发展与服务，重点围绕市民意见大、投诉热点多的老旧院落、三无小区、农迁安置物业服务开展社会企业试点，提升居民居住满意度，开展社区治理，重点挖掘、培育社会目标清晰且稳定、创新与科技含量高、市场需求广泛且接受程度高、标准化且可复制性强的各类社会企业，从而构建错落有致、层次分明的四川社会企业发展矩阵，实现社会、经济与环境同步的可持续发展、高质量发展的良好局面。

参考文献

毛基业等，2020，《社会企业家精神（第二辑）：社会使命稳健性的概念与实践》，北京：中国人民大学出版社。

揭英丽

不坠青云之志

——评《青云志：顺德青云儿教院口述史研究（1941—1945）》

揭英丽，文学博士，就职于广东省社会科学院。主要研究方向为非物质文化遗产、岭南民俗和志愿文化。

关于"青"，在现存最古老的字书《说文解字》中，许慎解释："青，东方色也。木生火，从生丹。"

"青云"，原指青色的云，亦借指高空，寓意直上云霄，又喻追求卓越和远大志向。因此，"青云"自古被仁人志士学子所青睐，在中华文化的脉络里与"立命"有天然的联系。关于"青云"的诗句很多，比如唐代诗人王勃在《滕王阁序》中自励志节："穷且益坚，不坠青云之志。"

《青云志：顺德青云儿教院口述史研究（1941-1945）》（以下简称《青云志》）讲述了顺德人"不坠青云之志"的故事，记录了抗日战争时期顺德青云儿童教养院的发展历程。抗日战争爆发后，国难当头，民族危亡迫在眉睫，面对顺德县内失养失教的儿童，为了"保元气，延国脉"，由顺德历史最悠久的民间会社——青云文社拨出经费支持，顺德有识之士在四会江谷镇佛仔堂创设"青云儿童教养院"，八百难童得以生存和求学。出生在广东顺德北滘并两任顺德县长的同盟会会员周之贞院长，以顺德未来培养人才为重心，毁家纾难培养国家栋梁。传奇人物周之贞先生于1950年春病逝，遗无长物。有联赞其：续国脉呕心沥血，培幼育苗不独子其子；

兴中华披肝沥胆，锄奸御寇亦非家其家。

在浩瀚的历史长河中，这段历史只是一朵小小浪花，其中的人物在更大的层面上只是小人物，少有文字记录，无人知晓或者少人知晓。但，历史不该隐没。为了铭记儿童教养院的创立及其所做出的历史贡献，博士景燕春和朱健刚教授寻访全球"青云"足迹和收集档案文献，用口述史的方式和民族志描述来记录并挖掘。研究者踏足广州、香港、旧金山等地，寻访和拍摄了21位青云老人和6位他们的家属及后人的现场访谈，倾听一个个经历者的"默默无闻的声音"。在研究者与儿教院当年的学员接触中，最经常听到的一句话就是："等我们都死了，就再也没有人知道那些事情了。"（景燕春、朱健刚，2022）通过对如今依然健在的亲历者及家属的回忆、讨论与探究，在集体记忆的建构中，研究者走进了历史的深处，把抢救难童这个全民救亡大事件划分成无数小事件，并在其中建立它们的联系，在小人物与大理想的张力中，勾勒出教员和学员们物质生活上的"安"与"立"和精神生活上的"安"与"立"，重建了青云儿童教养院发展过程。这部口述史研究侧重了"人"的本位的研究。作为一种最具"个体性"的研究方法，口述史追求的是民众关于某个事件的记忆，而非所谓的"真实的过去"，在第二部分口述资料中，不论青云老人对当时的学习和生活的表述是多么生动和准确，他们口述的回忆总是渗透着后见之明。不同于单一的宏大叙事，研究者显然关注历史过程中的差异、矛盾和碎片性。研究者注重个人的角度即当年的青云种子现在的青云老人关于儿童教养院来的记忆和认知，以及这段经历对他们当下生活的影响。在青云集体里发生着一个个鲜活的故事，尽管故事的片断与片断的连接之间的艺术性和文学性较弱，就像我们日常生活的一个片断，但亲身经历及其背后的复杂心态，触动了我们心中最隐秘的部分。通过不同学员的个性化的亲见、亲闻、亲历和亲感，时代的复杂性投射在个人内心世界的复杂性毫不走样地呈现出来，人的价值彰显了出来。人是故事的制造者，故事又使人变得更为丰富。因此，这本书比一般的历史著作更加具体、细腻、生动和鲜活。

除了带着温度的口述资料，厚重的附录——青云档案汇编也非常吸引人。这部分收录了青云儿童教养院的学员整理编辑的校史、老师创作的关于教养院学习生活的画稿、周之贞相关的亲笔书信，等等。这部分资料，有图有文，有诗有歌，有总结有细描，有客观叙述有感性抒怀，非常有意思。这些资料与口述资料一起，形成新的更加系统生动的历史记忆，使得那段历史、那些人物、那种情怀具体可感，更好地帮助读者进入历史现场，深入理解在那国难当头的特殊时期，"民间社会承续宗族和地方精英'血脉'的行为，升华为维系中华民族共同体'国脉'的义举"（景燕春、朱健刚，2022）。

青云之路，薪火相传。正如"青云种子"之一蔡尔洪先生的感叹："我们不能忘记周院长，我们要把青云精神发扬光大。"围绕青云儿童教养院讲好了"不坠青云之志"的故事，研究者的脚步没有就此停留，在历时性的纵向分析和共时性横向分析中，他们进一步走进青云的意义世界，探讨这种青云精神即顺德的乡邦精神的传承。文化是生产意义的社会和历史过程。在顺德，青云不只是一座青云塔、一个青云文社、一所青云学校，更是一本"地方图谱"、一座"文化祠堂"。青云精神是顺德本地的文化记忆，是顺德民间社会协力并举的慈善传统。古代可以作为现代的源泉，滋润正在生长中的现代。不同时代的顺德人孜孜以求，努力传承青云精神，并赋予青云精神以新的内容和生命力。研究者试图通过青云儿童教养院的发展过程，寻索顺德的地方义学传统及其近代转换的运动轨迹，进而理解顺德人如何通过义学这一方式培育地方精英，传承与民族国家的现代化进程相适应的乡邦精神。正如研究者总结的，"作为一个19世纪的'八零'后，周之贞的故事不是他一个人的，而是那一代人仁人志士的共同命运"（景燕春、朱健刚，2022:36）。尽管他们的生命就像夜空里的流星一划而过，但是，在他们眼中，"吾土""吾乡""吾家""吾国"，经由苦难连成了一体，"不独子其子"，他们"把家乡当做便宜之处，在这里实现'士'阶层对于未来理想中国的想象"（景燕春、朱健刚，2022）。乡邦精神展示出强烈的历史使命和社会责任，更体现出中华文化的自信、坚韧和自我革命的内生动力。

《青云志》属于"公益慈善百年史话丛书"，给我们提供了很多既有历史意义和现实价值，又关乎未来发展的很多话题。"不坠青云之志"是人间的，不是彼岸的，有着广阔的空间和无限的可能。

参考文献

景燕春、朱健刚，2022，《青云志：顺德青云儿教院口述史研究（1941-1945）》，天津：
　　天津人民出版社。

陆德泉

全球化下"发展实践"的批判：评 Katy Gardner 和 David Lewis 的发展人类学导读

在 20 世纪 90 年代攻读博士学位期间，我对社会学和发展理论的宏大叙事感到不满，因此积极参与微观扶贫发展工作和中观议题的发展研究。后来到香港浸会大学担任发展社会学教授，我也苦于找不到一本合适的教材，这时偶然看到 Katy Gardner 和 David Lewis 合著的《人类学、发展与后现代挑战》（*Anthropology, Development and the Post-Modern Challenge*，1996），它试图整合宏观发展理论批判和中等社会发展议题，恰好与我在扶贫发展工作中的观察和批判产生共鸣，从此成为我一直断断续续使用的专业教材。

作为一本发展人类学的批判导读，《人类学、发展与后现代挑战》一书的贡献在于尝试打通宏观发展人类学理论和后现代理论，对中观"发展实际"（Development in Practice）做出自己的批判，同时对实践取向的发展人类学也尝试提出发展方向的新思考。2015 年，第二版《人类学与发展：二十一世纪的挑战》（*Anthropology and Development: Challenges for the Twenty-First Century*）出版，它在第一版的基础上更新了千禧年后的国际发展脉络，同时对后现代理论在发展话语批判与现实之间的脱节，对它在价值上的虚无主义倾向，也

陆德泉，博士，公益研究学者，曾先后在香港浸会大学、云南大学等大学担任教职，云南连心社区公益基金会专家。主要研究方向为以行动研究开发社会创新与发展型社会工作模式，以及应用于流动人口、少数民族、留守与困境儿童服务等多个领域的公益服务模式开发。

都有深刻的批判。笔者拟综合这两版，谈一下本书的贡献及对中国公益界的启发。

一 人类学者对"发展"的介入

在书中，两位作者在一定程度上挑战了人类学的价值中立论和对社会现实不干预的知识生产假设。他们认为，在"发展"问题上，人类学的传统研究视角，如现代化主义、文化相对论、多元文化主义和新马克思主义，未能充分理解这一全球性现象的深层形成机制。他们认同 Escobar 和 Ferguson 等后现代主义学者的批判立场，进而从后现代主义和后殖民主义角度，批判欧美经济学生产的知识和国际发展政策构成的发展主义话语。在他们看来，发展主义话语的根本问题在于强调欲望、理性和工具的作用，强调自我顺从的产生，而非政治经济的严格控制，从而导致各种行动者（从国家、族群、阶级、社区、家庭到个人）主体性的内化、顺从、裹挟与共谋。

在这个问题上，人类学者并没有置身事外，他们中不少人参与了发展主义话语的构建和具体的发展政策和项目。比如自 20 世纪 80、90 年代以来，联合国机构、世界银行、国际货币基金组织、跨国发展机构，都广泛邀请人类学者充当顾问，为其社会和环境保障政策及项目进行需求调查、项目设计和评估。不言而喻，这种参与会带来伦理、实践和理论上的挑战，作者于此有不少总结，从而为发展人类学的反思提供了植根于行动和理论创新的动力。

进而，作者把国际发展援助称为"产业"（industry），并通过大量人类学研究的案例对这一议题作了深刻的观察和批判。例如，从扶贫发展项目的可及性角度来看，究竟哪些群体获得发展援助？从影响性角度来看，是哪些群体得益于发展项目，又是谁付出代价？从控制性角度来看，发展项目是否完全由上而下规划，是否鼓励（或排斥）地方积极性和参与？从可持续性角度来看，发展项目的经济、社会和文化效果是否可持续？依据这些案例研究和批判性文献，作者对 90 年代国际发展研究学界在参与式发展领域的主要议题进行了系统的梳理，包括精准扶贫与一般发展援助之间的张力与矛盾、社会组织与国家干预、参与式发展与自上而下动员、程序化和代表性参与式民主的迷思、赋权与去权、另类赋权与发展、地方经济发展与国家国际分工等等，对我们有重要的参考价值。

二　新的国际发展场景与管理主义的兴起

自 1995 年第一版导读问世以来，国际形势又有了重大的变化，第二版的修订和更新即是为了回应这种新的国际合作形势。这些变化中，就其影响而论，首推中国于 2001 年加入世界贸易组织，正式成为全球经济体系一部分，全球化进程由此达到巅峰；其次，2001 年的 9·11 事件导致反恐成为各国国家安全的首要战略，这严重影响了国际发展合作援助的政策和实践。最后，在过去 20 年间，发展主义在全球化的推波助澜下进一步演变为新自由主义，强调私有化、市场化和结构调整，对发展中和发达国家原来采取的政府干预和福利政策加以否定，从而对扶贫发展的国际合作政策方向产生了重大影响。

与这些变化同步，一些另类的发展思维纷纷涌现，开始挑战主流的发展主义观念。比如不丹提出了国民幸福指数（GNH），挑战了以 GDP 为导向的经济发展观念，强调社会、精神、物质和环境幸福感高于 GDP 增长；一些联合国机构和跨国发展组织开发的参与式发展模式则强调了社区的积极参与互动和民众赋权。此外，有些发达国家和国际慈善基金会借助于区域性实验，探索将全民基本收入（UBI）计划作为一种缓解贫困的社会创新方法，通过向社区居民（或农民）提供保障基本生活开支的资金，激活地方经济发展。

在诸多新趋向中，管理主义和发展主义对发展项目的影响十分深远，这是本书的一个重要论题。两位作者通过对相关文献的梳理，列出了若干项与过度评估、过度崇拜经济指标相关的议题，比如强调绩效指标治理，注重指标达成而非实际影响，这可能导致对服务对象的问责缺失；比如将重心置于经济性、效率性和有效性上而使得监督和评估资源被挤占，从而影响那些真正有助于改善服务效果的投资；比如强调循证为本的项目效果评估，偏重随机对照试验，可能忽视那些参与式和民众认知为本的知识，等等。在管理主义和商业逻辑的双重影响下，专业化完全被审计和合规所主导，决定了组织的治理和管理。

作者将这场发生在国际发展合作领域的管理主义演变称为"完美风暴"，以此比喻 1995 年后另类发展实践所面临的困境。在这样一个高度整合的"完美风暴"中，需要接受资助的国际发展组织难于探索发展实践的社会创新。有鉴于此，在过去 20 年间，全球各地的草根社区和群体对发展主义和新自由主义做出了各种回应。例如英国和欧洲等发达国家提出了"Precariat"（不稳定无产者，或被称为"朝不保夕的人"）概念，分析了大量"不稳定无产者"的出现和抗争形式，类似占领华尔街的运动引起了许多发展人类学者的研究和思考；而在发展中国家，20 世纪 90 年代中后期国际货币基金组织（IMF）在南美洲某些国家引入的经济调整政策导致这些国家的福利政策与国家经济几近于瓦解，引发了农民和工人的合作运动，也刺激了相应的发展人类学研究。

正是基于不少人类学研究对这些"发展主义现象"的质疑，两位作者在新版中引入了学者 Escobar 对"发展"的新界定："发展"是一种文化竞争和身份重新建构的场域。由这种观点出发，我们不再只是批评发展的是非，因为在某种程度上，发展只是一种被制度化的实践。许多人类学者受到后现代批判的启示，深入探究全球化过程中不同地域民众的日常生活和文化，挖掘那些为大多数人所忽视的现实，从而对主流认知和理论提出了质疑。诸如跨文化比较、质性田野研究，甚至是多地点民族志之类的新研究取向，为解构发展主义的宏观结构和话语分析提供了更深入的批判工具。此外，作者还强调"反身性"的知识立场，指出人类学者作为知识生产者，需要反思由自身特点在这个发展场景中对知识生产造成的影响，比如性别、阶级、发达国家高校或援助机构位置等等都带有自身的成见或隐含的知识立场。这些对我们都颇具启发意义。

作者进一步区分了发展人类学的两个研究方向。第一个是大 D（Development Project），研究属于发展主义话语的研究议题，它涉及在新自由主义意识形态的发展主义话语下形成的新发展机构、政策以及相关事件和行动，包括国家部委、发展或扶贫机构、政策、制度和项目运作所产生的动力和结果，以及私有化、市场化、结构调整政策等对扶贫发展项目带来的影响；第二个是小 d（development），即针对发展过程中的人类学研究，这涉及经济、社区、人际关系、家庭、文化等层面的观察和分析，包括对扶贫发展项目、公益组织、地方社区、群体和个人行动者的互动过程做出的回应，各种正面的或负面的影响等。

最后，为了超越后现代思维中无休止的解构、文化相对主义和虚无主义的纠结，作者认为需要在这个过程中建立一些"暂停点"(stopping points)，即某些暂时性的价值观和知识立场。人类学一方面需要打破对"发展"的发展主义式的语言和假设，另一方面也需要打破后现代的"虚无主义"，协助相应的群体重新构建超越绝对贫困、不平等、边缘化和剥夺权利等由文化塑造的"美好"或"幸福"生活，推进这一议题的思辨和对话。

三 对中国公益研究和公益社群发展的思考

尽管英国脱欧、新冠疫情的全球大流行、中东和乌克兰危机等事件导致了国家和区域之间的分裂，演化出去全球化（de-globalization）的新矛盾，然而回顾本书两个版本所横跨的 20 年，也正是全球化体系建成的时期，并随中国的加入而达到全球化的巅峰。作者对这一时期形成的国际发展话语、国际发展合作、扶贫发展等议题进行的综述分析，为我国公益慈善领域流行的发展主义话语以及扶贫发展、社会发展项目和管理主义等实践议题，都提供了很有价值的反思视角、行动研究和创新的方向。

首先，作者提出的大 D 理念，启示我们要意识到发展主义话语的无处不在，进而检讨我们的公益慈善事业有没有受到什么形式的发展主义话语所主导，又带来什么具体的影响。就此我们可以探讨中国公益慈善和扶贫发展中发展主义话语和意识形态的演变和传播，也可以逐步深入分析发展主义话语对不同社会行动者的影响，比如贫困人口、农民、流动人口、妇女、儿童、少数民族等。进而，这样的分析有助于公益慈善界去反思，是否存在对经济发展、市场化、城镇化、工业就业等发展模式的片面强调，以至于忽视多元的发展目标?

其二，作者提出的小 d 公益研究进路对我们的公益慈善研究，也提供了合适的研究策略。这要求我们超越宏观发展主义话语的抽象批判，围绕具体的公益慈善项目过程进行研究，从公益项目运作的场域中，分析各种行动者互动中出现的议题和挑战。只有通过这些公益项目民族志的微观分析，才能培育受益群众的主观能动性和内生动力。

其三，相较于作者所说的国外的情形，国内头部公益基金会和公益学界对"管理主义"和"科学主义"的迷恋有过之而无不及。事实上，在国内公益事业刚刚起步之际，管理主义在很多方面已经初露端倪，具体体现包括：过度强调绩效和服务质量评估、影响力测量、核查问责；过度偏重对外部资方负责，忽视对项目服务对象的负责，忽视服务对象的主观幸福感，进而影响到改善服务效果所需的直接投入；注重绩效指标性治理，却不考虑指标达成是否真正带来了变革。此外，公益研究人员——其中不乏人类学者——在当前高校和基金会追赶国际潮流的生态环境中，也日益被过度的管理主义裹挟。因此，通过本书对管理主义的反思，强调公益项目管理过程中的参与和民主，尊重和维护在地民众的权利和利益，笔者希望能对国内相关领域有所启迪，扭转管理主义的负面影响。

其四，作者提出的"暂停点"思想尤其重要。为了克服在中国国情中、语境下以及后现代思维中的困境，公益研究学者需要超越"发展"的假设和语言，反思中国式"发展的赶超"，重新确立公益行动研究者的定位，协作公益社群重新构建贫困、公益、发展话语，重新连接不同公益行动者对不平等、边缘化、去权等议题的反思，共同创造公益价值和体系的知识探究，共同打造"美好"或"幸福"生活。

其五，作者为我国公益研究的多元发展范式转换也提出了一些有参考价值的理念和替代模式，例如幸福指数、全民基本收入、生态社区（eco-village）、内生式社区发展模式（endogenous community development）以及变革性社会创新（transformative social innovation）等。后现代的发展人类学为公益研究提供了多元文化的理解视角，不同社群和民族文化对美好生活有不同理解，我们需要尊重和理解这些差异。为此，我国的公益研究需要关注公益项目和发展过程中的在地经验，重视公益组织、社区或个人经历在发展过程中的作用，探索这些互动经验对社会、经济、文化关系的积极和负面影响，以及它们如何塑造对美好生活的理解和追求。

2008 年，我与北京大学的朱晓阳和中山大学的朱健刚老师共同组织了"反思参与式发展"专题会议，曾邀请本书作者之一的 David Lewis 老师参加。遗憾的是种种原因之下，国际人类学大会推迟到 2009 年举行，而 Lewis 老师那时有其他安排无法参加，我们错失了与这位国外同行交流关于中国扶贫发展工作经验和思考的机会。所幸，我们仍然可以通过这部作品了解他的工作，借助他对案例的收集、议题的梳理，以及对发展主义话语的批判，来反思国内外的发展干预和公益慈善事业。毫无疑问，这两版发展人类学的批判导读，对发展干预和公益慈善有兴趣的学生、学者和行业同仁，都是重要的参考书籍。

参考文献

Katy Gardner and David Lewis. 1996. *Anthropology, Development and the Post-Modern Challenge*. London: Pluto Press.

Katy Gardner and David Lewis. 2015. *Anthropology and Development: Challenges for the Twenty-First Century*. London: Pluto Press.

公益影像

【编者按】

正如视觉人类学学者邓启耀所论述，人类自古便通过图像来记录、表达、保存和传播信息，创造丰富的视觉符号，并以此形成了充满叙事与象征意义的视觉文化。如今，随着我们全面进入"读图时代"，影像与文字并重，成为表达、研究和阅读的关键方式。基于此背景，我们特设"公益影像"栏目。此栏目一方面旨在鼓励从视觉人类学、社会学、艺术学、文学等多学科视角研究公益影像；另一方面，我们希望借助这一平台，通过视觉影像的传播帮助公众"看见"社会问题，并探索可能的社会变革。本栏目不仅欢迎以影像作品为基础的深入观察和记录，也期待围绕特定社会议题的系列影像作品，以及相关的学术性研究文章。

在本辑中，我们有幸邀请到中国知名摄影记者陈杰，通过其生命历程和思考开启"公益影像"的探讨。紧随其后，八幅来自不同创作者的公益影像作品及其背后的故事将为您展开一场视觉与思想的盛宴。

陈 杰

用影像改变世界

一 一名摄影记者眼中的"公益"

> 如果一个六岁的棕发小女孩需要几千美元来做手术，这样她就能活到圣诞节，人们寄去救她的钱能塞满整个邮局。但是，如果取消征收一项销售税，马萨诸塞州的医疗设备就会老旧损耗，导致本可避免死亡的人因为得不到有效的救治而增加，却没有人为此流下同情的眼泪或是捐款。

这是诺贝尔经济学奖获得者托马斯·谢林写的一段话。按照谢林的界定，医院代表的是"统计学上的生命"，而女孩代表的则是"可识别的生命"。在现实世界中，我们往往容易被"可识别的生命"感动，尽力不让他们因为缺钱而消失。

在巨大的社会洪流中，每个人都可能会在各种各样的原因之下跌倒，每个人可能会因此而毁掉自己的人生。这意味着，我们在对"可识别的生命"伸出援助之手的时候，也要去探索一种对"统计学上的生命"的社会救助机制，或者推动建立相关公共福利政策。这是在帮助陷于贫困的别人时，

陈杰，新京报首席记者、中国摄影家协会会员、浙江传媒学院硕士研究生导师。

也在帮助身处无常之中、未来可能陷于困境的自己。

这就是公益，不仅为别人，也是为自己。

二 悬崖村：一个被镜头改变的案例

2016 年 5 月 12 日，首次完成采访四川凉山悬崖村的当晚，我选了一张十多个背着书包的孩子们在几乎垂直的悬崖上攀爬的图片（见"影像与背后的故事"图 1），发在自己的社交媒体上，并写道："毫无疑问，我被眼前的场面震撼了，几天极其艰苦、危机四伏的共同体验，再次面对如此痛楚的现实，内心仍被一次次猛烈撞击，我希望我镜头前惊心动魄的诉说最终能带来改变。"

2016 年 5 月 24 日，《新京报》刊发了我拍摄的图片故事《悬崖上的村庄》，首次将悬崖村带到公众面前。报道发出当天，就引起了中央和四川省委的重视，责成凉山彝族自治州州委州政府着手解决悬崖村的出行安全等问题。次日，凉山州、昭觉县主要领导及各职能部门组成的工作组，攀爬天梯进入村子里开展工作，时任凉山州委书记林书成根据专家意见，表示要先施建一条钢架结构梯道，解决群众出行安全问题，接下来会组织论证彻底解决方案。

2016 年 5 月底，我重返悬崖村，在之后的一周里，我先后发出了 5 篇图文报道，全面阐释了悬崖村的贫困现状、落后的教育条件、贫困的根源等。同时新京报首席记者刘旻发出了一篇万字的悬崖村及周边地理考察，展现了悬崖村乃至昭觉县及周边未来发展的自然资源优势。同时，国内其他媒体也纷纷探访悬崖村，这将悬崖村置于聚光灯下。在舆论压力之下，地方政府没有为急于应付而盲目决策，而是本着科学的态度进行论证。为了避免孩子们爬藤梯遇到危险，当地政府出资将勒尔小学所在的阿土勒尔村及周边其他悬崖村的孩子们，全部纳入全日制寄宿，等到钢梯修好，确保行路安全了，再让孩子回家。另外，一家被报道打动的企业，投资 1350 万元，开始对山下条件落后的勒尔小学进行规划建设。

多次的科学论证得出的结论是，从地质地貌、施工难度、造价等方方面面考量，花 4000 万元在不稳定的地质结构上修公路是不可行的。经过进一步评估，依据专家建议并综合悬崖村村民意见，政府决定先把悬崖村年久危险的藤梯改造成更加坚固和安全的钢梯。

2016 年 11 月，钢梯竣工后，悬崖村迎来了多年来第一个嫁入悬崖村的女青年。紧接着，山下勒尔小学的孩子们第一次攀爬相对安全的钢梯回家。

2017 年 3 月，在十二届全国人大五次会议四川代表团参加审议时，习近平总书记谈到有关凉山州"悬崖村"的新闻报道："看着村民们的出行状态，感到很揪心。"在了解到当地建了新的钢梯之后，他心里"稍稍松了一些"。①

2017 年 7 月，悬崖村钢梯通畅后，村里的用电接上了国家电网，光纤把 4G 信号接到每户人家。村民不仅用上了电饭煲、洗衣机、电冰箱，还会使用互联网与电商合作销售土特产。凉山州以悬崖村为圆点，向周边辐射的旅游项目规划和实施也全面展开。

悬崖村的改变支撑着我对抗多年来的无力感。作为一名摄影记者，既要深入事件现场记录事实，也要抵达事实的本质，通过解决一个具体的事情呈现影像的力量。

三 "悬崖村"之外：影像在持续改变世界

在持续报道悬崖村的同时，2017 年我开始把一部分工作重点转移到对国内典型贫困地区的调研。我先后走访了数十个村落，对贵州毕节、甘肃定西、云南曲靖、新疆南部等地的一些典型的村落进行系统调研和长期追踪。

2019 年，我 4 次进入贵州毕节市威宁县"溜索村"，连续报道了孩子们上学难，而家长不愿搬迁的困境。为此，我联合腾讯公益发起了 80 多万元的助学项目，仅用 12 个小时就完成筹款，实现了溜索村整体搬迁后孩子们进城就学期间生活成本的完全覆盖。同时，溜索村的上学难问题也牵动

---

① 《习近平：看到有关凉山州"悬崖村"的报道感到揪心》，央广网，最后访问时间：2024 年 5 月 31 日，http://m.cnr.cn/news/20170308/t20170308_523645400_tt.html。

着中央到贵州省委的关切，促成了贵州省对溜索村所在的海拉镇的就学条件的全面普查，最后在省市各级财政的支持下，威宁县投入1000多万元资金，在海拉镇新建和扩建了7栋宿舍楼，解决了全镇1040名学生上学难的问题。

实际上，用影像改变世界的公益行动有历史的传承。20世纪90年代，一张小女孩手拿铅笔、睁大眼睛望着前方名为《大眼睛》的黑白照片，曾经红遍海内外，成为"希望工程"的标志作品。这张照片出自中国著名摄影记者解海龙，至今还有广泛影响，让更多公众关注到希望工程。

影像是无声的语言，带人们去到无穷的远方，看到无数的人们。公益影像是一种跨越国家、种族、语言、性别等边界的公益行动，试图将人与人、人与环境连接在一起。世界新闻摄影大赛（World Press Photo，即荷赛）自1955年开展以来，以"在全世界范围内引起并增强人们对新闻摄影的广泛兴趣，传播信息并加强国际间的相互理解"为宗旨，每年向全球展示诸多扣人心弦的摄影作品。刚刚结束的第67届荷赛获奖作品涉及战争、移民、贫困等社会议题。评审团称这些获奖作品"共同展示了新闻摄影和纪实摄影的重要性，也证明了世界各地摄影师所表现出的勇气、技巧和同情心"。

四 影像 × 公益："看见"带来改变

随着城市化进程加速，个体原子化现象日渐显现，人与人的关系逐渐淡漠。加上地域发展不均衡、贫富差距拉大、个体生存艰难等原因，很多社会问题不被社会大众看见，更难从结构层面得到解决。有些事情，被看见，才有可能带来改变。一张张影像作品，记录和传播的是一个个直击人心的故事，在为世人留下重要史料的同时，也实现了一次次难以置信的改变，这就是影像的力量！我始终相信，个体的力量是微小的，但人性的力量是巨大的，个体可以用照见人性的力量，并聚合更多能够带来改变的力量，最终推动变化的发生。

多年的触动人心的"影像故事＋公益"的实践，让我萌生了一个想法——建立一个致力于用影像改变困境中的人的摄影团队——团结全国各地一线的优秀纪实摄影师，深入一线，深度挖掘典型故事，通过视觉呈现、平台传播，让影像结合公益，产生更大的力量，来尽可能推动一些困境问题的解决。2023 年，我与广州悦尔公益基金会联合发起"悦尔像素"项目，目的是通过纪实摄影故事、纪录片、绘画及其他视觉艺术作品形式表达创作者的公益主张，并通过深度传播，整合社会资源，为对应公益议题贡献解决方案，希望引导公众更多关注公益议题及项目，推动社会公益事业的发展。

在此，我呼吁更多的公益摄影师参与进来，以问题解决的导向、面向未来的视野、包容与多元的价值，为民众赋权，用影像反映民意，并通过与官方、精英的对话和互动，寻求共识和解决方案。

影像与背后的故事

图1　悬崖上的村庄

背着书包的孩子们，
在几乎垂直的悬崖上攀爬。

图文　**陈杰**

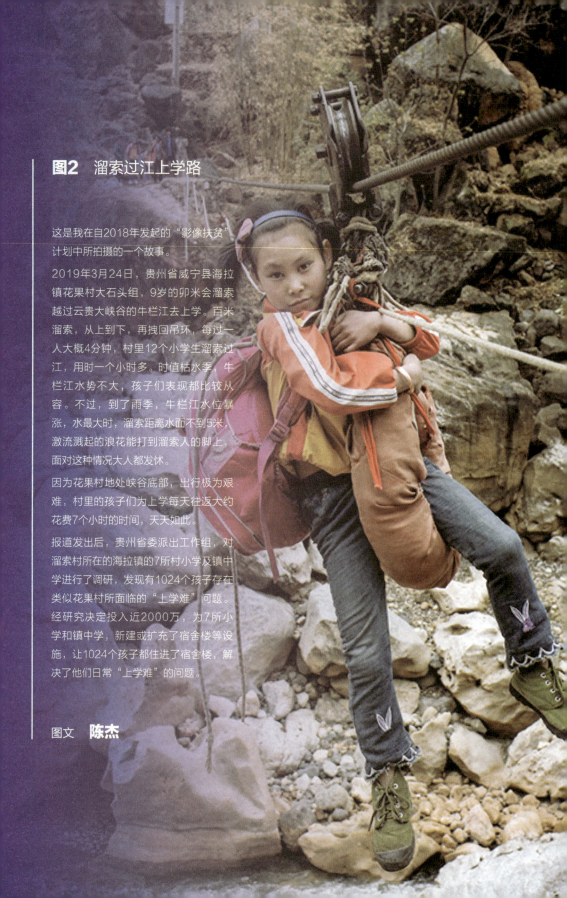

图2　溜索过江上学路

这是我在自2018年发起的"影像扶贫"计划中所拍摄的一个故事。

2019年3月24日，贵州省威宁县海拉镇花果村大石头组，9岁的卯米会溜索越过云贵大峡谷的牛栏江去上学。百米溜索，从上到下，再拽回吊环，每过一人大概4分钟，村里12个小学生溜索过江，用时一个小时多。时值枯水季，牛栏江水势不大，孩子们表现都比较从容。不过，到了雨季，牛栏江水位暴涨，水最大时，溜索距离水面不到5米，激流溅起的浪花能打到溜索人的脚上，面对这种情况大人都发怵。

因为花果村地处峡谷底部，出行极为艰难，村里的孩子们为上学每天往返大约花费7个小时的时间，天天如此。

报道发出后，贵州省委派出工作组，对溜索村所在的海拉镇的7所村小学及镇中学进行了调研，发现有1024个孩子存在类似花果村所面临的"上学难"问题。经研究决定投入近2000万，为7所小学和镇中学，新建或扩充了宿舍楼等设施，让1024个孩子都住进了宿舍楼，解决了他们日常"上学难"的问题。

图文　陈杰

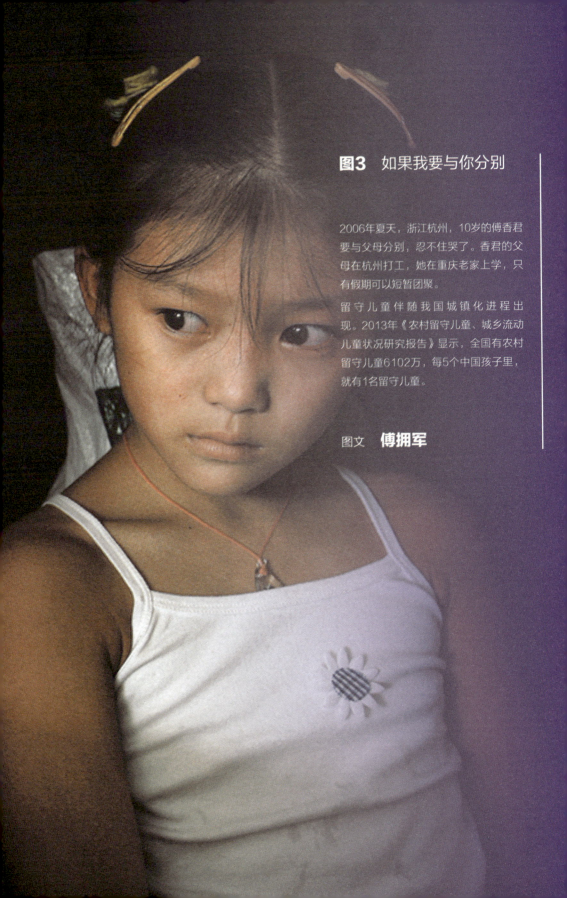

图3　如果我要与你分别

2006年夏天，浙江杭州，10岁的傅香君要与父母分别，忍不住哭了。香君的父母在杭州打工，她在重庆老家上学，只有假期可以短暂团聚。

留守儿童伴随我国城镇化进程出现。2013年《农村留守儿童、城乡流动儿童状况研究报告》显示，全国有农村留守儿童6102万，每5个中国孩子里，就有1名留守儿童。

图文　**傅拥军**

图4 刀锋战士

2023年12月6日，甘肃省阿克塞哈萨克自治县郊外，潘俊帆身着"刀锋"假肢在沙漠中训练。

从截肢到重新站起来，再到跑上亚残运会开幕式的舞台，他的人生经历了常人难以想象的磨难。跟他一起参加开幕式表演的还有时年34岁的王广玉君，他们以"刀锋"为舞，讲述了无数截肢青年从迷茫无力到勇毅前行的成长故事。

图文 **倪华初**

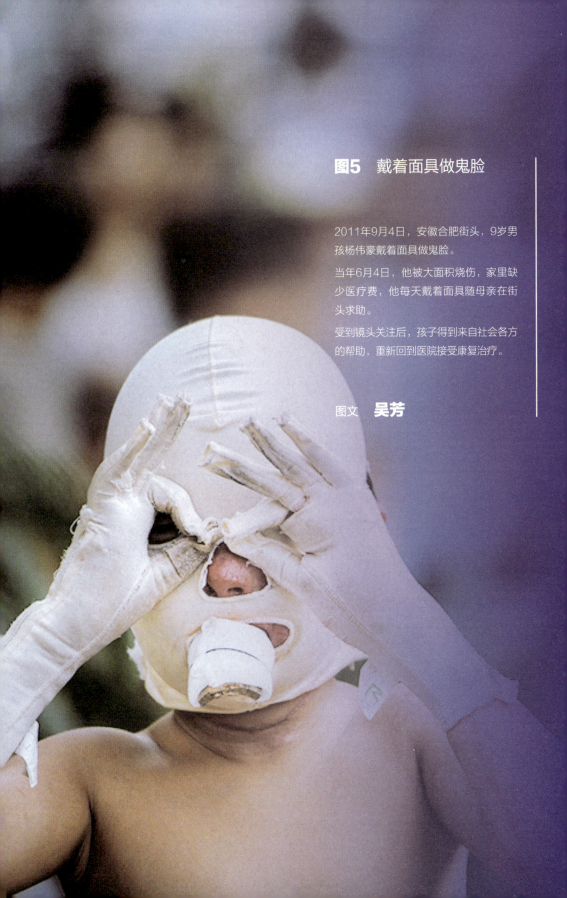

图5 戴着面具做鬼脸

2011年9月4日，安徽合肥街头，9岁男孩杨伟豪戴着面具做鬼脸。

当年6月4日，他被大面积烧伤，家里缺少医疗费，他每天戴着面具随母亲在街头求助。

受到镜头关注后，孩子得到来自社会各方的帮助，重新回到医院接受康复治疗。

图文 **吴芳**

图6 疯狂排球

黑龙江省大庆市超等蒙古族乡，一群喜爱排球的留守儿童，在自己动手挖出来的雪坑球场中练习打球。他们的教练高大义是一名数学老师，在他17年的教学生涯中，一共培养出了600多名会打排球的孩子，其中有5名国家一级运动员和5名国家二级运动员。

2023年12月，该学校已获得惠基金"百城百场计划"支持，其公益团队计划为同学们建造新的排球场。

高老师其实在通过排球育人，不管这个孩子是优等生，还是其他老师眼中的'问题少年'，他没有选择性地放弃这些孩子，而是通过排球运动，在他们心里埋下希望的种子，帮助他们立德树人，迎接未来的挑战。体育不仅仅是竞技赛场的争金夺银，更是育人育己的人生导师。——排球运动员、奥运冠军惠若琪

图文　**杨一凡**

投稿指南

《公益》集刊（*Journal of Philanthropic Studies*）是一份由中国社会学会公益慈善研究专委会和广州悦尔公益基金会联合主办，致力于推动公益慈善研究与发展的学术出版物，旨在开拓中国公益慈善研究的新方向，关注公益慈善理论与实践中的典型问题，探索公益行动实践中的学术洞见，沉淀现代公益慈善转型中的经典案例与实践样本，推动社会可持续发展。本集刊设有学术专题、慈善文化历史、行动民族志、笔谈、生命史、调查报告、书评、公益影像等栏目。

● **来稿说明**

本集刊的征集范围为与公益慈善研究相关稿件。投稿人必须确保来稿为本人原创成果，未对他人权益构成侵犯，投寄本集刊的稿件文责一律自负，凡采用他人成果务必加注说明。本集刊不接收在国内外已公开发表的文章（含网络发表），请勿一稿多投。来稿须符合学术规范，且重复率不高于15%。本集刊不接受邮寄的纸质稿件（概不退稿），初次审核结果将在30天内告知，如超过此期限未收到初审意见回复，则视为拒稿，请您自行处理稿件。本集刊实行三审三校制，来稿一经采用，即奉稿酬和当辑出版物两册。每篇来稿只可投递一个栏目，字数在10000~20000字为宜。

● **稿件格式**

稿件第一页应包括以下信息：（1）文章标题；（2）作者姓名（及汉语拼音/英文），联系方式（包括联系电话、通信地址、电子邮箱等），个人简介（包括出生年份、工作单位、职称/职务、研究方向等）。

稿件第二页包括：（1）文章标题；（2）中文摘要（200~400字为宜）；（3）

3~5个中文关键词；（4）对应的英文摘要和英文关键词。

第三页开始为稿件正文。稿件正文行距为1.5倍；一级标题与段之间空一行；页边距为左右3.18cm、上下2.54cm。页眉标注拟投栏目名称，置于左上方，页码用"1，2，3……"置于右下方。

● 字体规范

1.【主标题】主标题采用宋体四号字，加粗，右对齐。英文标题、作者英文名采用Times New Roman。

2.【摘要及关键词】中文"摘要"二字采用宋体小四，加粗，加冒号，摘要内容采用宋体小四，不加粗；英文"摘要"二字及正文采用Times New Roman小四，不加粗。中文"关键词"三个字采用宋体小四，加粗，加冒号；关键词内容采用宋体小四，不加粗，关键词之间空一格；英文"关键词"三个字及正文采用Times New Roman小四，不加粗，词之间采用分号（英文格式）。

3.【正文主体】一级标题采用黑体四号，不加粗，居中对齐；二级标题采用宋体四号，加粗，左对齐；三级标题采用宋体小四，加粗，左缩进两格；四级标题采用宋体小四，不加粗，左缩进两格。正文采用宋体小四，不加粗，段首左缩进两格（英文采用Times New Roman）。

4.【页眉页脚】页眉采用黑体小四，不加粗。

5.【参考文献】"参考文献"四字采用黑体四号、不加粗。参考文献内容采用宋体小四，不加粗（英文采用Times New Roman）。

6.【脚注】中文采用宋体小五，不加粗。英文采用9号Times New Roman，不加粗。

● 编号规范

稿件的标题、表格、图、公式以及脚注应分别连续编号。一级标题用编号"一、二、三"……；二级标题用"（一）（二）（三）"；三级标题用"1.2.3."……；四级标题用"（1）（2）（3）"……

● 文献引用

如果直接引用书中的表述，引用内容请加上双引号，并需要加上页码。如果不是直接引用，而是间接引用，则书籍也不必标明页码。

正文引用的文献采用文中注（夹注）形式标注，格式为（作者，年份：页码），示例如下：（周雪光，2004：25）或者（Adams, 2006）。其中英文文献的作者在文中只需标注姓氏，另外只有书籍需注明页码，引用期刊不需要注明页码。

1.一个作者时，列出作者和出版年份，中间用"，"隔开，如果有引用的具体页码，则页码和出版年之间用"："隔开。

2.两个作者时，中文作品作者之间用"、"隔开，英文作者之间用"and"或"&"相连（篇内一致）。

3.三个作者时，中文作品的作者与作者之间用"、"隔开，英文前两个作者之间用"，"隔开，后两个作者之间用"，and"隔开。

4.三个以上作者时，可以缩写，格式为第一个作者加"等"（英文为 et al.）。

5.征引同一作者两部及以上作品：①不同年份作品。若无具体的参考页码，不同著作的出版年之间用"，"隔开，如（作者，年份1，年份2）；有具体的参考页码，不同著作之间用"；"隔开，如（作者，年份1：页码；年份2：页码）。②同一年份作品。引用同一作者同一年份多部作品时，用"a，b，c……"附在年份后加以区别。参考文献中的年份后同样有对应的a，b，c……同一年份不同作品排列按照出版时间排序，若无法确定出版先后，可按文献的首字母排序。

所引用的参考文献统一在文末列出（无需注明页码），中文先排，英文以及其他语言于后，都按作者姓名首字母顺序排列。中英文参考文献具体示例如下（其他语种文献遵从该语种惯例）：

表 1　中文文献标注示例

类型	示例
著作类	许毅等，1996，《清代外债史论》，北京：中国财政经济出版社。 Brooks, Peter. 2000. *Troubling Confessions: Speaking Guilt in Law and Literature*. Chicago: University of Chicago Press.
文集类	杜威·佛克马，1999，《走向新世界主义》，载王宁、薛晓源编《全球化与后殖民批评》，中央编译出版社。 Schfield, R.S. 1983. "The Impact of Scarcity and Plenty on Population Change in England." In *Hunger and History: The Impact of Changing Food Production and Consumption Pattern on Society*, edited by R. I. Rotberg and T. K. Rabb. Cambridge, Mass: Cambridge University Press.
译著类	弗里德里希·冯·哈耶克，2000，《经济、科学与政治——哈耶克思想精粹》，冯克利译，南京：江苏人民出版社。
期刊类	何龄修，1998，《读顾城〈南明史〉》，《中国史研究》第 3 期。 Friedman, S.L. 2023. "Opting out of the City: Lifestyle Migrations, Alternative Education, and the Pursuit of Happiness among Chinese Middle-class Families". *Journal of the Royal Anthropological Institute* 2.
报纸类	鲁佛民，1941，《对边区司法工作的几点意见》，《解放日报》11 月 5 日，第 3 版。
学位论文	陈默，2012，《抗战时期国军的战区—集团军体系研究》，博士学位论文，北京大学历史学系。 Choi, Mihwa. 2008. "Contesting Imaginaires in Death Rituals during the Northern Song Dynasty." PhD diss., University of Chicago.
古籍类	《荀子·性恶》（清）沈家本：《沈寄簃先生遗书》甲编，第 43 卷。
电子文献类（脚注）	周纪纶，2008，《生态学研究方法》，最后访问日期：2024 年 5 月 1 日 http://www.chinabaike.com/article.html。 Kurland, Philip B., and Ralph Lerner, eds.1987. *The Founders' Constitution* . Chicago: University of Chicago Press.Accessed February 28, 2010, http://press-pubs.uchicago.edu/founders/.

● **引用田野笔记中的材料**

应尊重田野材料的原始性、粗糙性，以及所使用的俚语、口语化成分；但也要考虑读者理解，应经过适当编辑，以使得田野笔记中的文字能够融入正文；田野材料中涉及的人名、地名、机构名以及获得的文献等能表明被访者真实身份的资料，应当经过一定的技术处理；田野资料中涉及被访者隐私、伦理等方面的材料，在公开使用时应征得被访者同意；引用田野笔记中的材料，既可以是行中引（正文字体），也可以是提行引（可用特殊字体字号，如楷体）。

● 脚注注释

引用非文献的数据、对正文内容的说明和补充等，均以脚注形式标注。编号方式为每页重新编号，以圆圈数字"①②③……"表示。

● 录用说明

本集刊取舍稿件唯以学术为标尺，并实行匿名评审和三审三校制。本集刊稿件一经发表，版权及著作使用权即归《公益》集刊编辑部所有；凡涉及国内外版权及著作使用权问题，均遵照《中华人民共和国著作权法》及有关国家法规执行。本集刊刊登的所有稿件均加入期刊数字化网络系统，若无此意愿请来稿时注明，否则视为默许，网络版权及著作使用权归编辑部所有。刊登的所有稿件如需转载或翻译，须经编辑部书面授权。

● 投稿方式

1. 投寄《公益》编辑部邮箱：edit@philanthropicstudies.org.cn 并以"投稿栏目 + 单位 + 姓名 + 标题"格式命名邮件标题。

2. 直接登录《公益》官网网站：https://www.philanthropicstudies.org.cn 按指引在线投稿。

● 编辑部联系方式

官　网：https://www.philanthropicstudies.org.cn
电　话：0755-86960980/18924647033
微　信：JPS-Philanthropy
公众号：JPS-Philanthropy2023
邮　箱：edit@philanthropicstudies.org.cn
地　址：深圳南山区中洲控股中心 B 座 9M

Contents of Some Columns

- **Academic Topic: Common Prosperity and Social Governance**

Connotation of Common Prosperity and Construction of Evaluation
Indicators under in the Context of Chiniese-Style Modernization

Chen Youhua   Sun Yongjian

Abstract: Deeply understanding the connotation of common prosperity and building evaluation indicators of common prosperity are of great significance for achieving more significant substantive progress in common prosperity for all people. This study combs and discusses the concept and connotation of common prosperity from the perspective of the relationship between material and spirit, country and people, income and wealth, and then constructs the evaluation index of common prosperity, that is per capita disposable income of most (85% and above) households reaches or exceeds 10000 dollars (PPP, current international $). The construction of indicator for common prosperity should follow the principle of identity, take families as the basic statistical unit, adopt disposable income indicators, investigate the coverage of affluent groups rather than the average social economic level, and identify the misuse of other related indicators. Based on the evaluation indicator, this study examines the current situation of high-income countries and China in promoting common prosperity, and finds that although China has made significant achievements in poverty alleviation and people enrichment, there is still a gap between China and high-income countries or the ideal goal of common prosperity.

Keywords: common prosperity, connotation, evaluation indicator, practical progress

The Third Wave of Philanthropy, the Third Distribution and the Sinicization of the Third Sector Theory

Zhu Jiangang   Yin Ru

Abstract: This article focuses on discussing the overall characteristics of the third wave of charity, and then analyzes the third distribution policies that affect the third wave. On this basis, it reflects on the new imagination generated by the third sector theory in the Chinese context. The marketization, digitalization and politicization of philanthropy have driven the third wave, and the third wave of distribution, as a new political economy of philanthropy, reflects the national governance system's new strategy for absorbing charity as a wealth resource and is improving While the status of philanthropy with Chinese characteristics also faces challenges. Although the third sector theory is insufficient to explain the development of civil society in China, it can still provide us with sociological imagination. This article believes that social organizations may still form a "the third field" under the policy space of the third distribution.

Keywords: third wave of charity, the third distribution, sinicization of third sector theory

Action Research Returns: Improving Practice, Creating Knowledge and Empowerment

Xiang Yu   He Zhifeng

Abstract: Action research has received increasing attention from researchers and practitioners, but is prone to confusion due to its own complexity and diversity. This paper outlines the basic patterns of action research from the dimensions of definition, purpose, characteristics, paradigms and models, with the following highlights: action research has the purpose of improving practice, creating knowledge and empowerment; action research emphasizes the core characteristics of change, cooperation and participation; action research has multiple paradigm classifications and multiple action models. Finally, this paper attempts to link action research with action sociology, calling for the return of action research, where the researcher exists as a practitioner and the practitioner exists as a researcher, and their common mission is to promote social change through action research.

Keywords: action research, knowledge, practice

● **History of Philanthropic Culture**

Mozi's Doctrine of Universal Love in Philanthropy and Its Contemporary Implications

Ye Zhengmeng

Abstract: Mozi is an indispensable figure in the history of philanthropy and philanthropic thought in ancient China. His doctrine of universal love represented a significant development in the history of ethical theory in our country. The benevolence expressed in Mozi's doctrine of universal love embodies love that is universal, egalitarian, humble, and utilitarian, making it the closest resemblance to modern notions of public welfare within ancient philanthropic ideologies. The insights that modern philanthropists can draw from this are to broaden their minds, adopt a broader perspective, humble themselves, and release constraints in charitable endeavors.

Keywords: Mozi, doctrine of universal love, Philanthropic ideals

"The Great Virtue of Heaven and Earth" and "The Gospel of Wealth": A Comparison between Chinese and Western Charity Culture and Practice Based on Typical Cases

Li Yi

Abstract: The charity idea and actions of Zhang Jian and Carnegie are an insight into Chinese and Western charity culture and practice. From the perspective of philosophy, the Confucian charity represented by Zhang Jian holds a stance of benevolence, viewing charitable behavior as a product of the natural development of "benevolence" and an organic component of social improvement externally. He upholds the wealth concept of "valuing righteousness over profit". Liberal charity represented by Carnegie hold a pessimistic stance on human nature, viewing independent and differentiated charitable fields as a means to solve class conflicts and meet spiritual needs, valuing the distribution of wealth after gathering, and emphasize the efficiency and effectiveness. From the perspective of practice, Zhang Jian's charitable actions mainly target the survival needs of the lower class, relying on individual actors and corporate profits. They have strong amateurism, locality, and directness. Carnegie's charitable activities are focused on the fields of science, education, and culture, committed to responding to the developmental needs of the middle class, relying on specialized charitable organizations, with more specialization, professionalization and indirectness. Part of the differences in charitable practices can be attributed to the division of charitable idea, but they are also due to factors such as the historical environment, social development stage and individual temperament. Although the conclusion of the case comparison has its limitations in terms of generalizability, it is beneficial for the exchange and mutual learning, and create of a new form of modern Chinese charity.

Keywords: charity, charity culture, Zhang Jian, Andrew Carnegie

- **Engaged Ethnography**

The Touched Observer: Doing Research of Carework in a Nonprofit Nursing Home

Qian Pengxi

Abstract: Carework maps out the complex connection between macro-institutional arrangements and individual life course, and constitutes a research space where class, sex/gender, age and other dimensions are intertwined and collide. Based on an ethnographic study of carework in a public institution, this paper takes the researcher's own emotional experience as a clue to reflect on the gains and losses in the research process by depicting the holistic journey of "paying attention to carework - entering carework - researching carework". Ethnographic research can help to gain a comprehensive understanding of carework, especially in capturing details that are difficult to detect in other research paths. However, the researcher's field encounters in the carework field are the result of a combination of elements such as the objective environment, knowledge reserves, emotional experiences, and even contingent events. The interweaving and interconstruction of emotions and fieldwork at various stages not only profoundly affects the knowledge production of ethnographic research, but also highlights the multiple possibilities of fieldwork.

Keywords: carework, emotional labor, fieldwork, nursing home

How to Achieve the Goal of Sports Fundraising？
—A Process Analysis Based on Action Research Methodology

Kong Dejie

Abstract: Sports fundraising is a fundraising method that charities participate in charity sport events as a medium to promote charitable causes and raise fund through peer-to-peer fundraising. However, academinc knows very little about the "black box"process of how charities achieve their fundraising goals in sports fundraising campaign. The research team carried out action research at S charity in the "One Egg Run" campaign, and identified the preparatory process and the key driving factors. Our results show that successful fundraising in sports fundraising campaign not only depends on setting realistic goals and executing effective stratgies, but also relates to participants' perceptions, resources and social connections. Fundraisers may encounter social pressures in peer-to-peer context; nevertheless, engaging in sports fundraising still provides positive psychological experiences. The research team's concrete interventions have laid the foundation for successfully achieving the fundraising goal, and have provided theoritical and practical insights for charities seeking to conduct successful sports fundraising campaigns.

Keywords: Sports fundraising, public interest walking, fund raising, action research

Practical Research on Social Work Empowering Rural Left-behind Women's Self-organization

—Taking the Cultivation of S Village Women's Lion Team as an Example

Luo Liyuan   Huang Sumei   Tan Siyuan

Abstract: Women play an important role in community governance in urban and rural development.Based on the empowerment analysis framework of ' individual-organization-environment', through the practical research on the cultivation of women's lion team in S village by social workers, it is found that the empowerment of women's self-organization has gone through three stages: organization establishment, organization cultivation and community participation. Its empowerment practice emphasizes focusing on women's individual, group and environmental dimensions of empowerment barriers, empowering individuals by promoting women's values, developing partnerships and internal capacity-building to foster organizational empowerment,and creating an external empowerment environment to achieve the empowerment goals of organizational nurturing and community participation. In the process of rural revitalization and social collaborative governance, the key to empowering women to participate in community governance lies in establishing equal partnerships and emphasizing their subjectivity and multi-dimensional integrated empowerment.

Keywords: women's self-organization empowerment, organizational cultivation, community participation

- **Research Report**

Chengdu Social Enterprise Sustainable Development Report

Xia Xuan

Abstact: Based on the extensive observation of social enterprise development in Chengdu, the report delineates the developmental context and efficacy of social enterprises , distills the experience of nurturing social enterprises , identifies challenges in their development, and anticipates future directions in Chengdu. The analysis reveals that successful social enterprise in Chengdu hinges on community development and governance as foundational pillars, municipal-level top-down planning, interdepartmental collaboration to safeguard social enterprises, and a balanced approach to education and management. Nevertheless, challenges persist including a lack of consensus on the concept of social enterprises, inadequate publicity and promotion efforts, limited scale of development, need for ecosystem enhancement, and difficulties in supervising their societal attributes. Looking ahead to the future advancement of social enterprises in Chengdu, this report proposes strategies such as upholding a "dual focus" on both societal attributes and market expansion,establishing a robust ecosystem for social enterprises,supporting community-based social enterprise growth,maintaining equal emphasis on service provision and oversight,increasing public awareness about these entities, exploring financial support mechanisms; and adhering to an overarching framework for coordinated urban-rural development to facilitate high-quality progress.

Keywords: sustainable development, social enterprise ecosystem, social governance, high-quality development

后记　映照前路

经历近半年筹备，我们终于迎来了《公益》集刊（*Journal of Philanthropic Studies*）的面世。这份由广州悦尔公益基金会与中国社会学会公益慈善研究专委会联合发起的学术出版物，承载了研究者和实践者直面当下中国公益慈善领域问题的勇气以及期许建设一个更美好社会的使命与愿景。

《公益》集刊的启刊，不仅是对《公共生活评论》（后更名为《公益研究》《公益》，共 5 辑）等书刊精髓的传承与升级，更是我们对中国公益慈善研究创新方向的坚定追求。我们致力于将理论与实践相结合，深入挖掘公益慈善领域的典型问题，探索行动实践中的学术洞见，为现代公益慈善转型提供经典案例与实践样本。我们希望将目光聚焦于社会议题中的"人"，联结你我，成为真正的人类命运共同体。

作为半年刊，我们定于每年 6 月和 12 月与您相见。每一辑都将围绕一个主题进行深入探究，聚焦于公益慈善相关的理论、案例与实践研究，将设置学术专题、行动民族志、田野调查、调查报告、生命史、笔谈、书评、译介、慈善文化历史、慈善组织行为、公益影像等栏目。我们希望构建一个开放、多元的学术交流平台，为公益慈善事业的发展提供丰富的视角和深入的思考。

作为集刊的资助方，广州悦尔公益基金会以"合规、创新、专业、共享"为核心价值观，致力于构建一个包容、开放、互助的公益生态体系。我们相信，每一个微小的善行都能汇聚成推动社会进步的巨大力量。通过《公益》集刊，我们将继续践行这一信念，从实践者的角度出发，汇聚多方力量，助力推动中国公益慈善事业现代化过程中的实践知识生产。我们也将集刊的创造当作一次行动研究的实践，躬身入局，为构建新型的研究者与实践者关系、让有价值的经验知识被看见而努力。我们相信，当下的参与将激活向善的力量，创造持续的希望。

我们诚挚地邀请社会各界关注和参与到《公益》集刊的建设中来。无论您是学术研究者、公益组织成员、企业家，还是普通的社会参与者，您的智慧和行动都将是推动公益慈善事业进步的重要力量。

愿《公益》集刊成为您的良师益友，助推中国公益慈善事业的蓬勃发展。

广州悦尔公益基金会

2024 年 6 月

图书在版编目（CIP）数据

公益 . 第一辑 / 朱健刚主编 ; 吕宗恕副主编 .
北京 : 社会科学文献出版社 , 2024.6. -- ISBN 978-7
-5228-3963-9

Ⅰ . D632.1

中国国家版本馆 CIP 数据核字第 2024ED6722 号

公益（第一辑）

主　　编 / 朱健刚
副 主 编 / 吕宗恕
本辑执行主编 / 赵杰翔

出 版 人 / 冀祥德
责任编辑 / 孙　瑜
责任印制 / 王京美

出　　版 / 社会科学文献出版社 · 群学分社 （010）59367002
　　　　　 地址：北京市北三环中路甲29号院华龙大厦　邮编：100029
　　　　　 网址：www.ssap.com.cn
发　　行 / 社会科学文献出版社 （010）59367028
印　　装 / 三河市东方印刷有限公司

规　　格 / 开 本：787mm × 1092mm　1/16
　　　　　 印 张：16.75　字 数：263千字
版　　次 / 2024年6月第1版　2024年6月第1次印刷
书　　号 / ISBN 978-7-5228-3963-9
定　　价 / 98.00元

读者服务电话：4008918866